ars vivendi

Steffen Radlmaier

Billy & The Joels

Der amerikanische Rockstar
und seine deutsche Familiengeschichte

Mit einem Vorwort von Billy Joel

ars vivendi

3. Auflage 2024

GmbH & Co. KG, Bauhof 1,
90556 Cadolzburg
www.arsvivendi.com
Teile des Buches von Steffen Radlmaier erschienen 2009
im Heyne Verlag, München, unter dem Titel
Die Joel-Story, Billy Joel und seine deutsch-jüdische Familiengeschichte.
Umschlaggestaltung: ars vivendi unter Verwendung folgender Fotos:
© Steve Jennings/Corbis (oben groß), Stadtarchiv Nürnberg (unten links)
Steffen Radlmaier (unten Mitte), Günter Distler (unten rechts)
Satz: Kerstin Wittmann
Druck und Bindung: BookPress.eu
Gedruckt auf holzfreiem Werkdruckpapier

Printed in EU

ISBN 978-3-86913-586-1

Für Alice und Julian

Inhalt

Glücklich ist, wer vergisst,
was doch nicht zu ändern ist.
Johann Strauß, Die Fledermaus

Vorwort – *von Billy Joel*

Ich habe lange Zeit kaum etwas von meiner Familiengeschichte gewusst, sie steckt für mich voller Geheimnisse. Meine Eltern haben sich getrennt, als ich noch ein Kind war, und ich habe meinen Vater erst Anfang der 70er-Jahre als Erwachsener wiedergetroffen.

In gewisser Weise verdanke ich meine Existenz den großen Katastrophen im Europa des 20. Jahrhunderts: Die Eltern meiner

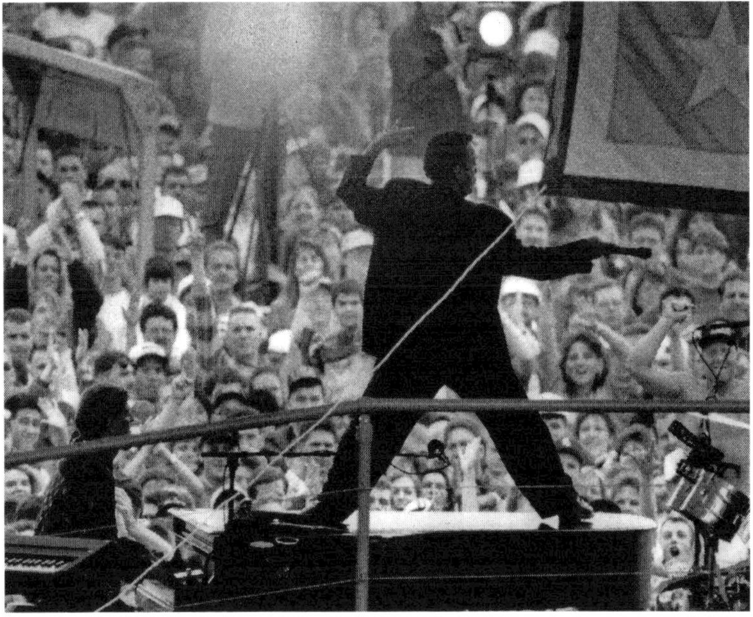

Billy Joel 1994 beim Konzert auf dem Nürnberger Zeppelinfeld

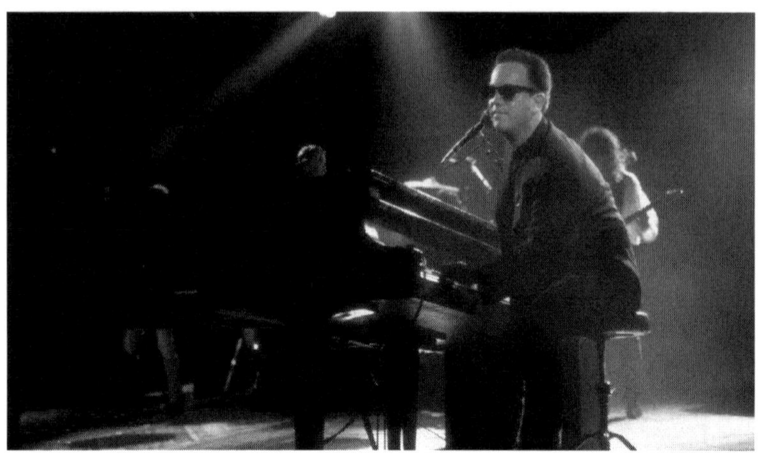

Billy Joel bei einem Konzert in der Münchner Olympiahalle, 1990

Mutter flohen vor dem Horror des Ersten Weltkriegs aus Großbritannien in die USA, und die Eltern meines Vaters mussten Deutschland wegen des Naziregimes verlassen. Während ein großer Teil meiner Familie vernichtet wurde, überlebten meine Eltern – und ich wurde geboren. Das ist für mich bis heute ein unbegreiflicher Widerspruch.

Nach Deutschland komme ich immer mit gemischten Gefühlen. Das betrifft natürlich in erster Linie die Vergangenheit. Als Kind hatte ich viele Klischeebilder von den bösen Deutschen im Kopf, wie ich sie aus Fernsehfilmen kannte. Umso erstaunter war ich deshalb bei meinen ersten Deutschlandbesuchen: Ich traf hier viele junge Leute, die genauso dachten und fühlten wie ich. Meine größten Tournee-Erfolge hatte ich in Deutschland. Hier ist unser bestes und leidenschaftlichstes Publikum zu Hause.

Durch meinen Vater bin ich ja ein bisschen deutsch und zugleich jüdisch, wenn auch nicht religiös, erzogen worden. Ich bin in Amerika aufgewachsen, in Levittown, und da macht man keine großen Unterschiede zwischen Christen und Juden, Italienern, Iren und Deutschen. Ich übertrage auch nicht die Sünden der Väter auf die Söhne und Töchter. Wenn einer verzeihen muss, dann ist das mein Vater. Ich bin nicht verantwortlich für die Fehler der vorherigen Generation, aber ich möchte diese

Fehler nicht wiederholen. Deswegen will ich meine Geschichte kennenlernen.

Alles Deutsche fasziniert mich. Ich habe deutsches Blut. Und ich frage mich oft: Warum bin ich so anders als meine Freunde? Warum bin ich so voller widerstreitender Gefühle? Warum bewegen mich Musik und Kultur so stark? Was ist los mit mir? Ich glaube, das ist mein deutsches Erbe.

Ich bin mit klassischer Musik aufgewachsen. Seltsamerweise sind fast alle meine Lieblingskomponisten Deutsche: Bach, Händel, Mendelssohn, Beethoven, Wagner, Schumann und auch Mozart kann man ja dazurechnen. Irgendetwas in der deutschen Seele lässt sich am besten mit Musik ausdrücken: Sturm und Drang. Ich weiß auch nicht genau, was das ist. Aber ich habe es, mein Vater hat es und mein Bruder Alex hat es auch.

New York, Januar 2009

Das alte Feuer brennt noch immer

Rockstars gehen nicht in Rente. Mit 65 Jahren will es Billy Joel noch einmal wissen. Er ist auf dem Gipfel seines Ruhmes angekommen und erlebt ein unglaubliches Comeback. Und das, obwohl er seit über 20 Jahren kein neues Pop-Album mehr veröffentlicht hat. Die Fans haben ihn nicht vergessen und sind ganz wild auf seine alten Songs, die für viele zum Soundtrack ihres Lebens gehören.

»Welcome to my birthday party!« Mit diesen Worten begrüßt Billy Joel die 20.000 Besucher im ausverkauften Madison Square Garden in New York. Es ist Freitag, der 9. Mai 2014 – und sein 65. Geburtstag. »Ich dachte, dass ich mich in diesem Alter aufs Altenteil zurückziehen würde ... oder zumindest nicht mehr ›Billy‹ gerufen werde!«

Er beginnt das Konzert mit dem trotzigen Selbstbekenntnis »My Life«, und dann brennt er zwei Stunden lang ein Hitfeuerwerk ab, unterbrochen von ein paar weniger bekannten Songs. Das Publikum feiert den Piano-Man wie einen Volkshelden und reagiert ebenso begeistert wie die Musikkritiker, die längst ihren Frieden mit dem einst oft unterschätzten Musiker geschlossen haben. Das Heimspiel wiederholt sich (mit leicht veränderter Setlist) einmal im Monat. Billy Joel liebt New York, und New York liebt Billy Joel.

»Billy Joel at the Garden« nennt sich das ungewöhnliche Projekt, das Dennis Arfa, Joels Konzertagent seit 1976, mit eingefädelt hat. »Madison Square Garden hat mit Billy Joel einen Franchise-Vertrag in der Tradition der New York Knicks and Rangers abgeschlossen«, sagt Arfa von Artist Group International (AGI) in New York. »Billy wird einmal im Monat im Garden spielen, solange es eine Nachfrage gibt.« Er ist der erste Pop-Künstler, dem dieses Modell vorgeschlagen wurde. Wohl nicht zufällig, denn Billy Joel hält den Rekord im Madison Square Garden: Seit 1978 hatte er dort 47 Auftritte, einschließlich einer ausverkauften Serie von 12 aufeinanderfolgenden Konzerten 2006 und einem bewegenden Gastauftritt am 12. Dezember 2012 beim Benefizkonzert für die Opfer des Sturms »Sandy«.

Bill Joel befand sich damals in bester Gesellschaft: »Es war lustig, denn Backstage beim Konzert vom 12.12.12. gab es keine Frischlinge. Da kam Keith (Richards), und Keith stammt aus der Zeit von Tutanchamun. Außerdem waren da noch Pete Townshend und Mick (Jagger) und McCartney. Rollstuhl-Rocker. Nebenan saß Bon Jovi, und unten in der Halle stand Bruce (Springsteen), und wir fühlten uns wie die Youngsters. Aber alle machen weiter und sind dabei viel älter, als wir jemals zu werden glaubten. Ich dachte, es gäbe ein vorgeschriebenes Rentenalter mit 40, aber dann haben die Stones diese Hürde genommen. Jetzt sind Bruce und ich in den 60ern und die Älteren schon in den 70ern.« (1)

Billy Joel bricht im Rentenalter seinen eigenen Rekord: Auf Anhieb waren alle zwölf Garden-Konzerte 2014 ausverkauft, 2015 ging es so weiter – ein Ende ist nicht abzusehen. Vielleicht muss er dort länger auftreten, als ihm lieb ist, um nicht vertragsbrüchig zu werden. Es muss schon ein Papst höchstpersönlich kommen, damit ein Konzert im Madison Square Garden verschoben wird: Wegen einer Veranstaltung mit Papst Franziskus am 25. September 2015 wurde Billys Auftritt um einen Tag verlegt.

Auf der Bühne ist jedenfalls weiterhin mit Billy Joel zu rechnen. Nach ein paar Testkonzerten (in Australien und beim New Orleans Heritage Festival) gab es im Herbst 2013 eine kleine Tournee in Großbritannien und Irland. Im Dezember überreichte ihm dann Präsident Barack Obama in Washington den Preis des Kennedy Centers für sein Lebenswerk. Eine höhere Auszeichnung für US-Musiker gibt es kaum. Der Künstler, der jetzt offiziell zu den »Besten der Besten« gehört, kommentierte selbst die Preisverleihung in einem *Billboard*-Interview (Januar 2014) gewohnt lässig: »Das war wirklich ein aufregendes Erlebnis. Du sitzt da, und alles geht von selbst. Das State Department gibt dir den Preis, du triffst den Präsidenten und die First Lady, die alle so nette, schmeichelnde Worte über dich sagen. Leute kommen und schütteln dir die Hand, ich musste gar nichts tun. Ich musste nicht mal eine Dankesrede loslassen, ich saß einfach da. Tony Bennett hat eine Rede über mich gehalten. Es ist lustig, wenn mir Leute sagen: ›Du warst großartig bei der Preisverleihung des Kennedy Centers‹, dann erwidere ich: ›Ich habe doch gar nichts gemacht, sondern bin einfach nur dagesessen.‹ So gesehen war es ein leichter Job.« (2)

Im selben Interview antwortete Billy Joel auf die Frage, was ihm Erfolg bedeutet: »Im Grunde ist es der gegenseitige Respekt, den andere Musiker vor dir haben. Wenn die Leute, mit denen ich arbeite, die Jungs in der Band, denken, du hast es gut hingekriegt, wenn sie aufeinander stolz sind und dadurch angespornt werden. Das Gleiche gilt für meine Roadies, die Leute, die alles aufbauen, das Licht, den Sound, die Bühne. Die sind wirklich stolz darauf, mit uns zu arbeiten, und würden jedem erzählen, dass sie mit keiner anderen Band arbeiten wollen. Es gibt einen *esprit de corps*, wir sind fast so was wie eine militärische Einheit. Wir gehen rein und erledigen unseren Job, und hinterher sind wir stolz auf den erledigten Job. Wenn du mit Freude bei der Sache bist, das ist für mich ein richtiger Erfolg. Sehen Sie, das Geld ist großartig, ich hatte andere Jobs, aber dieser hier ist besser bezahlt als alle anderen. Aber ich denke, es hat mehr zu tun mit Respekt und der Befriedigung über eine gelungene Leistung, und damit, dass das Publikum zufrieden heimgeht und viel Lärm macht. Ich habe immer gesagt, dass 50 Prozent dessen, was in einem Konzert passiert, mit dem Publikum zu tun hat. Wenn du für ein totes Publikum spielst, fängst du selbst an zu stinken. Wenn wir für ein tolles Publikums spielen, werden wir immer besser. Man will, dass es Krach macht. Es ist wie beim Sex, wenn sie nicht laut werden, besorgst du es ihnen nicht richtig.« (3)

Wichtiger als Ruhm ist für Billy Joel immer die Musik gewesen, die Rolle des Rockstars hat ihn nie sonderlich interessiert, wie er dem Radioreporter Alec Baldwin erklärt: »Ich weiß, dass ich musikalisches Talent habe. Ich denke aber, so gut bin ich auch wieder nicht. Ich glaube, ich kann das ganz gut einschätzen. Ich kann Starrummel und Musikerexistenz auseinanderhalten. Die Musik ist das einzig Wichtige für mich. Das eine ist der Job, das andere das Leben. Ich kann jeden Tag um 17 Uhr das Rockstar-Ding abschalten. Ich gehe einkaufen, ich koche mir mein Essen, ich spüle das Geschirr ab, ich bringe den Müll raus. Ich weiß, wer ich bin. Und die Musik hat nichts mit Geld oder Karriere zu tun. Sie ist einfach ein Teil von mir. Es ist wie mit der Liebe. Musik, Liebe, Essen, Freundschaft, meine Tochter – all diese großartigen Dinge.« (4)

In den Jahren zuvor war allerdings nicht alles glatt gelaufen für Billy Joel, der wieder einmal mit einer ganzen Reihe von gesundheitlichen und privaten Problemen zu kämpfen hatte. Im Juni 2009 gaben er und seine 33 Jahre jüngere Frau Katie Lee ihre Trennung bekannt – seine dritte Ehe war nach knapp fünf Jahren gescheitert.

Außerdem machten Billy Joel seine Hüftprobleme immer mehr zu schaffen. Schon bei einer »Face to Face«-Tour mit Elton John Anfang 2010 waren die Schmerzen fast nicht auszuhalten. Nach vielen Fehldiagnosen stellten die Ärzte endlich fest, dass er eine beidseitige Hüftdysplasie hatte, er konnte kaum noch laufen. Eine doppelte Hüftoperation war notwendig und setzte ihn monatelang außer Gefecht. Joel brauchte mehr als ein halbes Jahr, um sich von der Operation zu erholen, und musste in einer mühseligen Therapie das Laufen erst wieder lernen. Der *New York Times* erzählte Joel: »Ich bin wahrscheinlich schon mit einer Dysplasie auf die Welt gekommen. Früher hat man bei einer Geburt manchmal Zangen zu Hilfe genommen. Ich war eine Steißgeburt, deshalb sind vermutlich meine Hüften ramponiert. Jahrelang vom Klavier runterzuspringen und auf den harten Bühnenbrettern zu landen hat die Sache bestimmt nicht besser gemacht. Damals in den 70ern hüpfte ich oft mit einem Salto vom Klavier. Ich kletterte an den Lautsprecherkabeln hoch und hing dort kopfüber, alles nur, um Aufmerksamkeit zu erregen. Wenn du als Vorgruppe auftrittst, musst du alles tun, was du kannst. Aber mit den Jahren wird das qualvoll. Ab einem bestimmten Zeitpunkt konnte ich nicht mehr laufen; ich hatte so einen kleinen Rollstuhl, mit dem ich immer in die Möbel krachte. Zu der Zeit, als ich im März 2010 die Tournee mit Elton John beendete, hatte ich große Schmerzen, und im Laufe des Jahres wurde es immer schlimmer. Ich bin froh, dass ich die Operation hinter mir habe, sie hat mein Leben verändert. Ich bin endlich wieder mobil.« (5)

Billy Joel litt immer noch an den Folgen der Operation, als er vom Tod seines Vaters erfuhr. Helmut Joel starb nach langer Krankheit am 7. März 2011 im Alter von 87 Jahren in Wien. Er wurde auf eigenen Wunsch auf dem Jüdischen Friedhof in seiner Geburtsstadt Nürnberg beigesetzt – neben seinen Eltern Karl und Meta Joel, Billys Großeltern. Außer Helmuts zweiter Frau Audrey und seinem Sohn Alexander war auch sein alter Schulfreund Rudi Weber bei dem Begräbnis. Ein anderer Schulkamerad von Helmut Joel hielt die Grabrede: Arno Hamburger, Vorsitzender der jüdischen Kultusgemeinde in Nürnberg.

Billy Joel selbst konnte nicht zur Beerdigung seines Vaters in der Heimat seiner Vorfahren kommen. Der lange Flug von den USA nach Deutschland war ihm nach der Hüftoperation zu anstrengend.

Drei Jahre später, als die Dinge wieder gut für Billy liefen, starb seine betagte Mutter, zu der er immer ein besonders enges Verhältnis gehabt hatte, auf Long Island. Auf der offiziellen Homepage von Billy Joel war zu lesen: »Rosalind Nyman Joel ist am 13. Juli 2014 im Alter von 92 Jahren gestorben. Sie hinterlässt ihren Sohn Billy Joel und ihre Tochter Judy Molinari, ihre Schwester Berta Miller und ihre zwei Enkeltöchter, Alexa Ray Joel und Rebecca Molinari Gehrkin. An Stelle von Blumen bittet die Familie in ihrem Namen um Spenden für *The Little Shelter*.«

Gründerjahre in Nürnberg

Rückblende. In den Goldenen 20er-Jahren, die in Wirklichkeit so golden gar nicht waren, hatte der Nürnberger Vertreter Karl Amson Joel eine Vision: Er wollte einen modernen Versandhandel nach amerikanischem Vorbild aufziehen. Amerika klang nach Fortschritt und Erfolg. Erfahrungen in der Textilbranche hatte der junge Mann bereits durch seine Tätigkeit für das Versandhaus Witt in Weiden sammeln können. Joel kratzte all seine Ersparnisse zusammen, insgesamt 10 000 Reichsmark, und gründete 1927 die Wäschemanufaktur Karl Joel. Das hörte sich gut an, war anfangs allerdings nur ein bescheidener Ein-Mann-Betrieb. Als Büro und Lager diente die gutbürgerliche Vierzimmerwohnung in der Uhlandstraße 9. Das Jugendstilhaus steht heute noch in der

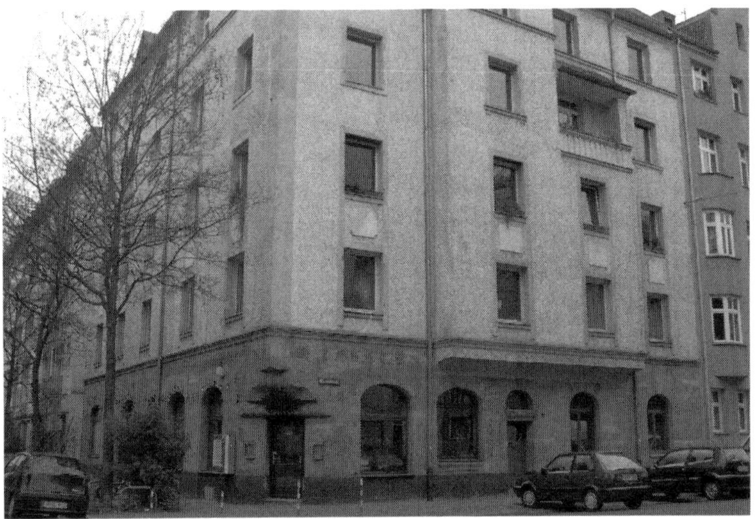

Das Nürnberger Wohnhaus, in dem Karl Joel sein Versandgeschäft gründete

Nürnberger Nordstadt, im Erdgeschoss befindet sich seit Langem die Szenekneipe *Cantina.*

Das Warenangebot der aufstrebenden Firma, die sich langsam, aber sicher einen Kundenstamm aufbaute, war überschaubar: Vor allem Bettwäsche und Stoff-Meterware gingen in den Versand.

Schon bald musste Meta Joel ihrem geschäftstüchtigen Mann zur Hand gehen: Zusammen bearbeiteten sie tagsüber die Bestellungen und fuhren die fertig verschnürten Pakete abends mit dem Leiterwagen zur Post. Oben auf dem kleinen Karren saß oft ihr kleiner Sohn Helmut und genoss die Schüttelpartie auf dem Kopfsteinpflaster.

Helmut, der nach seinem Großvater den zweiten Vornamen Julius bekam, wurde am 12. Juni 1923 in Nürnberg geboren – in dem Jahr, als die verheerende Inflation in Deutschland ihren Höhepunkt erreichte und unvorstellbare Geldwerte vernichtete. Für einen US-Dollar bekam man damals 4,2 Billionen Mark. Es war auch das Jahr des missglückten Hitler-Putsches in München, dem ersten Versuch der Nationalsozialisten, die Macht im krisengeschüttelten Deutschen Reich zu ergreifen.

Helmut blieb das einzige Kind von Karl und Meta Joel. Die jüdische Familie, deren Name an einen der zwölf »kleinen Propheten« aus der Bibel erinnert, stammte väterlicherseits aus der fränkischen Kleinstadt Colmberg bei Ansbach, die ähnlich wie Nürnberg von einer malerischen Burg überragt wird. Zu den Vorfahren im frühen 19. Jahrhundert zählte der Schneidermeister Joel Feist, der Urgroßvater (geboren 1806) und dessen Sohn Julius, der ein Haus am Markt 12 hatte.

Die Großeltern mütterlicherseits hießen Fleischmann, hatten fünf Kinder und kamen aus Oberlangenstadt bei Bamberg, wo sie einen Zigarrenladen betrieben.

Die Joels waren seit langem in der Textilbranche tätig: Großvater Julius, der die Ansbacherin Sara Schwab geheiratet hatte, war gelernter Schneider. Auch sie hatten fünf Kinder, zwei Söhne und drei Töchter: Karls älterer Bruder hieß Leon, seine Lieblingsschwester Melitta, genannt Litti.

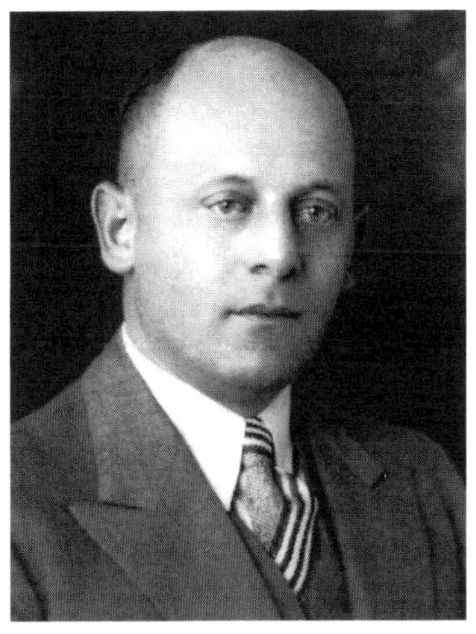
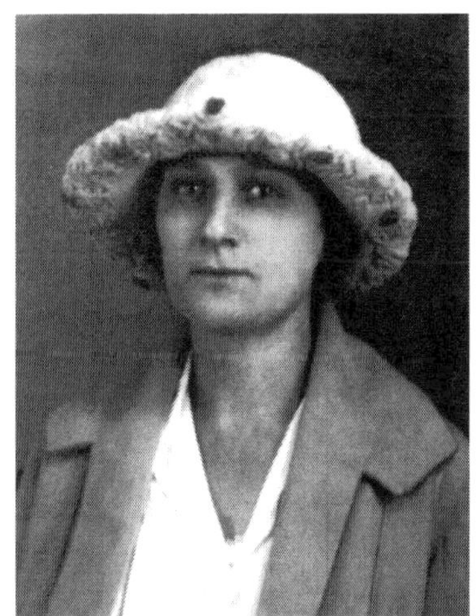

Karl und Meta Joel in den 30er-Jahren

Melitta Joel heiratete später Fred Fleischmann, also ihren Schwager – was die Sache ein bisschen kompliziert macht. »Ja, die Schwester meines Vaters hat den Bruder meiner Mutter geheiratet«, bestätigte Helmut Joel. Im Bayerischen Musiker-Lexikon ist die Musikpädagogin Melitta Fleischmann (geboren am 30. Januar 1896 in Ansbach) mit einem kurzen Eintrag erwähnt. Sie soll bis zu ihrer Emigration 1938 in Genua, Mailand und München unterrichtet haben.

Die Qualität der Ware und die günstigen Preise der Wäschemanufaktur Karl Amson Joel sprachen sich herum. Vor allem bei der ländlichen Bevölkerung kam der Versandhandel gut an. Immer mehr Päckchen und Pakete mussten gepackt werden, sodass die Joels mit der Arbeit nicht mehr nachkamen. Und da die Wohnung aus allen Nähten platzte, sah sich der erfolgreiche Jungunternehmer, ein stets gut gekleideter Herr, der schon in jungen Jahren schütteres Haar hatte, nach neuen Betriebsräumen um. In der Kohlengasse arbeiteten 1929 bereits sechs junge Frauen für Joel, dessen Betrieb schnell expandierte. Bald wurde es schon wieder zu eng, und die Wäschemanufaktur zog erst ins Hansa-Haus am Plärrer und wenig später in ein Fabrikgebäude in der Landgrabenstraße 46.

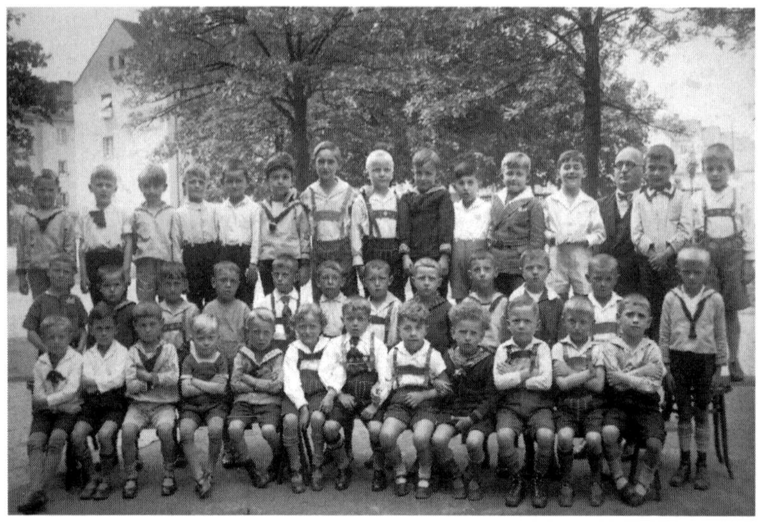

Klassenfoto 1930: Helmut Joel (2. v. l. vorne) und Rudi Weber (4. v. r. vorne)

Mit sechs Jahren wurde Helmut Joel, ein schmaler Junge mit dunklen Haaren, eingeschult und lernte in der Uhland-Schule den gleichaltrigen Rudi Weber kennen. Daraus sollte sich eine lebenslange Freundschaft entwickeln. Die beiden waren, wie damals üblich, in einer reinen Knabenklasse, trugen wie alle anderen sonntags meist Matrosenanzüge, werktags kurze Lederhosen und Kniestrümpfe und spielten in den Schulpausen mit ihren Klassenkameraden Fangen. Nur beim Religionsunterricht wurde die Klasse aufgeteilt in katholische, evangelische und jüdische Schüler. Ein Problem hatte damit niemand.

»Helmut war ein sehr guter Schüler und ein witziger Bursche mit rascher Auffassungsgabe«, erinnerte sich der inzwischen verstorbene Rudi Weber, der damals in der Pilotystraße wohnte. »Er zählte in allen Fächern zu den Besten und interessierte sich besonders für Mathematik und Musik.« Rudi Webers Vater hatte als Immobilienmakler während der Weltwirtschaftskrise ein Vermögen verloren, war in zweiter Ehe verheiratet und lebte mit seiner großen Familie in bescheidenen Verhältnissen. Politisch waren die Webers links orientiert und die immer unverschämter auftretenden Nationalsozialisten beobachteten sie mit tiefem Misstrauen.

Auf dem Schulweg kamen die beiden Klassenkameraden oft an Schaukästen vorbei, in denen Zeitungsausschnitte zu sehen waren. »Die Juden sind unser Unglück«, buchstabierten die Jungen mühsam und mussten über die Karikaturen mit hässlichen, hakennasigen Männern lachen. Auch die meisten Erwachsenen nahmen die sogenannten *Stürmer*-Kästen, die der nationalsozialistische Nürnberger Verleger Julius Streicher zur Verbreitung seiner Hassparolen nutzte, anfangs nicht weiter ernst.

Seit 1923 gab der kahlköpfige »Franken-Führer« das antisemitische Wochenblatt *Der Stürmer* heraus, das immer größere Auflagen (durchschnittlich 600 000 Exemplare) erzielte und in ganz Deutschland vertrieben wurde. Doch hätten es sich die Joels niemals träumen lassen, dass sie es selbst einmal zu Schlagzeilen in diesem Schundblatt bringen würden.

Denn die Zeiten schienen äußerst günstig für den jüdischen Jungunternehmer und Selfmademan. Das Geschäft florierte. Sogar während der Weltwirtschaftskrise Ende der 20er-, Anfang der 30er-Jahre – Folge des New Yorker Börsenkrachs im Oktober 1929 –, deren Auswirkungen man auch in Deutschland gewaltig zu spüren bekam. Die ökonomische Krise begünstigte die Spaltung der Gesellschaft ebenso wie die politische Radikalisierung. Armut und Arbeitslosigkeit wurden zum Massenphänomen, im Februar 1933 waren über sechs Millionen Deutsche arbeitslos – und bald sollte die Agonie der Weimarer Republik ihren kritischen Punkt erreichen.

Dank ihres blühenden Geschäfts konnten sich die Joels schon bald eine schöne Villa in der Nürnberger Südstadt mieten, und Helmut musste die Schule wechseln. Rudi Weber besuchte seinen Freund auch in dessen neuem Domizil regelmäßig. Meta Joel war froh, dass ihr zurückhaltender Sohn einen echten Kumpel gefunden hatte. »Sie war eine warmherzige, freigebige Frau und hielt die Familie zusammen«, erzählte Rudi Weber. »Denn ihr Mann arbeitete von früh bis spät, war oft außer Haus und hatte wenig Zeit.«

Wie es in gutbürgerlichen Kreisen damals üblich war, hatten auch die Joels ein Klavier. Abends entspannte sich Karl, der für die

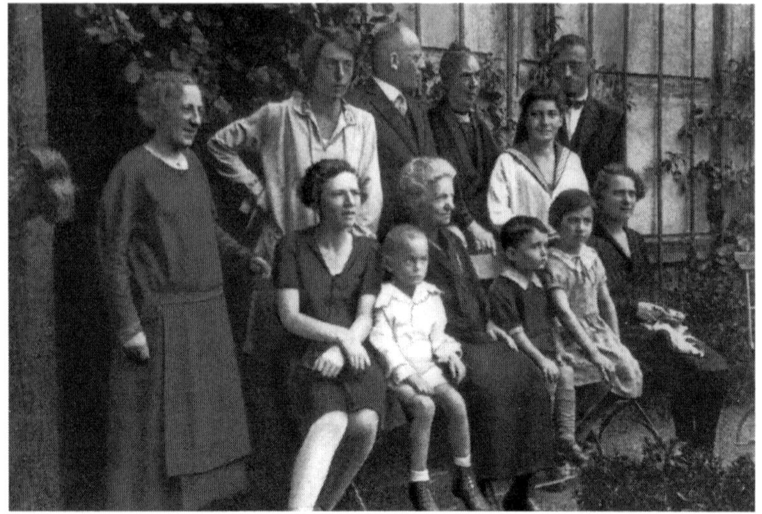

Die Familie Joel ca. 1927: Karl (Mitte, stehend), seine Schwiegermutter (rechts daneben), seine Frau Meta (sitzend rechts außen), sein Sohn Helmut (im weißen Anzug) und seine Mutter Sara (rechts daneben)

Musik von Richard Wagner schwärmte, gerne am Piano, und er sorgte dafür, dass sein Sohn schon früh Musiklektionen bei einer Frau Hoffmann bekam. Außerdem war Karls Schwester, die lustige Tante Litti, Klavierlehrerin und konnte dem kleinen Helmut ein paar Kunstkniffe beibringen. Ab und zu ging die Familie zusammen ins Nürnberger Opernhaus, um sich Opern und Operetten anzusehen. Die Joels pflegten ihre Liebe zur klassischen Musik. Besonders »Die Fledermaus« von Johann Strauß sollte später eine wichtige Rolle in der Familiengeschichte spielen. Das walzerselige Stück, das Heuchelei, Lebensekel und Lebensgier ebenso thematisiert wie die Magie der Musik, taucht wie ein Leitmotiv immer wieder auf. Es gipfelt in dem lebensweisen Schlager: »Glücklich ist, wer vergisst, was doch nicht zu ändern ist.«

Innerhalb weniger Jahre brachte es Karl Joel in Nürnberg zu Ansehen und Wohlstand: Er legte sich ein Automobil samt Chauffeur zu, zu Hause in der Sigenastraße 4 gab es Telefon und Grammofon, damals alles andere als eine Selbstverständlichkeit. Doch trotz des wachsenden Wohlstands blieben die Joels bodenständige

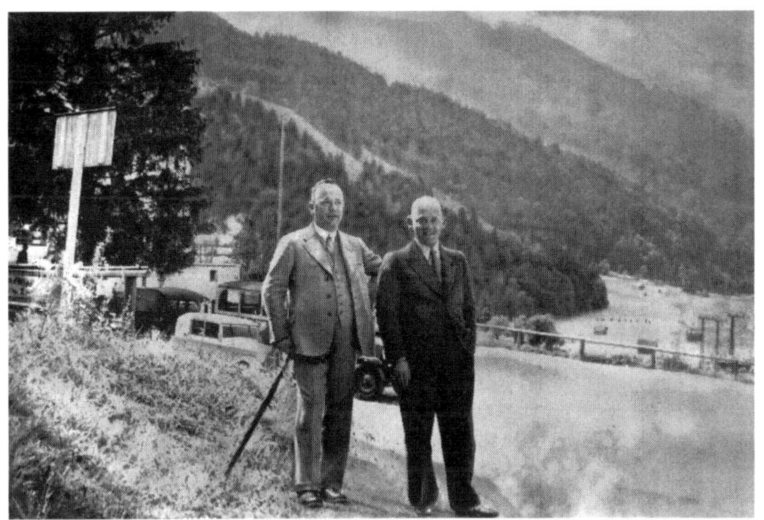

Die Brüder Leon und Karl Joel bei einem Ausflug zur Zugspitze

Leute, fränkische Bescheidenheit galt als selbstverständliche Tugend.

Am Wochenende fuhr man, so oft es ging, mit dem Auto aufs Land, am liebsten in die Fränkische Schweiz, und nahm dabei auch gerne Bekannte und Verwandte mit.

»Wir waren eine ganz normale Nürnberger Familie«, erinnerte sich Helmut Joel, der vier Sprachen beherrschte, aber sein ganzes Leben lang seinen fränkischen Zungenschlag behielt. »Dass wir als Juden etwas Besonderes waren, dämmerte mir erst mit der Zeit.« Mit Religion hatten die Joels nicht viel am Hut, sie aßen gerne fränkisch-deftig, Schweinebraten mit Kloß oder Bratwürste auf Kraut, und selbst das Weihnachtsfest feierten sie wie alle anderen mit Christbaum, Weihnachtsgans und Nürnberger Lebkuchen.

Manchmal kam sonntags Onkel Leon, der Bruder von Karl, zu Besuch, der in der mittelfränkischen Beamtenstadt Ansbach ein Wäschegeschäft führte. Der Laden befand sich im Erdgeschoss eines dreistöckigen Hauses, in den oberen Stockwerken wohnte die Familie.

Leon hatte als Soldat im Ersten Weltkrieg gekämpft und war stolz auf sein »Eisernes Kreuz«. Manchmal erzählte er von den

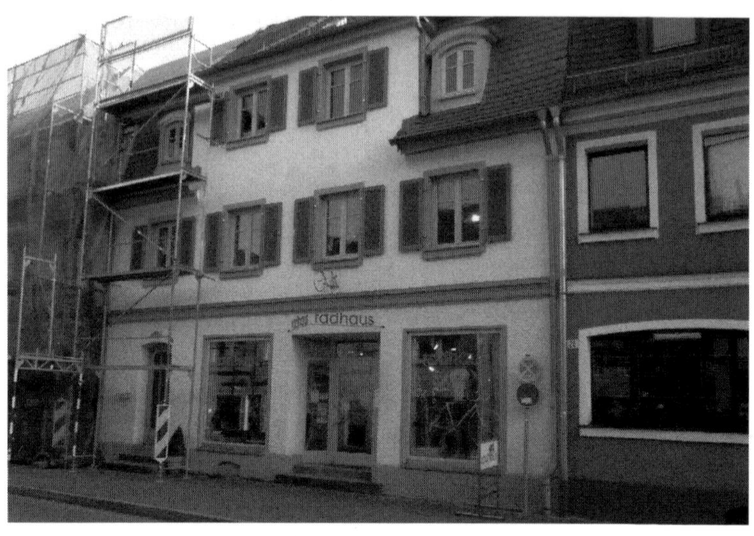

Das ehemalige Wohn- und Geschäftshaus von Leon Joel in Ansbach

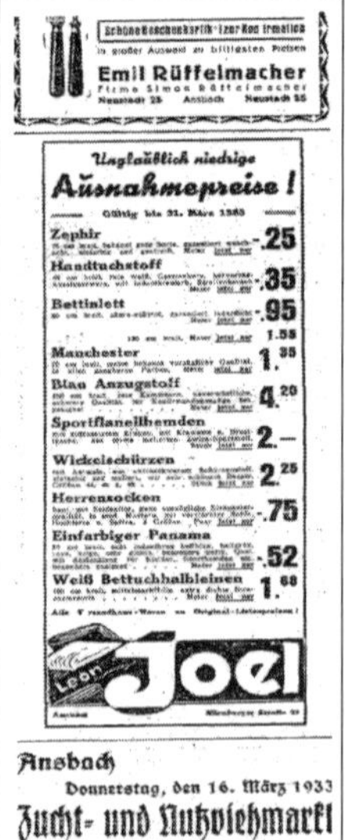

Anzeige von Leon Joel in der Fränkischen Zeitung vom 11.3.1933

grauenhaften Schlachten an der Front, von Gaswolken und Wundbrand. Wie sein Bruder Karl, der wegen Verdachts auf Basedow-Krankheit nicht zum Militär eingezogen worden war, fühlte er sich in erster Linie als Deutscher und dann erst als Jude. Er war sich sicher, dass er als überzeugter Patriot und verdienter Kriegsveteran vom Naziregime nichts zu befürchten hatte. »Uns kann nichts passieren«, sagte er immer, wenn das Gespräch auf Hitler und seine fanatischen Anhänger kam.

Das Geschäft von Leon Joel in der Nürnberger Straße 22, ganz in der Nähe des Schlosses, war bei den Ansbachern wegen der günstigen Preise beliebt. In Zeitungsannoncen lockte er mit »unglaublich niedrigen Ausnahmepreisen«: Wickelschürzen für 2,25 Mark, blauer Anzugstoff für 4,20 pro Meter, Herrensocken für 75 Pfennige oder Sportflanellhemden für 2 Mark.

Die Probleme begannen mit Hitlers Machtergreifung Anfang 1933. Begeistert begrüßte ein großer Teil der Bevölkerung den scheinbar unaufhaltsamen Aufstieg des glühenden Antisemiten und Nationalisten zum allmächtigen Diktator. Es war der Anfang vom Ende einer einst bewunderten Kulturnation und der Beginn jenes Zivilisationsbruchs, der Deutschland in ein Reich des Bösen verwandelte. Die Diskriminierung der Juden und ihre Verdrängung aus der Wirtschaft wurden zum erklärten Ziel der Politik, Boykotte gegen den jüdischen Einzelhandel standen am Anfang. Mit einer beispiellosen Propagandakampagne machten die Nationalsozialisten Stimmung gegen jüdische Mitbürger. Bereits am 31. März 1933 brachte der *Völkische Beobachter* auf der Titelseite einen Aufruf des fanatischen Antisemiten Julius Streicher, in dem Juden als Kriegsgewinnler, Zuchthäusler, Deserteure und marxistische Landesverräter beschimpft wurden. Die Tirade gipfelte in den Worten: »Alljuda soll den Kampf so lange haben, bis der Sieg unser ist! Nationalsozialisten! Schlagt den Weltfeind! Und wenn die Welt voll Teufel wär, es muss uns doch gelingen!«

Plakat der NSDAP aus dem Jahr 1932

Am 1. April begann die systematische Verfolgung der Juden in Deutschland mit einem Boykott jüdischer Geschäfte. Organisator dieser dumm-dreisten Aktion war Julius Streicher. In Nürnberg segelten an diesem Samstag Flugblätter vom Himmel: »An alle Juden! Eure Macht ist zu Ende! Eure Stunde hat geschlagen! – Schaffender Deutscher! Ab heute 10 Uhr beginnt der deutsche Boykott gegen die Gräuelpropaganda des internationalen Judentums ... Kein Deutscher kauft mehr beim Juden!« SA-Leute pöbelten in vielen Städten Kunden an oder verwehrten ihnen den Zugang. Kaufhäuser, überwiegend in jüdischem Besitz, waren davon besonders betroffen. Der Boykott blieb zunächst eine einmalige

Aktion, die wegen des negativen Echos im Ausland nach drei Tagen abgebrochen wurde. Doch die NS-Parole »Kauft nicht bei Juden!« wurde bald schon zum geflügelten Wort. Als Folge machten neben den Schikanen bald auch dramatische Umsatzeinbußen vielen Händlern wie Leon Joel das Leben schwer. *Der Stürmer* listete auch die »Judenfirmen in Ansbach« auf, darunter das Wäschegeschäft von Leon Joel, der Verwaltungsrat in der jüdischen Gemeinde war, und denunzierte die Kunden als »Volksverräter«.

In Ansbach, wo in der Rosenbadstraße noch heute eine der bedeutendsten barocken Synagogen Süddeutschlands steht, stießen die antisemitischen Sprüche der Nazis schon frühzeitig auf offene Ohren. Im Herbst 1922 hielt Julius Streicher im Hofgarten erstmals eine Hetzrede gegen die Juden, 1923 klebten an jüdischen Geschäften bereits rote Zettel mit der Aufschrift »Die Juden sind unser Unglück!«, 1927 wurde der Jüdische Friedhof zum ersten Mal verwüstet, 1932 ein weiteres Mal. Die NSDAP erzielte in der kleinen Beamten- und Garnisonsstadt immer hervorragende Wahlergebnisse, die weit über dem Durchschnitt im Rest des Reiches lagen. Schon vor der Machtergreifung Hitlers war Ansbach eine von Judenhass erfüllte Stadt.

Der Dresdner Professor Victor Klemperer drückte aus, was viele Juden in Deutschland dachten, als er am 20. April 1933 hellsichtig in seinem Tagebuch notierte: »Ist es die Suggestion der ungeheuren Propaganda – Film, Radio, Zeitungen, Flaggen, immer neue Feste (heute der Volksfeiertag, Adolf des Führers Geburtstag)? Oder ist es die zitternde Sklavenangst ringsum? Ich glaube jetzt fast, dass ich das Ende dieser Tyrannei nicht mehr erlebe. Und ich bin fast schon an den Zustand der Rechtlosigkeit gewöhnt. Ich bin schon nicht Deutscher und Arier, sondern Jude, und muss dankbar sein, wenn man mich am Leben lässt. – Genial verstehen sie sich auf Reklame. Wir sahen vorgestern (und hörten) im Film, wie Hitler den großen Appell abhält: Die Masse der SA-Leute vor ihm, das halbe Dutzend Mikrophone vor seinem Pult, das seine Worte an 600 000 SA-Leute im ganzen Dritten Reich weitergibt – man sieht seine Allmacht und duckt sich. Und immer das Horst-Wessel-Lied. Und alles kuscht.« (6)

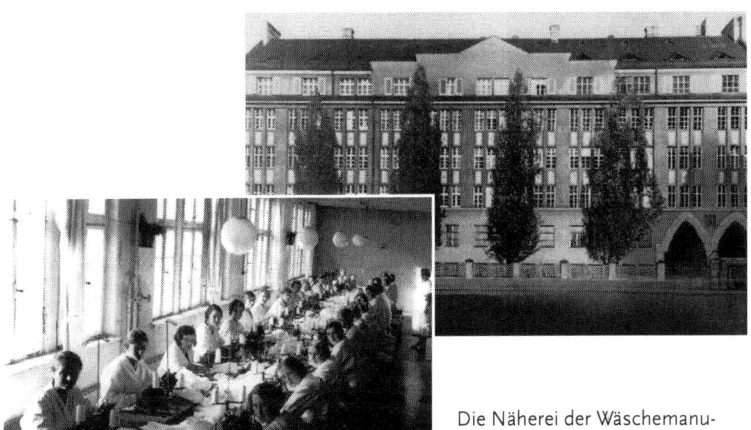

Die Näherei der Wäschemanufaktur in der Muggenhofer Straße in Nürnberg

Das politische Klima in der Arbeiterstadt Nürnberg, deren mittelalterliche Kulisse mit der Burg und den Fachwerkhäusern Hitler begeisterte, veränderte sich rasant.

In der Nacht des 10. Mai 1933 inszenierten die Nationalsozialisten wie an vielen Orten in Deutschland auch in Nürnberg eine Bücherverbrennung. Und zwar auf dem historischen Hauptmarkt, wo Frau Joel mit ihrem Sohn gerne Gemüse und Obst kaufte oder um 12 Uhr mittags das Männleinlaufen an der Frauenkirche bewunderte. Neuerdings hieß der Hauptmarkt offiziell Adolf-Hitler-Platz, aber das sagte kaum jemand. Auf großen Scheiterhaufen wurden in dieser Mai-Nacht Bücher missliebiger Autoren, darunter viele jüdischer Herkunft, verbrannt. Zum Beispiel Thomas, Klaus und Heinrich Mann, Kurt Tucholsky, Bertolt Brecht, Karl Marx, Heinrich Heine. »Wenn der Jude deutsch schreibt, lügt er«, hatten die Nazis seit Wochen propagiert. Eine große Menschenmenge verfolgte das beängstigende Feuerspektakel auf dem Marktplatz ohne Murren.

Im selben Jahr trat Helmut Joel an das Real- und Reformgymnasium, das heutige Willlstätter-Gymnasium, über. Dort lernte er den gleichaltrigen Arno Hamburger kennen, ebenfalls Einzelkind aus einer jüdischen Familie, die ursprünglich aus Colmberg stammte. Insgesamt gab es nur vier Juden in der Klasse, die bald als Prügelknaben dienten.

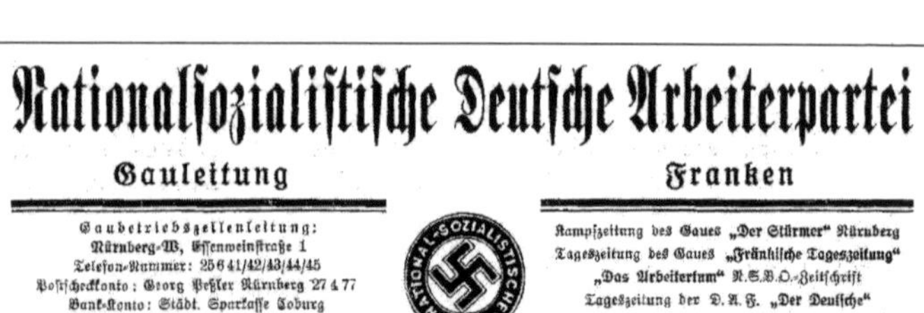

Nationalsozialistische Deutsche Arbeiterpartei

Gauleitung Franken

Gaubetriebszellenleitung:
Nürnberg-W, Essenweinstraße 1
Telefon-Nummer: 25641/42/43/44/45
Postscheckkonto: Georg Peßler Nürnberg 27477
Bank-Konto: Städt. Sparkasse Coburg

Kampfzeitung des Gaues „Der Stürmer" Nürnberg
Tageszeitung des Gaues „Fränkische Tageszeitung"
„Das Arbeitertum" N.S.B.O.-Zeitschrift
Tageszeitung der D.A.F. „Der Deutsche"

FÜ/ M

Gau-Betriebszellen-Abteilung Franken

Nürnberg-W, den 9.April 1934.

An die

Polizeidirektion Nürnberg - Fürth

Nürnberg I.
Abholfach 210.

In Erledigung Ihrer Zuschrift vom 6.ds.Mts. ersuchen wir Sie wiederholt unter allen Umständen den Pass der Kaufmannseheleute Karl und Meta J o e l , Nürnberg, Sigenastr.4, einzuziehen.

Joel will seinen Betrieb veräussern, hat beträchtliche Mengen Bargeld abgehoben und fuhr mit unbekanntem Ziel Richtung Berlin ab . Der Personenwagen wurde nach München gebracht . Die fluchtartige Reise erfolgte am Tage der Verhaftung des Chauffeurs . Es besteht der dringende Verdacht, dass Joel über die Grenze geht .

Heil Hitler!

Der Gaubetriebszellenobmann:

Brief der NS-Gauleitung Franken vom 9.4.1934

Die jüdischen Kinder mussten sich nun im Klassenzimmer zusammensetzen, getrennt von ihren »arischen« Mitschülern. Ein Lehrer sprach im Unterricht von Blut und Boden, von Herrenmenschen und minderwertigen Rassen, aber so richtig verstand das keiner von den Schülern. Doch die Atmosphäre wandelte sich spürbar. Zum Beispiel wurde an allen Nürnberger Schulen ab Herbst 1933 der »Deutsche Gruß« eingeführt: Bei Beginn und

Ende jeder Stunde mussten die Schüler aufstehen und ihre Lehrer durch Heben des rechten Armes grüßen.

»Man hat uns geschnitten und schikaniert«, sagte Arno Hamburger (1923–2013), langjähriger Vorsitzender der Israelitischen Kultusgemeinde in Nürnberg. »Mit einem Mal wurden wir stigmatisiert, und manche Klassenkameraden wollten nicht mehr mit uns spielen. Ich erinnere mich an einen Sportlehrer, einen Oberscharführer der SS, der immer beweisen wollte, dass Juden schlappe Kerle sind. Er ließ mich so lange Klimmzüge am Reck machen, bis ich vor Erschöpfung zu Boden gefallen bin. Wenn man sich angepasst hat, haben sie einen meist in Ruhe gelassen, doch wehe, man hat auf die Provokationen reagiert! Als ich einen Mitschüler, der mich als ›Saujuden‹ beschimpft hat, verprügelt habe, bin ich von der Schule geflogen.« Dabei hatte er sich doch nur an den Ratschlag seines Vaters gehalten: »Bou, lou dä nix gfalln!«

Hamburgers Vater, der eine Großschlächterei betrieb, hatte bereits im April 1933 seinen Betrieb verloren. Eine Anordnung untersagte Juden, in städtischen Gebäuden ein Geschäft zu betreiben. Hamburger durfte den Schlachthof nicht mehr betreten; da sein Hab und Gut beschlagnahmt wurde, musste er seine Familie fortan mit Gelegenheitsarbeiten durchbringen.

Auch Arno Hamburger war oft bei den wohlhabenden Joels zu Besuch. Die Jungen spielten mit Helmuts elektrischer Eisenbahn oder Technik-Baukästen, Spielzeug, von denen viele Kinder nur träumen konnten. Die Mutter, die sich immer sorgte, dass ihr Sohn nicht genug aß, tischte Marmorkuchen und Kakao auf. Bei schönem Wetter streiften die Kameraden durch den nahen Tiergarten und den angrenzenden Luitpoldhain. Besonders die Elefanten und die sprechenden Papageien hatten es ihnen angetan. Karl Joel spendierte meist das Eintrittsgeld.

Eines Tages lauerte den Freunden im verwilderten Nachbarsgarten eine Horde auf und drohte ihnen Prügel an: »Ihr seid doch Juden, das sieht man!« Damit meinten sie aber vor allem Rudi, der gar kein Jude war. »Wir doch nicht!«, antwortete Helmut frech und machte sich mit seinen Freunden schnell aus dem Staub. Schon Karl Joel hatte einmal im Scherz gesagt: »Dem Rudi muss

Karl Joel

Der Nürnberger Wäschejude

Ueber die Firma

Wäschemanufaktur Karl Joel,
Nürnberg, Landgrabenstraße 46

bestehen in ganz Deutschland falsche Meinungen. Diese Firma ist **nicht**, wie allenthalben angenommen wird, in deutschen Händen. Sie ist durch und durch **jüdisch**. Inhaber ist der

Vollblutjude Joel.

Dieser scheint seine Vertreter beauftragt zu haben, der Welt vorzulügen, die Firma Karl **Joel** sei ein deutsches Unternehmen. Und die gutgläubigen Deutschen fallen darauf herein. So macht der Jude **Joel** ein **Riesengeschäft**. Er versendet allwöchentlich tausende von Paketen nach ganz Deutschland. Darunter sind auch solche für zahlreiche **Parteigenossen**, **SA.-Leute**, **Amtswalter** usw. Der Jude **Joel** lacht sich in die Faust, er höhnt und spottet darüber, daß er aus dem Gelde nationalsozialistisch gesinnter Deutscher seinen Rebbach schlagen kann. Er verwendet diesen Gewinn auf **jüdische Weise**. Er hält Zechgelage ab, bei denen er sich **nichtjüdische Frauen und Mädchen zuführen läßt**. Derjenige, der ihm diese Besorgungen in der letzten Zeit machte, ist ein gottvergessener, charakterloser Lump, der Herr **Klinkowström** vom „**Intimen Theater**“. Das ist ein Hochstapler ganz eigenartigen Formats. Er nannte sich „**Freiherr von**“ und gab sich als **Rittmeister** aus. Die Brust hängte er sich voll Orden. In Wirklichkeit ist er ein Zigeuner unbekannter Herkunft. **Klinkowström** war eine Zeitlang „arischer Geschäftsführer“ der Judenfirma **Joel**. Sie wollte ihn als Aushängeschild benützen. Nun sitzt **Klinkowström** aber bereits hinter Schloß und Riegel. Der Jude **Joel** hat damit seinen Vermittler verloren.

Das ist die Wäschemanufaktur Karl **Joel** mit ihrem rassereinen jüdischen Inhaber. Wir hoffen und wünschen, daß diese Aufklärung genügt. Wir hoffen und wünschen, daß dem Juden **Joel** das Lachen und Höhnen über die „Gojim“ bald vergeht. Sollte aber irgendwo in Deutschland irgendein Vertreter die Wäschemanufaktur Karl **Joel** als deutsches oder arisches Unternehmen bezeichnen, so wolle uns das mitgeteilt werden.

Verjudetes Frankreich

Isaak Blümchen aus Krakau schrieb in seinem Buche „Frankreich für uns“:

„Frankreich ist heute an sich nur noch ein geographischer Begriff — es bezeichnet ein Ländergebiet. Zwar heißen die Herren dieses Landes Franzosen, aber diese sind wir, die Juden, denn wir herrschen in Frankreich und regieren; die Stammbevölkerung aber steht bei uns in Diensten; sie arbeitet lediglich zu unserer Bereicherung. Daraus folgt, daß wir auch die eigentlichen Franzosen sind. Ein Volk löst das andere ab; in uns, als einer Neubevölkerung, pflanzt Frankreich sein Leben fort.“

Im gleichen Buche, an anderer Stelle lesen wir:

„Die französische Presse gehört uns; in unserem Besitze befinden sich die Zeitungen, die über Millionen verfügen, wie jene, für die 50 Louisdores ein Vermögen sind. Wenn uns ein französischer Journalist jemals gefährlich wird, so kaufen wir ihn; wenn er sich nicht kaufen läßt, so vernichten wir ihn.“

Wir sehen also, wie recht wieder der Volksmund hat, der die Buchstaben R. F. (Republik francaise) mit Rothschild freres übersetzt.

Christa-Maria Rock.

Artikel aus »Der Stürmer«, 3/1934

man nur einen Hut aufsetzen, dann kann er mit in die Synagoge gehen.« Zum Glück war nichts passiert, aber das Gefühl der Bedrohung, der Zwang, niemals aufzufallen, blieben fortan ständige Begleiter.

Auf dem Schulweg kam Helmut Joel in der Holzgartenstraße regelmäßig am Anwesen des Judenhassers und »Franken-Führers« Julius Streicher vorbei. »Da wohnt der Streicher!«, sagten seine Kameraden mit wohligem Gruseln, gerade so, als ob von Graf Dracula die Rede wäre.

Eine neue Verordnung in Nürnberg verdarb den Freunden den schönen Sommer, denn schon 1933 war es den Juden in Nürnberg verboten, Fluss- und Hallenbäder zu benutzen.

Arno Hamburger erinnerte sich noch mehr als 70 Jahre danach an ein paar traumatische Erlebnisse: »Unauslöschlich bleibt mir in Erinnerung, wie Ende Juli 1933 die männlichen Juden in Nürnberg von SS-Leuten zusammengetrieben und auf dem Platz des ASV Süd am Alten Kanal geführt wurden. Dort mussten die Männer unter anderem das Gras mit den Zähnen ausrupfen. Meine Mutter und ich haben diese Schikanen mit eigenen Augen gesehen, weil wir dem Zug gefolgt waren, um zu erfahren, was mit unseren Leuten geschieht. Mein Onkel Siegfried wurde Mitte April 1933 von einer SA-Rotte aus der Wohnung meiner Großeltern geschleppt. Zuvor musste er sich ausziehen und auf einen Tisch legen. Die SA-Leute haben mit Stuhlbeinen auf ihn eingeschlagen, bis er bewusstlos war, und ihn dann auf die Straße geworfen. Mein Vater und ich besuchten Onkel Siegfried im Krankenhaus. Sein Gesicht war schwarz gezeichnet und so verschwollen, dass ich ihn nicht mehr erkannte.«

Auch die Erwachsenen spürten die wachsende Gefahr in der »Stadt der Reichsparteitage«, hofften aber, dass der braune Spuk bald vorüber sei. Die Wäschemanufaktur hatte inzwischen Geschäftsräume in einem Fabrikgebäude in der Singerstraße, ein Ladengeschäft in der Landgrabenstraße und eine eigene Näherei in der Muggenhofer Straße. In der modern eingerichteten Werkstatt sorgten 200 Nähmaschinen und Fließbänder für einen reibungslosen Ablauf. Zu dem Wäscheversand war jetzt auch eine Kleiderfabrik gekommen. Das ermöglichte eine kostengünstige Textilproduktion und damit niedrige Verkaufspreise für die fertigen Waren.

Karl Joel war nicht nur ein gewiefter Geschäftsmann, sondern auch ein sozial engagierter Chef, der gute Löhne zahlte, und bei seinen Angestellten dementsprechend beliebt. Noch 60 Jahre später traf sich in Nürnberg regelmäßig ein Kreis ehemaliger Joel-Mitarbeiterinnen, die von ihrem Chef schwärmten und von den alten Zeiten erzählten, aber nur ungern über die Nazigeschichte sprachen. »Er war großzügig, da hätte sich mancher eine Scheibe abschneiden können«, erinnerte sich die ehemalige Angestellte Katja Betzold als alte Dame. »Er war ein eleganter Herr und seine Frau eine herzliche, zarte Person.« Der Chef lud die Belegschaft regelmäßig zu Betriebsausflügen ein und spielte manchmal sogar in der Fußballmannschaft der Firma mit.

Einem aber war diese jüdische Erfolgsgeschichte ein ausgesprochener Dorn im Auge: Der fränkische Nazi-Gauleiter und Hitler-Vertraute Julius Streicher wusste sehr genau, wie man mit Lügengeschichten Sozialneid schüren und Rufmord betreiben kann. Anfangs hatte Karl Joel noch versucht, sich gegen die Verleumdungskampagnen gerichtlich zu wehren. Vergeblich. Im Jahr 1934 wurden mehrere Artikel über den »Nürnberger Wäschejuden Joel« im *Stürmer* veröffentlicht. Da hieß es zum Beispiel über das Unternehmen: »Inhaber ist der Vollblutjude Joel. Dieser scheint seine Vertreter beauftragt zu haben, der Welt vorzulügen, die Firma Karl Joel sei ein deutsches Unternehmen. Und die gutgläubigen Deutschen fallen darauf herein. So macht der Jude Joel ein Riesengeschäft. Er versendet allwöchentlich Tausende von Paketen nach ganz Deutschland. Darunter sind auch solche für zahlreiche Parteigenossen, SA-Leute, Amtswalter usw. Der Jude Joel lacht sich in die Faust, er höhnt und spottet darüber, dass er aus dem Gelde nationalsozialistisch gesinnter Deutscher seinen Reibach schlagen kann. Er verwendet diesen Gewinn auf jüdische Weise. Er hält Zechgelage ab, bei denen er sich nichtjüdische Frauen und Mädchen zuführen lässt ... Wir hoffen und wünschen, dass dem Juden Joel das Lachen und Höhnen über die ›Gojim‹ bald vergeht. Sollte aber irgendwo in Deutschland irgendein Vertreter die Wäschemanufaktur Karl Joel als deutsches oder arisches Unternehmen bezeichnen, so sollte uns das mitgeteilt werden.«

Karl Joel reagierte mit schwarzem Humor auf die Verleumdungen: »Der *Stürmer* hat über mich geschrieben, jetzt bin ich endlich berühmt!«, erzählte er zu Hause. Doch spätestens da erkannte er, dass es an der Zeit war, Nürnberg zu verlassen. Seine Familie und sein Unternehmen waren in ernster Gefahr. Aber immer noch glaubte er, dass es sich beim Nationalsozialismus um ein vorübergehendes Phänomen handle. Im weltstädtischen Berlin, so dachte er, sei er vor den persönlichen Attacken Streichers in Sicherheit. Deshalb fuhr er Anfang 1934 mit seinem Rechtsbeistand Dr. Loeb in die Reichshauptstadt, um die Lage zu erkunden. Bei dem Tuchfabrikanten Fritz Tillmann, Chef des Wirtschaftsberatungsamtes und NSDAP-Mitglied, informierte er sich über eine mögliche Betriebsverlagerung nach Berlin.

Scheinbar herrschte dort ein gemäßigteres politisches Klima: Die NSDAP hatte hier bei den Wahlen keine Mehrheit bekommen. Und es gab in der Oranienburgstraße eine Anwaltsgemeinschaft,

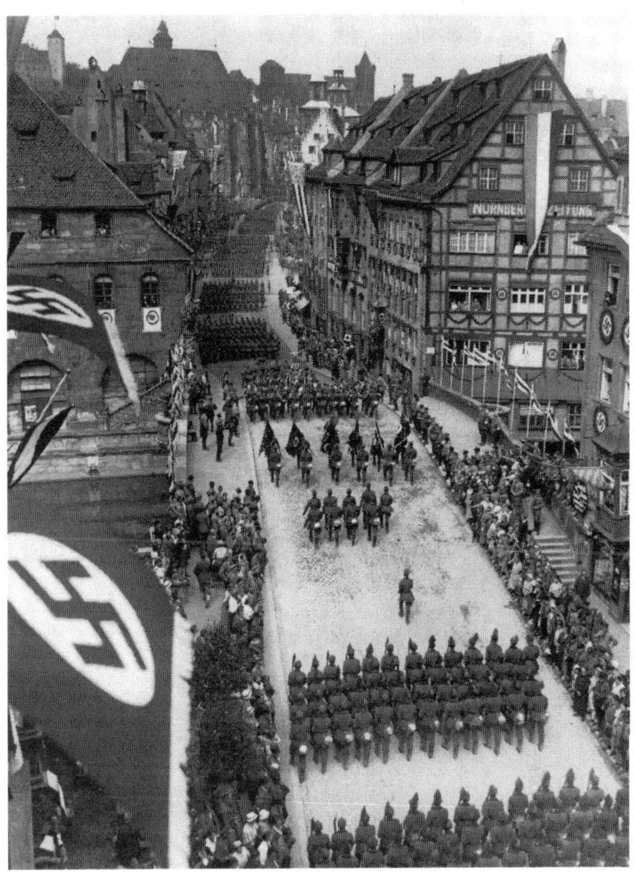

Naziaufmarsch beim Reichsparteitag in Nürnberg, 1934

die sich für die Rechte der Juden einsetzte. Sie hatte gute Beziehungen zu den Ministerien und direkten Kontakt zu Hermann Göring, der ein diabolisches Spiel trieb. Er gab vor, sich für den Erhalt jüdischer Unternehmen einzusetzen, die zwar mit strengen Auflagen geknebelt wurden, aber zumindest von ihren jüdischen Besitzern weitergeführt werden konnten. Eine der Bedingungen bestand in der Aufnahme eines »arischen« Mitgesellschafters in die Geschäftsführung. Diese Täuschungsmanöver wiegten sogar die jüdischen Juristen in Sicherheit, die der Meinung waren, »dass nach der Bereinigung von formalen

Schwierigkeiten eine Zusammenarbeit mit Hitler durchaus möglich sein wird«.

In den folgenden Wochen verhandelte Fritz Tillmann mit dem Nürnberger NS-Oberbürgermeister Willy Liebel und dem Gauleiter Streicher, der sich vergeblich dagegen wehrte, das trotz aller Schikanen florierende Unternehmen wegziehen zu lassen. Und schon bald kam man überein, dass die Wäschemanufaktur nach Berlin-Wedding verlagert werden sollte.

Am 16. Mai 1934 diktierte Karl Joel seiner Sekretärin einen Brief an alle Mitarbeiter. »Hiermit teile ich Ihnen höflichst mit, dass ich im Benehmen mit dem Reichswirtschaftsministerium und der Stadt Berlin in den nächsten Monaten meinen Geschäftsbetrieb mit Ausnahme der Wäschefabrik nach Berlin verlege. Ich bin deshalb zu meinem Bedauern gezwungen, Ihnen hierdurch zum 30. Juni 1934 zu kündigen. Doch stelle ich Ihnen frei, mit dem Betrieb nach Berlin überzusiedeln.«

Es spricht nicht nur für die schwierige Situation auf dem Arbeitsmarkt, sondern vor allem auch für das gute Arbeitsklima in der Firma Joel, dass drei Viertel der Mitarbeiter ihrem verehrten Chef trotz der Nazidrohungen in die Reichshauptstadt folgten.

160 Eisenbahnwaggons mit Ware und Inventar wurden auf die Reise nach Berlin geschickt. Im modernen Osram-Komplex in Berlin-Wedding fand die Firma ein geräumiges Domizil. Die Näherei mit den drei Fließbändern und 200 Nähmaschinen blieb in Nürnberg, wie zunächst auch die Familie.

Dort setzte *Der Stürmer* seine widerliche Hetzerei gegen den »Wäschejuden Joel« fort: Neben persönlichen Beleidigungen des Inhabers (»Jud Joel, der Blutsauger und Schinder«) ging es in den Schmähartikeln – allein 1934 sieben an der Zahl – vor allem darum, die Kundschaft der »jüdischen Volksschädlinge« zu diffamieren und abspenstig zu machen. Die gehässigen Attacken setzten dem Nürnberger Geschäftsmann, der sich nie etwas hatte zu Schulden kommen lassen, seelisch schwer zu. Wie würde das alles noch enden?

Die Stadt war im September wieder Schauplatz des Reichsparteitags, den Leni Riefenstahl in ihrem Film *Triumph des Willens* dokumentiert hat: In den Straßen der Altstadt und auf dem Zeppelinfeld marschierten Zehntausende von Deutschen in Uniform. Unter den Zuschauern des sorgfältig inszenierten Massenspektakels waren auch Helmut Joel und Rudi Weber. Der amerikanische Rundfunkreporter und Journalist William L. Shirer notierte am 4. September 1934 in seinem Tagebuch: »Wie ein römischer Kaiser ist Hitler heute bei Sonnenuntergang in diese mittelalterliche Stadt eingefahren, vorbei an Massen wild jubelnder Nazis, die jene engen Straßen überfüllten, die einst Hans Sachs und die Meistersinger gesehen haben. Zehntausende von Hakenkreuzfahnen überdecken die gotische Schönheit des Ortes, die Fassaden der alten Häuser, die Giebeldächer. Die Straßen, kaum breiter als unsere Fahrwege, sind ein Meer von braunen und schwarzen Uniformen. Ich erblickte Hitler zum ersten Mal, als er an unserem Hotel, dem Württemberger Hof, vorbeifuhr in Richtung auf den Deutschen Hof, sein Stammhotel, das für ihn umgebaut worden war. Unbeholfen hielt er seinen Hut mit der linken Hand fest, während er im offenen Wagen stand und den trunkenen Willkommensjubel der Massen mit dem etwas kraftlosen Nazigruß seines rechten Armes erwiderte. Er war mit einem abgetragen erscheinenden Gabardine-Trenchcoat bekleidet, sein Gesicht zeigte keinen besonderen Ausdruck – ich hatte es viel stärker erwartet –, und ich konnte bei meinem Leben nicht verstehen, welche verborgenen Kräfte er unzweifelhaft in der hysterischen Menge weckte, die ihn so frenetisch begrüßte.« (7)

Während dieser Wochen wurde Karl Joel dreimal verhaftet, kam aber aufgrund seiner guten Beziehungen zu Fritz Tillmann jedes Mal innerhalb weniger Tage wieder frei. Doch es wurde höchste Zeit, dass auch die Familie umzog. In Berlin-Charlottenburg fanden die Joels eine am Waldrand gelegene großzügige Villa.

In jenem Jahr war die französische Schriftstellerin Simone de Beauvoir mit ihrem Lebensgefährten Jean-Paul Sartre zu Besuch in der »Stadt der Reichsparteitage«, die früher einmal für Künstler wie Albrecht Dürer oder Veit Stoß berühmt gewesen war. Es war ein unheimliches Erlebnis, wie sie in ihrem autobiografischen Buch *In den besten Jahren* schrieb: »Wir hatten uns viel vom malerischen Nürnberg erwartet; aber Tausende von Hakenkreuzfahnen flatterten noch vor den Fenstern, und die Bilder, die wir in der Wochenschau gesehen hatten, drängten sich uns mit unersättlicher Arroganz auf: der gewaltige Aufmarsch, die erhobenen Arme, die starren Blicke, ein ganzes Volk in Trance. Wir waren erleichtert, als wir die Stadt hinter uns hatten.« (8)

Tanz auf dem Berliner Vulkan

Berlin schien die Rettung zu sein. Die Reichshauptstadt pulsierte Tag und Nacht, zeigte sich weltoffen und tolerant. Hier ließen sich nicht nur glänzend Geschäfte machen, hier gab es auch ein aufregendes Kulturleben und verlockende Freizeitangebote. Kein Vergleich mit dem provinziellen Nürnberg. Die Joels bereuten ihre Entscheidung keine Sekunde und genossen die scheinbare Freiheit. Das Versandgeschäft lief glänzend, die Kundenkartei wuchs ständig, ebenso das Angebot. Besonders im strukturschwachen Osten Deutschlands, in Pommern und Ostpreußen, fanden sich viele Käufer. 850 000 Stammkunden waren registriert. Die Bestellung und Lieferung per Post war bequem und preisgünstig. Joel gehörte mit Witt (Weiden), Schöpflin (Hagen) und Quelle (Fürth) zu den Marktführern der Branche. Die innovative Wäschemanufaktur arbeitete mit modernsten Mitteln, und die Gleisanbindung der Berliner Firma bot einen Wettbewerbsvorteil. Joel setzte als einer der Ersten auf modische Fertigtextilien und bot nach amerikanischem Vorbild einen farbig illustrierten Versandkatalog an.

Regelmäßig fuhr ein firmeneigener LKW mit Textilwaren auf der neu gebauten Autobahn zwischen Nürnberg und Berlin hin und her. Vorsichtshalber hatte der Lastwagen keine Firmenaufschrift. Manchmal durfte Rudi Weber in der Kabine mitfahren, wenn er in den Ferien seinen Schulfreund besuchte.

Die Verbindung zu Helmut Joel, der an seiner neuen Schule in Berlin nicht viele Freunde fand, war nicht abgerissen. Die beiden waren unzertrennlich und streiften durch die große Stadt, die so viele Möglichkeiten bot. Sie schwärmten vom Atlantikflieger Charles Lindbergh und lachten sich krumm beim Auftritt des Münchner Komikers Karl Valentin mit seiner »Orchesterprobe«.

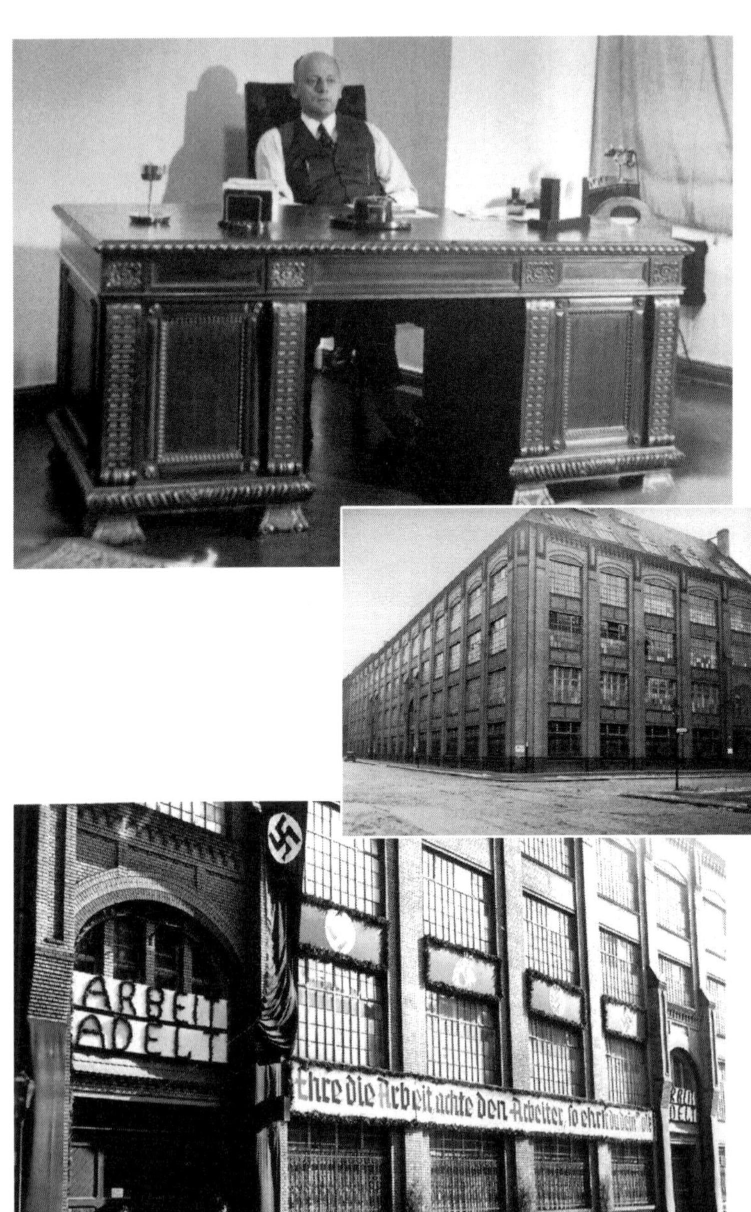
ARBEIT
ADELT
Ehre die Arbeit achte den Arbeiter

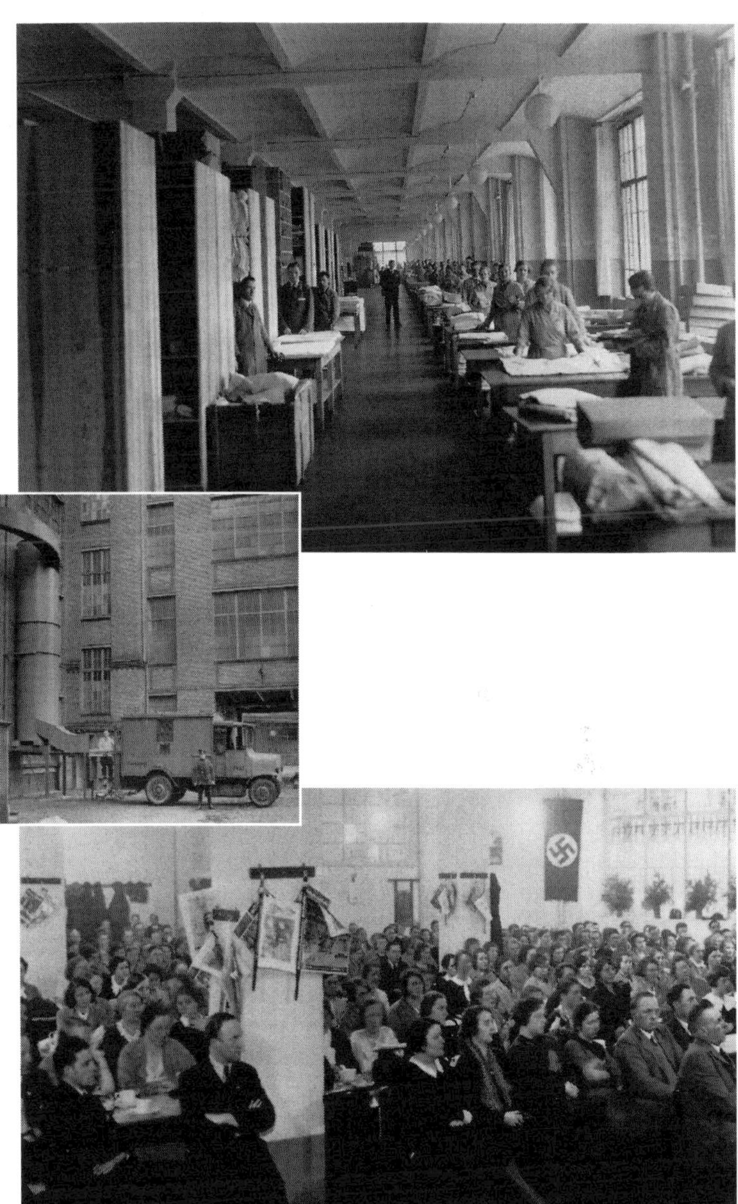

Die Wäschemanufaktur im Berliner Osram-Haus, 1935. Links oben Karl Joel an seinem Schreibtisch, rechts unten eine Betriebsversammlung in der mit Hakenkreuzfahnen dekorierten Kantine.

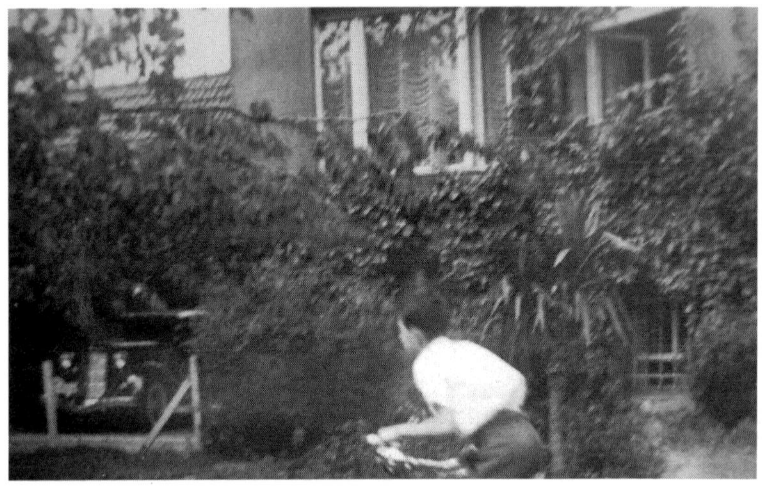

Helmut Joel auf dem Fahrrad vor der Villa in Charlottenburg, 1935

Auch ins Kino gingen die beiden oft. *Emil und die Detektive* nach dem Roman von Erich Kästner war damals ein aktueller Kassenschlager. Am liebsten aber sahen die unzertrennlichen Jungs die komischen Abenteuer von Laurel & Hardy, Buster Keaton und Charlie Chaplin. Manchmal spielte Helmut dann die Filmmusik am Klavier nach oder imitierte mit seinem Freund zu Hause die Sketche und verlangte dafür bei den erwachsenen Zuschauern Eintritt.

Die private Leßlerschule lag inmitten eines Gartens am Roseneck, in einem Villenviertel. »Mit einer *Judenschule*, wo alles durcheinanderreden sollte, hatte die Leßlerschule keine Ähnlichkeit.« Das schreibt der in Vergessenheit geratene Schriftsteller Ludwig Greve in seiner immer noch lesenswerten Geschichte einer Jugend im Dritten Reich: *Wo gehörte ich hin?* Sein Leben hatte seltsame Parallelen zu dem der Familie Joel. Er war ein Jahr jünger als Helmut Joel und zur selben Zeit an der Leßlerschule; auch er stammte aus einer gutbürgerlichen jüdischen Familie und erlebte die zunehmende Isolation am eigenen Leib. »Dank den Judengesetzen hatte Frau Leßler, quasi ohne aus ihrem Bürostuhl sich herausbequemen zu müssen, für ihr Kollegium die Auswahl unter *ersten Kräften* gehabt, wie sie gerne unseren Müttern gegenüber betonte. Ihre Stimme, so tief, dass es feierlich klang (obwohl sie mitnichten George rezitierte), entsprach einem Doppelkinn, wie ich es bis dahin noch nicht gesehen hatte. Seit den Tagen, als die Schule noch auf Erlesenheit achtete, führte sie die Geschäfte, von einem *Herrn* L. hatten auch die älteren Schüler nie gehört. Unsere Väter zahlten also Schulgeld, und so wenig wir es ihnen dankten, kamen wir dadurch zu gewissen Privilegien, sagen wir, der kleineren Zahl, die uns den Abschied von den bisherigen Kameraden verschmerzen ließen.« (9)

Es war eine scheinbar unbeschwerte Zeit, doch die dunklen Wolken kamen immer näher. Die judenfeindlichen Kundgebungen nahmen zu.

William L. Shirer, der ab 1934 als Korrespondent in Deutschland arbeitete, beschrieb die seltsame Stimmung im Dritten Reich: »Für einen Ausländer gab es eine Menge zu beobachten, das ihn beeindruckte, verwunderte oder nachdenklich über das neue Deutschland stimmte. Die überwältigende Mehrheit der Deutschen schien nichts dabei zu finden, dass man sie ihrer persönlichen Freiheit beraubt, einen so großen Teil ihrer Kultur vernichtet, an deren Stelle eine geistlose Barbarei gesetzt und ihr Leben und ihre Arbeit bis zu einem Grad reglementiert hatte, wie es selbst ein seit Generationen an eine Menge Reglementierungen gewöhntes Volk nie zuvor erlebt hatte.

Gewiss, im Hintergrund lauerten der Terror der Gestapo und die Angst vor dem Konzentrationslager bei allen, die sich nicht einfügten oder Kommunisten und Sozialisten oder zu liberal und zu pazifistisch gewesen oder Juden waren. Das Blutbad vom 30. Juni 1934 hatte in bedrohlicher Weise gezeigt, wie erbarmungslos die neuen Herrscher sein konnten. Wenn auch in den ersten Jahren verhältnismäßig wenig Deutsche von dem Terror betroffen wurden, so war man doch als Neuankömmling überrascht zu beobachten, dass das deutsche Volk nicht zu empfinden schien, wie sehr es von einer skrupellosen und brutalen Diktatur eingeschüchtert und niedergehalten wurde. Im Gegenteil, es hing ihr mit aufrichtiger Begeisterung an. Irgendwie flößte sie ihm neue Hoffnung, neues Selbstvertrauen und einen erstaunlichen Glauben an die Zukunft seines Landes ein.« (10)

Auch die Joels verdrängten die Zeichen der Zeit, so gut es ging. Die vornehme Villa in der Tannenbergallee 2–4 in Charlottenburg hatte zwölf Zimmer und einen großen Garten, in dem die Buben oft mit den beiden Foxterriern herumtobten. Gerne spielten sie auch »Räuber und Gendarm«, also die Guten gegen die Bösen, »Raiber und Schander«, wie es auf gut Nürnbergerisch hieß.

Im Musikzimmer musste Helmut weiter am Klavier üben, darauf achtete seine Mutter sehr. Man hatte sich äußerst komfortabel eingerichtet. Es gab Gästezimmer und ein Herrenzimmer, in dem Karl Joels repräsentativer Schreibtisch unter einem Bismarck-Porträt von Franz von Lenbach stand. Die Joels hatten einen Chauffeur, der den eleganten Buick fuhr, Dienstmädchen, eine Köchin und einen Gärtner. Sie waren ausgesprochen gesellig und gastfreundlich und gaben von Zeit zu Zeit große Einladungen.

Der Wald hinter der Villa war ein beliebter Treffpunkt junger Nazis, die dort trainierten und feierten. Dabei wurde auch oft gesungen. Eines Tages hörte Helmut ein Lied, das ihm schrecklich Angst machte: »Wenn das Judenblut vom Messer spritzt«, grölten die Nazihorden im Vorbeimarschieren. Die Judenhasser wurden immer dreister.

Auch in Berlin nahmen nun die Repressalien zu. Karl Joel musste einen »Arier« in die Geschäftsleitung aufnehmen, er durfte keine Zeitungswerbung mehr machen, er hatte keinen Zugang mehr zur Zweckvereinigung der Versandgeschäfte und die Kundenpakete mussten mit einem großen, schwarzen »J« auf gelbem Hintergrund gekennzeichnet werden. Das »J« stand nicht für »Joel«, sondern für »Jude«. Auch hielten manche »arische« Zulieferfirmen ihre Verträge nicht mehr ein.

Dank seiner Kontakte zu Fritz Tillmann war Joel immerhin über die Pläne der Nazis auf dem Laufenden: Für jüdische Geschäftsleute wurde die Situation immer schwieriger. Waren- und Versandhäuser galten allgemein als jüdische und daher unerwünschte Geschäftsformen, und mit der Zeit gingen auch die Umsätze der Firma Joel deutlich zurück.

Im Jahr 1935, in dem die sogenannten Nürnberger Gesetze verabschiedet wurden, entschlossen sich die Joels, ihren Sohn in ein

Schweizer Internat zu schicken. Beim »Parteitag der Freiheit« in Nürnberg ließ Hitler die »rechtliche« Grundlage aller folgenden Ausnahmeregelungen gegen Juden verkünden: Das »Reichsbürgergesetz« unterschied zwischen Staats- und Reichsbürgern und das »Gesetz zum Schutze des deutschen Blutes und der deutschen Ehre« verbot »Mischehen« und außereheliche Beziehungen zwischen Juden und Ariern. Julius Streicher, der Judenhasser aus Nürnberg, richtete 1935 eine große Propagandafiliale in Berlin ein. Er brachte dort einen Ableger des *Stürmer*, den *Judenkenner*, heraus und ließ vor allem in Neubausiedlungen viele der *Stürmer*-Aushangkästen aufstellen.

In Deutschland, wo Juden jetzt vom selbst ernannten »Herrenvolk« offiziell als Menschen zweiter Klasse behandelt wurden, gab es keine Zukunft für die Joels. Die NS-Führung schürte den latenten Antisemitismus in großen Teilen der Bevölkerung mit immer aggressiveren Methoden.

Die Mutter brachte Helmut mit dem Zug nach Sankt Gallen, und beim Abschied liefen beiden die Tränen übers Gesicht. »Damals habe ich zum letzten Mal in meinem Leben geweint«, erinnerte sich Helmut Joel noch Jahrzehnte später. Der Zwölfjährige, ein verwöhntes Einzelkind, musste nun fern von zu Hause alleine mit den strengen Regeln im »Institut auf dem Rosenberg« zurechtkommen. Immerhin fand er in dem Internat genügend Leidensgenossen, denn viele Juden, die es sich leisten konnten, hatten ihre Kinder in die Schweiz geschickt. Die Schüler, darunter auch Helmut, wurden zeitweise in Villars, in der französischen Schweiz, unterrichtet, wo das Institut eine Dependance besaß. In der Musik suchte der einsame Junge Trost, seine musikalische Begabung fiel den Lehrern nicht nur bei Klavierwettbewerben auf.

Trotz der beunruhigenden Nachrichten aus Deutschland besuchte Helmut, vom Heimweh geplagt, in den Ferien seine Eltern in Berlin. Schließlich war dort sein Zuhause. Im Juni 1936 kam er zur Bar-Mizwa-Feier in der großen Berliner Synagoge. Und im Winter traf sich die Familie sogar manchmal beim Skiurlaub in Sankt Moritz.

Eine Zeit lang sah es noch so aus, als ob man sich mit den Nationalsozialisten arrangieren könnte. Die glänzend organisierten Olympischen Spiele 1936 in Berlin nutzte Adolf Hitler zur Sympathiewerbung im Ausland: Das wirtschaftlich blühende Deutschland zeigte sich von der freundlichen Seite, die deutschen Sportler beeindruckten durch Höchstleistungen und gewannen mehr Medaillen als alle anderen (33-mal Gold, 26-mal Silber, 30-mal Bronze). Nicht nur in Berlin wurden verräterische Schilder wie »Juden unerwünscht« vorübergehend aus Läden, Hotels und Restaurants entfernt und die Attacken auf jüdische Mitbürger ausgesetzt.

William L. Shirer notiert am 16. August 1936: »Ich fürchte, die Nazis hatten Erfolg mit ihrer Propaganda. Erstens haben sie die Spiele in einer nie zuvor erlebten Dimension veranstaltet, was die Athleten sehr beeindruckte. Zweitens haben die Nazis den allgemeinen Besuchern, insbesondere den großen Geschäftsleuten, eine sehr gute Fassade vorgeführt.« (11)

Klar, dass Helmut und Rudi zu den Wettbewerben wollten und eifrig die deutschen Goldmedaillen zählten. Unter den begeisterten Zuschauern saß auch ein junger Mann aus Würzburg, der bereitwillig mit den nationalsozialistischen Machthabern zusammenarbeitete: Josef Neckermann, ehrgeiziger Jungunternehmer und passionierter Herrenreiter. Er hatte bereits in Würzburg von der sogenannten Arisierung jüdischer Unternehmen profitiert und das Kaufhaus Ruschkewitz zum Schleuderpreis übernommen. In Berlin suchte der 24-Jährige, der die Zeichen der Zeit erkannt hatte, nach einem weiteren Schnäppchen. Kaum zwei Jahre später hatte er Erfolg.

In seinen *Erinnerungen* schreibt Neckermann, der spätere Versandhauskönig: »Ich bat meinen Schwiegervater, sich umzuhören, ob nicht vielleicht irgendwo ein Versandhaus zum Verkauf stünde. Etwa drei Millionen wollte ich dafür ausgeben. Brückner hatte sonst nichts zu tun und kümmerte sich nach wie vor rührend um das unternehmerische Fortkommen des Josef Neckermann. Nicht ganz uneigennützig, aber immerhin. So kam er mit dem Bankhaus Hardy & Co. sowie der Reichskredit ins Gespräch.

Als Brückner eines Tages anrief und mir sagte, dass Karl Amson Joel seine Wäschemanufaktur und das Versandhaus verkaufen wollte, war ich Feuer und Flamme. Jahresumsatz etwa vier Millionen. Das war im Frühsommer 1938.« (12)

Die Gelegenheit war günstig. Joel fühlte sich immer mehr unter Druck und sorgte sich um die Zukunft seiner Familie. Seine Frau hatte Angst und drängte ihn zur Flucht aus Deutschland. Mitten in der Arisierungsphase war sein langjähriger Rechtsbeistand Dr. Loeb in die Schweiz emigriert. Was ihn nicht hinderte, nachträglich ein Honorar für seine Tätigkeit im Zusammenhang mit dem Verkauf an Neckermann von Joel zu fordern.

Die politische Situation hatte sich zusehends verdüstert. Im März 1938 marschierten deutsche Truppen in Österreich ein. Am 26. April 1938 trat eine »Verordnung über die Anmeldung des Vermögens der Juden über 5000 Reichsmark« in Kraft. Jeder Jude war gezwungen, Privatvermögen, das die genannte Summe überstieg, offiziell zu deklarieren. Und die Geschäfte liefen aufgrund der Repressalien immer schlechter. Joel musste einen Teil seiner 500 Mitarbeiter entlassen und fasste den Entschluss, seinen Betrieb zu verkaufen. Am 30. April diktierte er unter anderem diesen Kündigungsbrief an den Abteilungsleiter Johann Stichler: »Das Dienstverhältnis wird von Herrn Stichler freiwillig im besten beiderseitigen, freundschaftlichen Einvernehmen gelöst. Der Grund ist, dass ich infolge von Umsatzrückgang zu einer Betriebsumstellung gezwungen bin, wobei eine den Fähigkeiten des Herrn Stichler entsprechende Position nicht mehr vorhanden ist.«

Joel, der inzwischen konkrete Fluchtpläne schmiedete, obwohl er seit Mai keinen Reisepass mehr hatte, und für alle Fälle Englisch lernte, wollte die Zwangsschließung seines Betriebs verhindern und ließ heimlich Verkaufsverhandlungen über seinen Vertrauten Tillmann führen.

Die Konkurrenz hatte von Joels Verkaufsabsichten Wind bekommen und schlief nicht. Unter den Interessenten war auch Gustav Schickedanz, Parteimitglied und Eigentümer des Fürther Versandhauses Quelle. Der verschickte seine Pakete übrigens mit einem vermeintlich verkaufsfördernden Hinweis: Neben dem

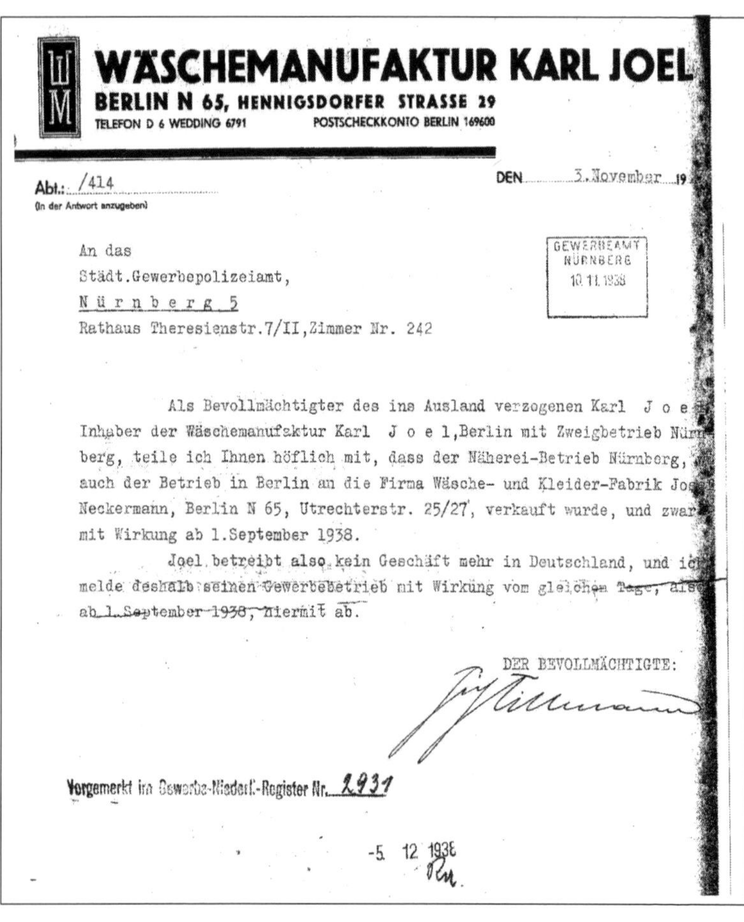

WÄSCHEMANUFAKTUR KARL JOEL
BERLIN N 65, HENNIGSDORFER STRASSE 29
TELEFON D 6 WEDDING 6791 POSTSCHECKKONTO BERLIN 169600

Abt.: /414
(In der Antwort anzugeben)

DEN 3.November 19

An das
Städt.Gewerbepolizeiamt,
Nürnberg 5
Rathaus Theresienstr.7/II,Zimmer Nr. 242

GEWERBEAMT NÜRNBERG 10.11.1938

Als Bevollmächtigter des ins Ausland verzogenen Karl Joel, Inhaber der Wäschemanufaktur Karl Joel,Berlin mit Zweigbetrieb Nürnberg, teile ich Ihnen höflich mit, dass der Näherei-Betrieb Nürnberg, auch der Betrieb in Berlin an die Firma Wäsche- und Kleider-Fabrik Josef Neckermann, Berlin N 65, Utrechterstr. 25/27, verkauft wurde, und zwar mit Wirkung ab 1.September 1938.

Joel betreibt also kein Geschäft mehr in Deutschland, und ich melde deshalb seinen Gewerbebetrieb mit Wirkung vom gleichen Tage, also ab 1.September 1938, hiermit ab.

DER BEVOLLMÄCHTIGTE:
Tillmann

Vorgemerkt im Gewerbe-Niederl.-Register Nr. 2931

-5. 12 1938

Brief des Joel-Bevollmächtigten Fritz Tillmann vom 3.11.1938

Absender stand der Vermerk »Ein christliches Unternehmen mit arischem Inhaber«.

Der Begriff der »Arisierung« bedeutet nichts anderes als die Entfernung der deutschen Juden aus dem Wirtschafts- und Berufsleben. Er beinhaltet die Enteignung jüdischen Besitzes zugunsten von Nichtjuden (»Ariern«), aber auch die Einschränkung der Erwerbstätigkeit und den direkten Zugriff auf Vermögen von Juden. Von den 1933 bestehenden 100 000 jüdischen Unternehmen im Deutschen Reich (darunter Warenhäuser, Praxen und

Werkstätten) waren im April 1938 bereits 60 Prozent »arisiert«. Für die »arische« Geschäftswelt entwickelte sich die Ausschaltung der jüdischen Konkurrenz zum klaren Wettbewerbsvorteil. Denn in ihrer Notlage waren die jüdischen Besitzer meist gezwungen, ihre Betriebe weit unter Wert zu verkaufen. Die »Arisierung« war der ökonomische Ausdruck der schrittweisen Entrechtung der Juden in Deutschland. Ein besonderes Enteignungsgesetz gab es nicht, Ausführungsverordnungen zu den Rassegesetzen genügten. Eines der Ziele des NS-Regimes zwischen 1933 und 1940 war es, die Juden mittels der »Arisierung« zur Auswanderung zu zwingen.

Äußerlich vollzog sich die »Arisierung« – zumindest bis zur »Reichskristallnacht« im November 1938 – auf freiwilliger Basis, doch war dies angesichts der ökonomischen und steuerlichen Benachteiligungen jüdischer Unternehmen der blanke Hohn. Vereinzelt gab es Versuche, die Übernahme unter einigermaßen fairen Bedingungen herbeizuführen, doch in zunehmendem Maße kam es zu einem Verfall der Sitten. Während sich ältere Unternehmer in der Regel zur NS-Rassenpolitik eher reserviert verhielten, zeigte die jüngere Kaufmannschaft meist wenig Bedenken, die Notlage der jüdischen Partner geschäftlich auszunutzen.

Am 11. Juli 1938, nach zähen Verhandlungen, unterzeichneten Josef Neckermann und Karl Amson Joel den Hauptvertrag in der Tannenbergallee. Für die Wäschemanufaktur, die geschätzte vier Millionen Reichsmark wert war, wollte Neckermann kaum die Hälfte zahlen. Es war die erste und bis auf weiteres einzige persönliche Begegnung der beiden ungleichen Verhandlungspartner. Viel Spielraum gab es nicht: Der erfahrene Unternehmer musste sich die Bedingungen von einem 26-Jährigen diktieren lassen. Bei dieser Gelegenheit stellte Joel dem Käufer seine wichtigsten Mitarbeiter vor, die Neckermann allesamt übernahm.

Unter den Angestellten, die Neckermann weiterbeschäftigte, war auch der junge Rudi Weber, der bei Karl Joel in Berlin eine kaufmännische Lehre begonnen hatte. Weber erinnert sich: »Man hat sich erzählt, dass sich Karl Joel unmittelbar nach der Vertragsunterzeichnung zum Bahnhof fahren ließ, weil er Angst vor der

Gestapo hatte.« Dort nahm er einen Zug in die Schweiz. Nicht einmal seine Mutter war über die Ausreise informiert.

Am 1. September sollte die Wäschemanufaktur in Neckermanns Besitz übergehen: »Der Betrieb wirkte auf mich imposant und beeindruckte mich entsprechend«, notierte er. (13) Seine guten Kontakte zur Partei zahlten sich beim komplizierten Genehmigungsverfahren aus, das alle möglichen staatlichen Stellen tangierte. Der ursprüngliche Kaufvertrag musste abgeändert werden, natürlich nicht zum Vorteil Joels. So wurde das Inventar nur mit 5300 Reichsmark bewertet statt wie vorgesehen mit 200 000.

Mit Skrupeln hielt sich Neckermann indes nicht lange auf und rechtfertigte sich im Rückblick kaltschnäuzig: »Wer nicht mit der Zeit geht, *geht* mit der Zeit.« (14)

In den *Erinnerungen* des späteren Versandhauskönigs und Wirtschaftswunderkapitäns heißt es: »Von dem seinerzeit vereinbarten Kaufpreis von 2,3 Millionen, von dem die Verbindlichkeiten und Lieferantenverpflichtungen der Firma Joel abgezogen wurden, habe ich vereinbarungsgemäß weitere fünfhunderttausend Reichsmark als Sicherheit für eventuell noch bestehende Forderungen gegen die Firma Joel einbehalten und diesen Betrag in allen Bilanzen bis 1945 korrekt ausgewiesen. Den Rest des Kaufpreises, 1,14 Millionen Reichsmark, entrichtete ich auf ein Treuhandkonto beim Bankhaus Hardy & Co.« (15)

Joel, der mit dem Verkauf sich und seine Familie in finanzielle Sicherheit bringen wollte, bekam davon keinen Pfennig zu sehen. »Wie ich später erfuhr«, schreibt Neckermann, »musste Tillmann am 6. September in die Schweiz berichten, dass alle Vermögenswerte Joels beschlagnahmt worden seien.« (16)

Die Familie Neckermann richtete sich derweil in der Joel-Villa in der Tannenbergallee häuslich ein und übernahm sogar einen Teil der Einrichtung, ein Jugendzimmer kaufte man den Joels ab, ein paar wertvolle Teppiche und das Ölgemälde von Franz von Lenbach nahm man in Verwahrung.

Neckermann war durch die Übernahme auf einmal ein großer Fisch in der Branche. Von grenzenlosem Ehrgeiz und Elan getrieben, verlor er keine Zeit, wie seine *Erinnerungen* belegen: »Noch

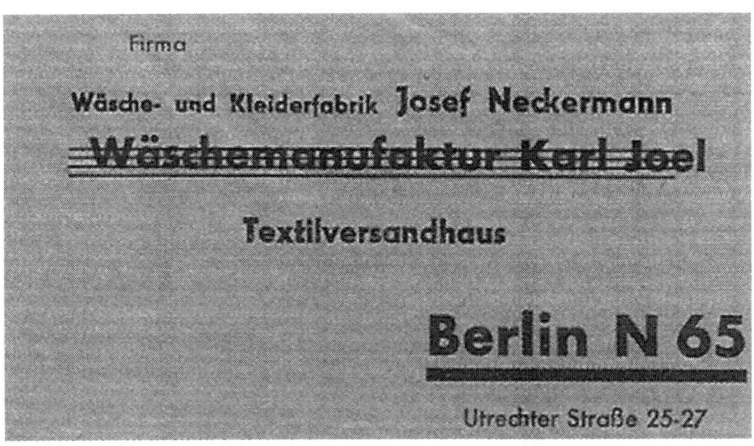

Symbol der »Arisierung«: Der neue Eigentümer Josef Neckermann ließ die Briefkuverts der Firma Joel einfach überdrucken.

am 1. September teilte ich der Kundschaft in einem Rundschreiben mit, dass ich die Wäschemanufaktur Karl Joel übernommen habe und als ›Wäsche- und Kleider-Fabrik Josef Neckermann Textil-Versandhaus‹ weiterführte. Mit dieser Firmenbezeichnung wollte ich suggerieren: Hier wird direkt beim Erzeuger gekauft, also super-preisgünstig. ›Gute Ware zu billigen Preisen‹ lautete denn auch mein Motto, das ich mit der Garantie verband: ›Was nicht entspricht, nehme ich zum vollen Preis zurück.‹ Inklusive Porto. Sofort begann ich, meine Ideen, mit denen ich selbst kaum Schritt halten konnte, zu verwirklichen. Ich ergänzte das Sortiment durch Fertigwäsche, durch Charmeuse-Ware – teils aus eigener Fertigung –, um Teppiche, Möbelstoffe und Gardinen. Bald erweiterte ich die Kundenkartei auf über eine Million Adressen. Da ich als ›rein arisches Unternehmen‹ galt, durften ›alle Volksgenossen, auch Beamte und Parteimitglieder, ohne Bedenken von meinen reichhaltigen und vorteilhaften Angeboten Gebrauch machen‹, und ich inserierte, was das Zeug hielt, um meinen Einzugsbereich auszuweiten, um vor allem in Süddeutschland Terrain gutzumachen und den Mitbewerbern abzujagen. Ich saß auf dem aufstrebenden Ast.« (17)

Flucht und Exil in Kuba

Die Familie Joel traf sich im Sommer 1938 in Zürich wieder. Die Eltern hatten es geschafft, mit falschen Reisepässen die Schweizer Grenze zu passieren. Da sie nur ein paar Koffer dabeihatten, wirkten sie wie Urlauber, doch ihre Nerven lagen blank. Es ging um Leben und Tod. Die Kontrolle im Zug dauerte schier endlos. Die Grenzbeamten prüften die Papiere mit Schweizer Gründlichkeit.

Die Eidgenossen waren von den vielen Flüchtlingen aus Deutschland nicht unbedingt begeistert. Juden und Zigeuner galten als »wesensfremde und schwer assimilierbare Elemente«. Man fürchtete aufgrund der zunehmenden Zahl von Flüchtlingen aus Deutschland und besetzten Gebieten eine »Überfremdung und Verjudung« der Schweiz. Am 19. August 1938 verfügte der Bundesrat eine totale Grenzsperre. Und auf Drängen der Schweizer Behörden bekamen deutsche und österreichische Juden dann ab Oktober 1938 ein rotes eingekreistes »J« auf die erste Seite des Reisepasses gestempelt, damit man sie leichter erkennen (und abweisen) konnte – sie waren als Verfemte gekennzeichnet.

Für Helmut war die Zeit im Internat von Sankt Gallen zu Ende, er freute sich auf die Ferien und auf seine Eltern, die er lange nicht gesehen hatte. Eines Tages erhielt er überraschend einen Anruf seiner aufgeregten Mutter: »Helmut, wir sind in der Schweiz und wir können nicht mehr zurück. Nie mehr! Weißt du, was das heißt?«

Im Appartementhaus Mugalto unweit der vornehmen Züricher Bahnhofstraße fand die Familie ein kleines Quartier. Es war Sommer, internationales Publikum flanierte auf dem Boulevard und am Seeufer – auf den ersten Blick unterschied die Berliner Familie nichts von betuchten Feriengästen.

Dabei standen die Joels vor einer aufregenden Fahrt ins Ungewisse. »Natürlich waren wir froh darüber, Nazideutschland hinter uns gelassen zu haben. Aber um welchen Preis! Familie und Freunde, die Firma und das Haus, die alte Heimat – all das war mit einem Schlag weg. Es gab kein Zurück«, erinnerte sich Helmut Joel. Doch während die Eltern voller Sorgen und Ängste waren, versprachen die dramatischen Ereignisse für ihren Teenagersohn Abwechslung und Abenteuer.

Die Stadt war voller Emigranten aus Deutschland, darunter viele Theaterleute, Schriftsteller und Künstler. Zu den prominentesten zählte der Literatur-Nobelpreisträger Thomas Mann mit seiner Familie, der dann in die USA übersiedelte. Auch der jüdische Kritiker und Publizist Hans Sahl, dessen Chorwerk »Jemand« 1938 unter Mitwirkung von 800 Schweizer Arbeitersängern in Zürich uraufgeführt wurde, lebte als Exilant am Zürichsee. In seinen Erinnerungen *Das Exil im Exil* schreibt Sahl: »Im Herbst desselben Jahres fand eine Reihe von Vorstellungen in einem eigens dazu erbauten Zelt am Bellevue statt, das 4000 Personen fasste. Die Vorstellungen wurden durch Lautsprecher übertragen, die über die ganze Stadt verteilt waren. Ich hatte die für einen Ausländer im Exil seltene Genugtuung, dass ich, ein Fremder, ein Flüchtling ohne Aufenthaltserlaubnis, meine Worte in den engen Gassen von Zürich widerhallen hörte: ›Rettet den Menschen, rettet den Menschen, rettet die Welt vor der Barbarei.‹« (18) In den Ohren der Joels muss das wie ein verzweifelter Schwanengesang geklungen haben.

Zweifellos war die Entscheidung, Deutschland zu verlassen, richtig gewesen: In Zürich erreichte die Emigranten die schockierende Nachricht von der »Reichskristallnacht«. Mit dem Pogrom am 9./10. November 1938, bei dem rund 100 Menschen ermordet sowie 101 Synagogen, zahllose Wohnungen und Geschäfte von Nazibanden zerstört wurden, erreichte die systematische Judenverfolgung in Deutschland einen neuen Höhepunkt. Tausende wurden in Konzentrationslagern inhaftiert. Auf Berufsverbote und Rassengesetze folgte die endgültige Ausschaltung der Juden in der Wirtschaft. Die Zwangsarisierung von Firmen ging weiter, spezielle Vermögensabgaben und Auswanderersteuern wurden eingeführt, parallel dazu schränkte man die Bewegungsfreiheit der jüdischen Mitbürger weiter ein – Kinos, Parkanlagen, bestimmte Hotels sowie Schlafwagen der Reichsbahn waren für Juden verboten.

Karl Joel wollte den Kampf um sein Lebenswerk nicht einfach aufgeben und versuchte von der sicheren Schweiz aus mit Berlin zu verhandeln, um an sein Geld zu gelangen. Neckermann beantwortete seine Anfrage zynisch: »Kommen Sie doch nach Berlin, dann bekommen Sie, was Ihnen zusteht!«

Gleichzeitig bemühte sich Joel in den nächsten Monaten um Visa für die USA und für Kuba. Die Sache gestaltete sich schwieriger als geahnt. Denn die Vereinigten Staaten, das Traumziel zahlloser Einwanderer, kontingentierten damals ihre Aufenthaltsbewilligungen: Die Quote war von Herkunftsland zu Herkunftsland verschieden. Die starke Nachfrage aus Deutschland hatte lange Wartelisten zur Folge. 1938 wurden mehr als zehnmal so viele Anträge gestellt, wie Quotenvisa zur Verfügung standen. Alle Antragsteller bekamen eine Registriernummer, und bis zur ersehnten Einreise konnte es Jahre dauern. Zeit, die die Flüchtlinge nicht hatten. »Hitler war schneller als die Konsuln, von deren Launen die Visa abhingen, die uns retten konnten«, schrieb der jüdische Exilant und Schriftsteller Alfred Polgar verbittert.

Die strikte Einwanderungspolitik der USA führte dazu, dass die Behörden weit weniger Flüchtlinge aus Nazideutschland einreisen ließen, als sie es hätten tun können. 27 370 deutsche Einwanderer pro Jahr sah das Gesetz vor, unabhängig von religiöser Gesinnung oder politischer Überzeugung. Tatsächlich wurde diese Quote erstmals 1939 in voller Höhe ausgeschöpft. Politisches Machtkalkül spielte dabei eine große Rolle. US-Präsident Hoover und sein Nachfolger Franklin D. Roosevelt wussten sehr wohl, dass in großen Teilen der amerikanischen Bevölkerung eine fremdenfeindliche und antisemitische Stimmung herrschte. Die wirtschaftliche Krise und die hohe Zahl der Arbeitslosen sorgten ebenfalls dafür, dass man nicht gerade begeistert von den Massen exilsuchender Europäer war. Denn ab 1933 stiegen die Visumsanträge für die USA dramatisch an. Das State Department wandte sich jedoch mit Erfolg dagegen, die Einwanderungspolitik zu ändern; das Außenministerium argumentierte, es sei nicht im Interesse Amerikas, eine größere Zahl jüdischer, oft mittelloser Flüchtlinge ins Land zu lassen.

Immerhin diskutierte auf Roosevelts Initiative hin im Juli 1938 eine internationale Konferenz im französischen Kurort Evian das Flüchtlingsproblem. Allerdings wurde den 32 Teilnehmerländern schon in der Einladung zugesagt, dass sie ihre Einwanderungsgesetze nicht ändern müssten. Entsprechend enttäuschend fiel das Ergebnis der Konferenz aus: Es blieb bei reinen Mitleidsbekundungen und dem bedauernden Hinweis, dass man leider nicht noch mehr Flüchtlinge aufnehmen könne. Für viele Juden bedeutete diese Haltung, die in fast allen Ländern verbreitet war, gewissermaßen das Todesurteil. Nicht nur in der Schweiz hieß es: »Das Boot ist voll.«

Und das Naziorgan *Völkischer Beobachter* kommentierte hämisch: »Keiner will die Mischpoke haben. Die meisten Regierungsvertreter lehnen es ab, für eine Bande, die Deutschlands Ruin verursachte, die Tore ihrer eigenen Länder zu öffnen.«

Karl Joel hatte in weiser Voraussicht bereits im Frühjahr 1938, kurz nach dem Einmarsch deutscher Truppen in Österreich, eine Kreuzfahrt in die Karibik gebucht, nicht von einem deutschen Hafen aus, sondern von Southampton. Der Plan war, bei einem Zwischenstopp in Kuba an Land zu gehen und dort bis zur Einreisegenehmigung in die USA zu bleiben. Nach einem nervtötenden bürokratischen Hindernisrennen hatte man endlich auch die notwendigen Papiere beisammen: Visa für Kuba und (vorsichtshalber) für Panama sowie die erforderlichen Registriernummern für die USA. Für das kubanische Visum war ein Gesundheits- und Arbeitsfähigkeitsnachweis erforderlich, außerdem wurden bei der Landung 500 US-Dollar fällig.

Zur selben Zeit verschärfte sich die Judenhetze in Deutschland weiter. Am 3. Januar 1939 erschien in dem NS-Blatt *Der Angriff* ein Artikel über »Jüdische Devisenschieber«, in dem es unter der Überschrift »Juwelen-Joel taucht auf« heißt:

»Joel, Karl, Wäschemanuf., N 65, Utrechter Straße 25–17, Ruf 46 42 31, und Fernverk. Ruf 46 76 62.

So kann man noch heute im amtlichen Fernsprechbuch der Reichshauptstadt unter dem Buchstaben ›J‹ nachlesen. Der Jude Karl Joel ist aber nicht mehr in Berlin. Er hat es vorgezogen, am 18. August 1938 den Staub des gastlichen Deutschlands von seinen stets wie gerade aus dem Laden geholten Schuhen zu schütteln. Bereits seit einem guten Vierteljahr ist er eifrig am Werk, sich am Lebensmark des Schweizer Volkes festzusaugen und dort, ebenso wie früher jahrelang bei uns, den widerlichen Blutegel am Volkskörper zu machen. Als ›Andenken‹ an seine herrlichen Tage im gastfreien Deutschland hat er Juwelen im Werte von rund 400 000 RM mit über die Grenze genommen.« Und am Ende wurden die Leser auf die Fortsetzung des Schundartikels neugierig gemacht: »Lesen Sie demnächst: Juwelen für 204 000 RM * Orgien in der Tannenbergallee * Der Geheimtresor in der Wand.«

Was die Nazipresse nicht wusste: Von der Schweiz fuhren die Joels im Januar 1939 mit dem Zug nach Frankreich und weiter mit der Fähre nach England, und bestiegen dort den weißen Luxusdampfer »Arandora Star«. Das Schiff sorgte ein Jahr später, nach Ausbruch des Zweiten Weltkriegs, für Schlagzeilen: Am 2. Juni 1940 wurde es mit 1800 Passagieren an Bord, die meisten davon deutsche und italienische Kriegsgefangene, auf der Fahrt von Liverpool nach Neufundland von einem deutschen U-Boot versenkt.

Die Joels aber erreichten im Frühjahr 1939 nach zwei Wochen Fahrt Havanna – und waren überwältigt. Das türkisfarbene Meer, der unglaublich blaue Himmel, die prachtvoll weiße Kulisse der Stadt mit der Kuppel des Kapitols, die tropischen Temperaturen – es war wie im Traum. Verglichen mit dem grauen Berlin musste so das Paradies aussehen. Es roch nach Fisch, Meeresfrüchten und schwarzen Bohnen, nach Sägemehl auf Kneipenböden, nach frisch gebranntem Kaffee, Zigarren und Blumen. Dazu die ungewohnten Geräusche: Die Sirenen der Überseedampfer, das Rauschen der Brandung, die spanischen Rufe der fliegenden Händler, das Klappern der Pferdekutschen, das Gekicher exotischer Schönheiten – und überall die unwiderstehlichen Rhythmen kubanischer Musik. Salsa, Rumba, Cha-Cha. Die Joels hatten fast vergessen, dass das Leben so unbeschwert und fröhlich sein konnte.

La Habana, die Schöne, war damals ein internationales Vergnügungsparadies, vor allem für Amerikaner, die sich in den Hotels, Bars und Casinos mit Glücksspielen und leichten Mädchen amüsierten. Wegen der eleganten Geschäfte, der großzügigen Architektur und nicht zuletzt wegen des französischen Flairs nannte man die kubanische Metropole auch das »Paris der Karibik«. Hier gab es die bekanntesten und größten Kaufhäuser Lateinamerikas wie El Encanto oder El Siglo, die auf vielen Etagen die neueste Mode aus Europa präsentierten. Im Teatro Tacón, dem großen Opernhaus am beliebten Parque Central, wurden europäische Stücke aufgeführt, in den Kinos liefen die aktuellen Filme aus Hollywood. Havanna war eine Stadt, die niemals schlief, mit einem aufregenden Nachtleben und einer anregenden Kulturszene. Die offene Atmosphäre der Hafenstadt, die sich schon immer mit Einwanderern aus der ganzen Welt zu arrangieren wusste, lockte nicht nur viele Touristen, Künstler und Prominente an, sondern auch europäische Exilanten, die in Kuba auf bessere Zeiten hofften.

Bis zum Kriegseintritt 1941 nahm Kuba rund 8000 deutsch-jüdische Transitflüchtlinge auf; insgesamt lebten damals über 16 000 Juden auf der Insel, die meisten davon in Havanna. Die strengen Aufenthaltsbestimmungen und massive öffentliche Proteste verhinderten eine größere Zuwanderungswelle in der Republik, die faktisch eine Diktatur war. Doch hinter den Kulissen lieferten sich Politiker und Militärs erbitterte Machtkämpfe. Die Lage war alles andere als stabil.

1939 war auch das Jahr, in dem sich der Schriftsteller Ernest Hemingway mit seiner damaligen Frau Martha Gellhorn die Finca Vigia kaufte, unweit von Havanna auf einem Hügel gelegen. Hemingway liebte das karibische Meer und verbrachte seine Zeit am liebsten in den Bars Havannas und beim Hochseeangeln. Die kubanischen Fischer inspirierten ihn zu seiner wohl bekanntesten Geschichte *Der alte Mann und das Meer*. Eine Zeit lang war

Hemingway auch besessen von der Idee, mit seiner Motoryacht an der Küste Kubas deutsche U-Boote aufzuspüren und gegen die »Krauts« zu kämpfen. Es blieb allerdings eine Schriftstellerfantasie, die im posthum veröffentlichten Roman *Inseln im Strom* literarischen Ausdruck fand.

Die Familie Joel war derweil mit Alltagsproblemen beschäftigt und fand eine moderne Wohnung im schicken Stadtteil Vedado. Es war stickig unterm Dach – und es gab kein Klavier. Doch das hügelige, tropisch grüne Viertel hatte viele Vorteile: An den Fassaden der neu gebauten Häuser rankten sich dekorative Kletterpflanzen, in den Gärten wuchsen exotische Pflanzen und prachtvoll blühende Sträucher, Königspalmen, Guanabäume und Pinien. Die belebte Geschäftsstraße Calle 23 und die Universität waren ganz in der Nähe, und zu Fuß kam man schnell zum Malecón, der berühmten Uferpromenade und Flaniermeile Havannas. Bei windigem Wetter setzten die heranbrandenden Meereswellen die Straße regelmäßig unter Wasser, aber ansonsten trafen sich hier die Liebespaare und Jugendlichen der Stadt und genossen die fantastische Aussicht.

Helmut ging zunächst in die amerikanische Privatschule Ruston, zusammen mit kubanischen und amerikanischen Schülern. Drei Sprachen standen auf dem Lehrplan: Englisch, Spanisch und Französisch, was sich später noch als äußerst nützlich herausstellen sollte. Die Eltern, die keine Fremdsprache richtig beherrschten, litten immer unter den Verständigungsproblemen in der Fremde.

Nach der Schule wechselte Helmut auf die Universidad de La Habana, die fast wie eine antike Tempelanlage über der Stadt thront, um Elektrotechnik zu studieren. Die Universität glich zu jener Zeit eher einer Räuberhöhle als einem Wissenschaftsbetrieb. Der Kampf um die politische Macht beherrschte den Studienalltag, bewaffnete Überfälle waren an der Tagesordnung. Die Polizei aber durfte das autonome Universitätsgelände nicht betreten. 1945 schrieb sich dann ein gewisser Fidel Castro Ruz an der juristischen Fakultät ein, der als rebellischer Studentenführer gegen die korrupte herrschende Elite auftrat.

Die Joels lebten von Wertsachen und Schmuck, den sie im Reisegepäck aus Europa geschmuggelt hatten. Nach und nach wurden die guten Stücke zu Geld gemacht. Die Familie hatte zwar eine Aufenthaltserlaubnis, der Vater aber keine Arbeitsgenehmigung. Anfangs machte man sich darüber keine Sorgen, denn man wollte ja, wie so viele andere auch, bald schon weiter in die USA. Keiner ahnte, dass die Wartezeit ein paar schier endlose Jahre dauern würde. Eine Art Zwangsurlaub in der Karibik.

In der ersten Zeit gab es auch vieles zu organisieren. Karl Joel, bis vor kurzem erfolgreicher Unternehmer und mittlerweile 50 Jahre alt, stand wieder ganz am Anfang. Von seinem Vermögen war ihm so gut wie nichts geblieben. Immerhin: Es reichte zum Überleben.

Vor der Abreise aus Deutschland hatte Karl mit seinem Bruder Leon ausgemacht, dass sie sich sobald wie möglich in Kuba wiedersehen wollten. In Havanna versuchte er alles Erdenkliche, um seinen Verwandten zu helfen und die nötigen Papiere zu beschaffen. Geld spielte dabei eine ebenso wichtige Rolle wie Beziehungen.

Doch die kubanische Idylle blieb trügerisch. Das Jahr 1939 entwickelte sich dramatisch: Im Mai begann die Tragödie um das deutsche Flüchtlingsschiff »St. Louis« in Havanna, im August starb im fernen Franken die betagte Mutter von Karl und Leon Joel, und im September löste Adolf Hitler den Zweiten Weltkrieg aus.

Die Irrfahrt der »St. Louis«

Der Kaufmann Leon Joel hatte sich im heimatlichen Ansbach auf die Emigration gut vorbereitet. Darauf deutet eine Broschüre aus seinem Besitz hin: »Jüdische Auswanderung. Korrespondenzblatt über Auswanderungs- und Siedlungswesen«, im Jahr 1937 herausgegeben vom Hilfsverein der Juden in Deutschland. Auf irgendeine Weise landete die Broschüre mit Joels »Ex Libris«-Stempel in der sogenannten Streicher-Bibliothek, die man bei Kriegsende in den Redaktionsräumen des *Stürmer* fand. Julius Streicher hatte sich fast 10 000 Bücher aus jüdischem Besitz unter den Nagel gerissen. Die Stadtbibliothek Nürnberg verwahrt diese Bücher heute in der »Sammlung der Israelitischen Kultusgemeinde« und versucht im Rahmen des »Lost Art«-Projekts die Vorbesitzer herauszufinden.

Die antisemitische Stimmung in Ansbach hatte sich im Lauf der Jahre immer mehr zugespitzt. Reisenden machte ein Schild schon am Bahnhof klar: »Juden unerwünscht.« Nach den schrecklichen Ausschreitungen in der »Reichskristallnacht« am 9. November 1938 fühlten sich die Joels ihres Lebens nicht mehr sicher. Die Jagd auf Juden in Deutschland hatte einen ersten Höhepunkt erreicht: In vielen Städten – auch in Nürnberg und Ansbach – wurden Synagogen und Warenhäuser angezündet, jüdische Geschäfte und Wohnungen verwüstet und geplündert. Rund hundert Juden, meist Geschäftsleute, wurden in dieser Nacht ermordet, viele andere wählten aus Verzweiflung den Freitod. Auch der Kaufmann Leon Joel, der inzwischen Vorsteher der jüdischen Gemeinde in Ansbach war, muss Todesängste ausgestanden haben. Auf einer Karteikarte im Stadtarchiv Ansbach ist das Drama mit dürren Worten vermerkt: »Der Jude Joel wurde in

Würzburg festgenommen und auf Anordnung des Herrn Oberbürgermeisters nach Ansbach durch Endreß am 10.11.38 verbracht, am 12.11. von der Gestapo nach Nürnberg überführt.«

Zu diesem Zeitpunkt lebten nur noch 107 jüdische Bürger in Ansbach. Der übereifrige NS-Stadtrat setzte ihnen eine Ausreisefrist bis zum 1. Januar 1939. Fast alle verließen daraufhin die Stadt und verkauften ihre Wohnungen und Häuser, zum größten Teil weit unter dem tatsächlichen Wert. Auch Leon Joel wurde gleich bei seiner Festnahme in der Pogromnacht gezwungen, sein Haus in der Nürnberger Straße zu veräußern. Auf den wenigen erhaltenen Unterlagen im Stadtarchiv Ansbach ist vermerkt, dass Leon Joels Mutter, seine Frau und sein Sohn am 9. Dezember 1938 nach Nürnberg umgezogen sind. Sie fanden kurzzeitig Unterschlupf bei Verwandten: im Haus der Samsons in der Sulzbacher Straße 22. Leon Joel allerdings wurde erst einmal in »Schutzhaft« genommen, wie es im zynischen Nazijargon hieß. Anfang 1939 zog er mit seiner Familie nach Frankfurt, weil er hoffte, dort leichter ein Ausreisevisum zu bekommen.

Sara Joel, geborene Schwab, die Mutter von Karl und Leon, fühlte sich zu alt für diese Strapazen und blieb allein in Nürnberg zurück. Sie wurde 82 Jahre alt und musste das Ende der Familientragödie nicht mehr miterleben. Sie starb am 10. August 1939.

Tatsächlich gelang es Leon Joel, für sich, seine Frau Johanna und seinen zehnjährigen Sohn Günther Tickets für das berühmt-berüchtigte Flüchtlingsschiff »St. Louis« zu ergattern. Es war der Beginn einer fast dreijährigen, zermürbenden Flucht mit tödlichem Ausgang.

Die drei fuhren mit dem Zug nach Hamburg, dem größten Hafen in Deutschland, letzte Hoffnung für viele Auswanderer. Die judenfeindliche Stimmung, die fortschreitende Ausgrenzung und Diskriminierung illustriert eine Begrüßungskarte des Hamburger Hotels *Reichshof* aus dem Jahr 1939: »Gäste jüdischer Rasse werden gebeten, sich nicht in der Hotelhalle aufzuhalten. Das Frühstück wird nur auf dem Zimmer, die anderen Mahlzeiten im blauen Salon neben dem Frühstücksraum im Hochparterre serviert. Die Hotelleitung.« Auf der Rückseite befand sich eine

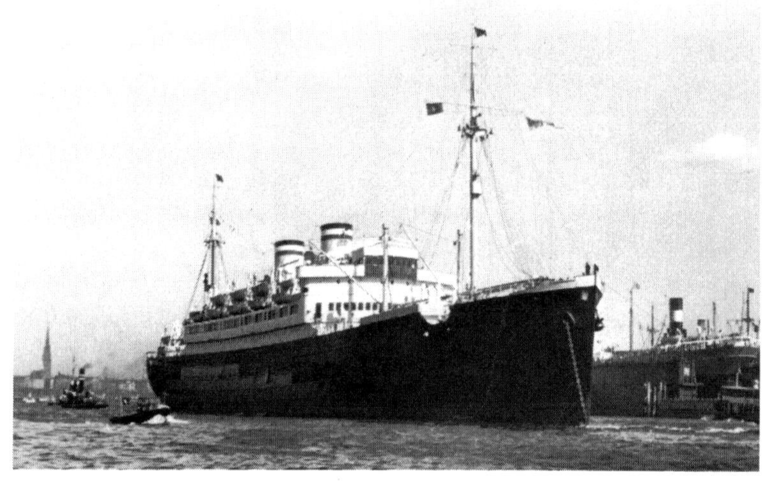

Das Flüchtlingsschiff »St.Louis« am 13.5.1939 im Hamburger Hafen

Anzeige des Reisebüros im Hotel, wo man »Schiffskarten nach allen Weltteilen« bekommen konnte: »Es reist sich gut mit den Schiffen der Hamburg-Amerika-Linie.«

Am 13. Mai 1939 verlässt die MS »St. Louis« der Hamburg-Amerika-Linie mit 907 Juden und 373 Mann Besatzung an Bord den Hamburger Hafen. Sie gehören zu den vermeintlich Glücklichen, die es trotz aller Schwierigkeiten geschafft haben, ein gültiges Visum für Kuba zu bekommen, und sich die Überfahrt leisten können. 500 Reichsmark kostete ein Ticket in der Touristenklasse, für eine eventuelle Rückfahrt mussten zusätzlich 230 Reichsmark als Garantie hinterlegt werden. Damals eine Menge Geld. Außerdem galt es, zahlreiche bürokratische Hürden zu überwinden: Die hohe »Reichsfluchtsteuer« sowie die Abgaben für die Ausfuhr des Hausrats mussten bezahlt sein und vor allem brauchte man eine Reiseerlaubnis sowie einen Reisepass mit dem roten »J« und Visumsstempel. Für eine »provisorische Aufenthaltsgenehmigung« hatte jeder Passagier vorab mindestens 150 US-Dollar an den korrupten Generaldirektor der kubanischen Einwanderungsbehörde, Oberst Manuel Benitez Gonzales, zu überweisen. Bei der Ausreise aus Deutschland durfte jeder Passagier offiziell nur

20 Reichsmark mitnehmen; dazu gab es noch eine »Warenfreigrenze« von 1000 Reichsmark.

In Nürnberg berichtete *Der Stürmer*, das »deutsche Wochenblatt zum Kampfe um die Wahrheit«, im Mai 1939 über die Sonderfahrt der »St. Louis«. Unter der Überschrift »Juden wandern aus« hieß es zynisch über das »raffinicrte Komödienspiel«: »Juden als Wegbereiter der Judengegner in aller Welt« – »Sie wollen plötzlich Märtyrer sein«. Tatsächlich wollten die Nazis das Flüchtlingsschiff für eine Propagandaaktion benutzen und anderen Ländern den Schwarzen Peter zuspielen, um zu demonstrieren, dass Juden überall auf der Welt unerwünscht seien. Eine Aktion, die an Zynismus kaum zu überbieten war.

Doch Leon Joel und seine Familie – Nummer 385 bis 387 auf der Passagierliste – waren davon überzeugt, dass sie das Schlimmste hinter sich hatten, als die Bordkapelle bei der Abfahrt das wehmütige Abschiedslied »Muss i denn, muss i denn …« intonierte. Ein Gefühl der Erleichterung machte sich trotz der Ungewissheit unter den Passagieren breit, die von der unerwarteten Freundlichkeit der Besatzung und der luxuriösen Ausstattung der »St. Louis« beeindruckt waren.

Der Mitreisende Erich Dublon notierte in seinem Tagebuch: »Man denkt unwillkürlich an ein Luxushotel erster Ordnung, und die Ausdehnung ist über Erwarten groß. Es werden Tage vergehen, ehe man überall Bescheid weiß, vielleicht kommt man in der ganzen Fahrzeit nicht einmal durch die zugänglichen Räume … Es ginge zu weit, alle Räume beschreiben zu wollen, Speisesaal und Halle, Lesezimmer und Rauchsalon, bequem und elegant ausgestattet. Da sind ferner Baderäume und Frisiersalons, Turnsaal und manches andere.« (19)

Die jüdischen Emigranten – ein Drittel von ihnen war erst vor Kurzem Konzentrationslagern entronnen – konnten es kaum fassen, dass sie in Zeiten wachsenden Terrors ausgerechnet auf einem deutschen HAPAG-Schiff unter der Hakenkreuzflagge wieder wie ganz normale Menschen behandelt wurden. Jeder Einzelne von ihnen konnte eine eigene Leidensgeschichte erzählen.

Die »St. Louis«, die zuvor für die NS-Freizeitorganisation »Kraft durch Freude« im Einsatz war, stand unter dem Kommando von Kapitän Gustav Schröder, einem kleinen Mann mit großem Ehrgefühl. Er wies seine Mannschaft an, die Passagiere mit allem nötigen Respekt zu behandeln.

Anfangs herrschte auf dem Schiff fast eine Stimmung wie bei einer gewöhnlichen Kreuzfahrt. Es gab Spieleabende und Tanzveranstaltungen, Service und Verpflegung waren ausgezeichnet. Bei der abendlichen Hauptmahlzeit am 21. Mai standen etwa Kaviar auf Röstbrot, gebratene Seezunge, gebratener Mastputer mit Selleriefüllung, Roastbeef, Stangenspargel, Eisbecher und Käse auf der Speisekarte.

Auch die 130 Kinder fühlten sich wohl an Bord, und Günther Joel fand rasch Spielkameraden. Vielleicht hat er sogar den 15-jährigen Jungen kennengelernt, der mit seinem Cousin Helmut in Berlin die Leßlerschule besucht hatte. Das Schicksal führte sie jedenfalls auf dem luxuriösen Flüchtlingsschiff zusammen. Auch Ludwig Greve und seine Familie wollten an Bord der »St. Louis« nach Havanna, um sich in Sicherheit zu bringen. In seinen Jugenderinnerungen beschreibt er die abenteuerliche Seereise und die seltsame Stimmung der Passagiere zwischen Hoffen und Bangen.

Nach einiger Zeit machten erste Gerüchte die Runde, dass es Schwierigkeiten bei der Ankunft in Havanna, die für den 27. Mai vorgesehen war, geben könne. Allerdings wusste – im Gegensatz zum Hamburger HAPAG-Büro – noch niemand an Bord, dass der kubanische Präsident Bru bereits am 5. Mai 1939, also vor der Abfahrt der »St. Louis«, die Landeerlaubnis für ungültig erklärt hatte. Hintergründe waren die chaotischen politischen Verhältnisse und die wachsende antijüdische Stimmung in Kuba. Offenbar hatte Oberst Benitez die Landungspermits an jüdische Emigranten unrechtmäßig ausgestellt, über kubanische Konsulate verkauft und dabei kräftig in die eigene Tasche gewirtschaftet. Präsident Bru war an dem lukrativen Handel nicht beteiligt und unterband das Geschäft per Dekret Nr. 937. Es gibt auch Gründe zu der Annahme, dass der deutsche Geheimdienst dabei die Hände im Spiel hatte.

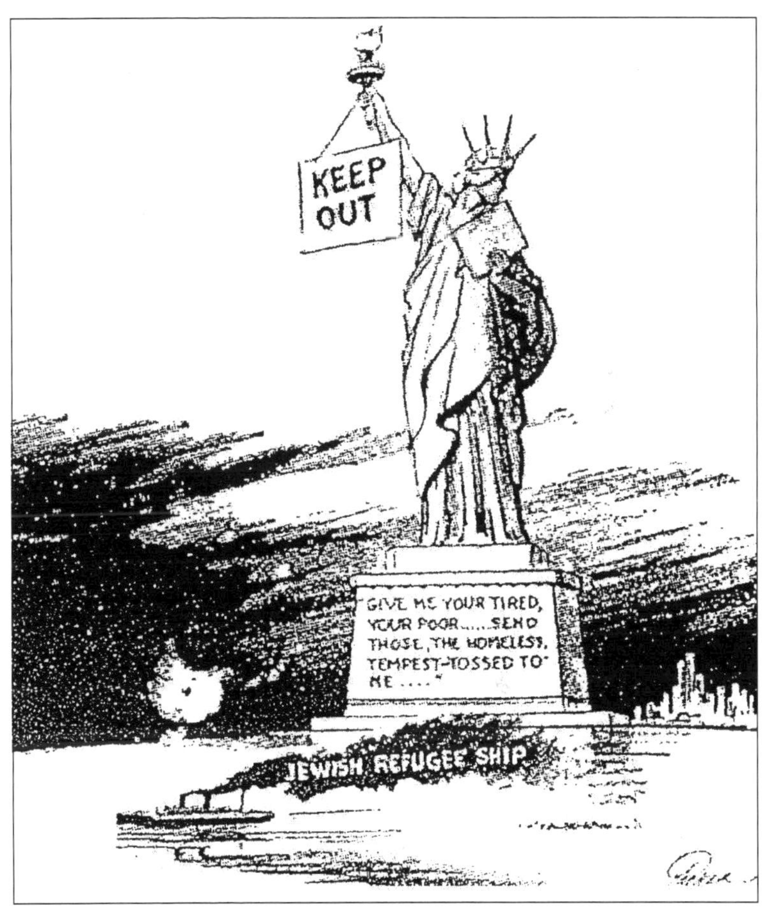

»Keep out«: Karikatur aus dem *Daily Mirror* vom 6.6.1939

Spätestens bei der Ankunft im Hafen von Havanna am Pfingstsamstag, 27. Mai, wurde den enttäuschten Passagieren der »St. Louis« klar, dass sie Opfer eines grausamen Machtspiels waren: Die Papiere waren wertlos, das Schiff durfte nicht am Quai anlegen, sondern musste auf dem offenen Meer vor Anker gehen. Für die Flüchtlinge, die den Dampfer nicht verlassen durften, war die Rettungsinsel Kuba zum Greifen nahe und doch so unerreichbar wie der Mond. Im Hafen kam es zu herzzerreißenden Szenen: Verzweifelte Passagiere drohten mit Selbstmord oder sprangen über Bord ins Wasser, wo sie von der Hafenpolizei aufgefischt wurden.

Die »St. Louis« war täglich umlagert von kleinen Booten, denn viele Emigranten wurden in Havanna von Freunden und Verwandten erwartet. In einem dieser Boote saßen auch Karl, Meta und Helmut Joel und winkten ihren Angehörigen zu, die an der Reling standen und zurückwinkten. Es war das letzte Mal, dass sich die beiden Familien sahen – kleine winkende Figuren wie in der Abschiedsszene eines Stummfilms.

Während die Stimmung auf dem deutschen Dampfer, der sich als goldener Käfig entpuppt hatte, immer verzweifelter wurde, begann hinter den Kulissen ein zermürbender Nervenkrieg. Kapitän Schröder, der sich für seine Passagiere verantwortlich fühlte, verhandelte tagelang mit den kubanischen Behörden, um eine Lösung zu finden. Doch auch die Vermittlungsversuche jüdischer Hilfsorganisationen aus den USA und das Angebot zusätzlicher Zahlungen konnten die Kubaner nicht umstimmen. Nur 23 Passagiere, die im Besitz gültiger Visa waren, durften von Bord. Am 2. Juni 1939 musste die »St. Louis« den Hafen von Havanna verlassen.

Trotzdem gab Kapitän Schröder die Hoffnung nicht auf und kreuzte in der Karibik, um die jüdischen Flüchtlinge eventuell an der Küste von Florida an Land zu lassen. Allen war klar, dass die Rückkehr nach Nazideutschland eine Reise in den sicheren Tod bedeutete. Doch trotz zahlreicher Appelle an US-Präsident Roosevelt ließen sich die Amerikaner nicht erweichen und verhinderten mit ihrer Kriegsmarine, dass sich die »St. Louis« der Küste näherte. Angeblich reagierte die amerikanische Regierung deshalb so ablehnend, weil sie befürchtete, die große Zahl von Flüchtlingen und Einwanderern gefährde die angeschlagene heimische Wirtschaft.

So blieb Kapitän Schröder nichts anderes übrig, als der Order der HAPAG zu folgen und die Rückreise anzutreten. Er notierte: »Mir war, als ob die ganze »St. Louis« von der Welt abgestoßen sei und müsste jetzt versuchen, diesen ungastlichen Planeten zu verlassen.« (20)

Längst beschäftigte die Flüchtlingstragödie auch die internationalen Medien, aber die Welt hatte inzwischen andere Sorgen, denn die Gefahr eines Krieges wuchs ständig. In der *New York Times* erschien am 9. Juni 1939 unter der Überschrift »Man's Inhumanity« ein Artikel, in dem es hieß: »Man kann sich das bittere Los des Exils nur schwer vorstellen, wenn sich die Ereignisse in einem fernen Land abspielen. Hilflose Familien von Haus und Hof vertrieben, auf eine kahle Donauinsel gehetzt, über die polnische Grenze gejagt, in Todesangst in die Schweiz oder nach Frankreich flüchtend, das alles können wir uns in einem freien Land nur schwer vorstellen. Aber diese Emigranten befanden sich dicht vor unserer Küste. Einige stehen auf der amerikanischen Quotenliste und können später an Land kommen. Was mit ihnen in der Zwischenzeit geschehen sollte, blieb Stunde um Stunde unklar. Wir können nur hoffen, dass sich irgendwo Herzen erweichen lassen und dass eine Zuflucht gefunden wird. Die Kreuzfahrt der »St. Louis« schreit zum Himmel als Beispiel einer unmenschlichen Behandlung von Mitmenschen.«

Die Stimmung unter den Flüchtlingen an Bord, die sich all ihrer Hoffnungen beraubt sahen, war explosiv: Massenselbstmord wurde ebenso wie Meuterei als möglicher Ausweg diskutiert.

Im Tagebuch des Kapitäns heißt es: »Die Einzigen, die in all den schweren Tagen unbekümmert blieben, waren die Kinder der Passagiere. Ja, sie freuten sich, länger an Bord bleiben zu können, und nahmen ihr Schicksal höchstens spielerisch wichtig, indem sie ein Spiel mit dem Namen erfanden: ›Juden haben keinen Zutritt.‹ An einer aus Stühlen hergestellten Barriere standen zwei Jungen mit strenger Amtsmiene und verhörten die Einlass begehrenden Kameraden. Ein kleiner Berliner, der an der Reihe war, wurde barsch gefragt: ›Bist du ein Jude?‹ Als er dies kleinlaut bejahte, wiesen sie ihn streng zurück: ›Juden haben keinen Zutritt!‹ – ›Ach‹, bat der Berliner Junge, ›lassen se mir man durch, ick bin doch blos'n janz kleener!‹« (21) Gut möglich, dass auch Günther Joel bei diesem Kinderspiel mitgemacht hat.

Je mehr sich die »St. Louis« Europa näherte, desto nervöser wurde die Reisegesellschaft. Kapitän Schröder wollte auf jeden Fall verhindern, dass seine Schützlinge wieder deutschen Boden betreten mussten. Die Folgen waren ihm allzu wohl bewusst. Er fasste deshalb den Plan, vor der englischen Küste eine Havarie vorzutäuschen, um so eine Rettung aus Seenot durch die Briten zu provozieren. Doch in letzter Minute nahm das Schicksal noch einmal eine unerwartete Wendung. Schröder erhielt ein Telegramm von der jüdischen Hilfsorganisation Joint Distribution Commitee: Die Regierungen von Belgien, Holland, Frankreich und England hatten sich zu guter Letzt bereiterklärt, die Passagiere aufzunehmen. Die »St. Louis« solle den Hafen von Antwerpen anlaufen.

Wieder schöpften die Flüchtlinge Hoffnung. Nach der Ankunft in Antwerpen bedankten sich viele für den mutigen Einsatz von Kapitän Schröder, der nach Kriegsende vom israelischen Staat in Yad Vashem in den Kreis der »Gerechten der Völker« aufgenommen und in Deutschland mit dem Bundesverdienstkreuz ausgezeichnet wurde. Es ist unklar, wie viele der jüdischen Passagiere den Zweiten Weltkrieg überlebt haben. Optimistische Schätzungen gehen von der Hälfte der ursprünglichen Zahl, andere von maximal einem Drittel, also knapp 300 aus.

Leon und Johanna Joel sind nicht unter den Überlebenden. Ebenso wenig wie der Vater und die Schwester von Ludwig Greve. Sie alle gehören zu der Gruppe von Passagieren, die sich unglücklicherweise Frankreich als Exil ausgesucht haben, und können sich nur kurzfristig im Süden der Republik in Sicherheit bringen. Zunächst bringt sie ein Frachtschiff von Antwerpen nach Boulogne-sur-Mer. Von dort aus werden sie in ein – beschönigend Camp d'Amitié genanntes – Flüchtlingslager gebracht und erhalten anfangs Aufenthaltsgenehmigungen für vier Wochen, die aber stets ohne Probleme verlängert werden. Dort trennen sich die Wege der Flüchtlinge.

Ludwig Greve landet nach allerlei Umwegen bei der französischen Résistance in Südfrankreich und kann später von dort aus mit seiner Familie nach Italien fliehen und sich bei Bergbauern verstecken. Auch seine Mutter überlebt. Vater und Schwester werden 1944 in Italien verhaftet und nach Auschwitz abtransportiert.

Leon und Johanna Joel schaffen es, ihren Sohn Günther in die Obhut einer französischen Untergrundorganisation zu geben, die ihn verstecken und schließlich über die Schweizer Grenze nach Genf in Sicherheit bringen kann.

Die Spur von Leon und Johanna verliert sich in Frankreich, lange Zeit ein bevorzugtes Ziel für NS-Verfolgte. Wie der Historiker Saul Friedländer schreibt, war Frankreich weder mehr noch weniger ungastlich als andere Länder, aber es erlaubte sich nicht einmal eine symbolische Geste des Protests gegen den Pogrom.

Nach Ausbruch des Zweiten Weltkriegs änderte sich die Situation schlagartig: Deutsche Flüchtlinge wurden als »feindliche Ausländer« in Lager gesperrt. Die Verhältnisse in den über 100 Lagern waren sehr unterschiedlich, teilweise katastrophal. Namen wie Drancy, Gurs, Laval, Le Mans, Nimes oder Perpignan stehen für diese Zeit. Nur wenige Internierte konnten fliehen oder wurden regulär entlassen.

Nach dem Waffenstillstand mit Deutschland im Juni 1940 wurde die Lage für Juden besonders gefährlich. Während der französische Norden und Westen unter deutscher Militärverwaltung stand, kontrollierte die Regierung unter Feldmarschall Pétain den Süden. Das Vichy-Regime kollaborierte mit den Deutschen und übernahm allzu willig deren brutale Methoden zur Ausgrenzung und Verfolgung der Juden. Erleichtert wurden diese Maßnahmen durch einen auch in der französischen Bevölkerung weit verbreiteten Antisemitismus. Ein Gesetz vom Oktober 1940 gestattete die Internierung ausländischer Juden in besonderen Lagern. Bereits 1941 wurden Juden in Lagern gefangen gehalten, und ein Jahr später begannen die Todestransporte aus Frankreich in die Vernichtungslager im von Hitler besetzten Osten Europas. Oft führte der Weg über das berüchtigte KZ Drancy bei Paris, das als Durchgangslager diente. Dort landete schließlich auch das Ehepaar Joel, das man bei einem Fluchtversuch in den Pyrenäen an der spanischen Grenze geschnappt hatte.

Die Jagd auf Juden hatte auch in Frankreich einen Höhepunkt erreicht. Das Hauptziel der französischen Lagerverwaltung von Drancy bestand darin, das Soll zu erfüllen, das die Deutschen für jeden abgehenden Sammeltransport festgesetzt hatten. Wenn es sein musste auch mit Kindern.

In Deutschland rechnete man zur gleichen Zeit buchstäblich mit den Juden ab. Vom 2. Juni 1942 stammt ein Brief des

Ansbacher Finanzamtes an das Oberfinanzpräsidium Nürnberg unter dem Betreff »Buchung der Einnahmen aus Verwaltung und Verwertung von Vermögen, das dem Reich durch Einziehung, Verfallerklärung oder ähnliche Reichsakte zugefallen ist«. Darin heißt es in grauenhaftem Amtsdeutsch: »Der Jude Leon Israel Joel ist am 6. Mai 1939 nach Havanna ausgewandert. Joel hatte in Ansbach seinen letzten inländischen Wohnsitz. Vor der Auswanderung entrichtete er sämtliche bestehende Steuerschulden einschließlich der Reichsfluchtsteuer. Der Anspruch des Reiches auf Zahlung der fünften Rate Judenvermögensabgabe im Betrage von 4100 RM entstand erst nach Verlegung des gewöhnlichen Aufenthaltes in das Ausland. Wegen dieses Schuldbetrages wurde der Anspruch auf Herausgabe des bei der Firma Delliehausen in Frankfurt am Main eingelagerten Umzugsgutes gepfändet. Die Verwertung des Umzugsgutes erbrachte einen Reinerlös von 5741,41 RM.« Das heißt, der gesamte Hausrat der Joels, darunter die komplette Wohnungseinrichtung, wurde auf Betreiben der Nazibehörden zum Schleuderpreis verramscht.

Vom 4. September 1942 stammt das letzte Lebenszeichen des hochdekorierten deutschen Kriegsveteranen Leon Joel und seiner Frau Johanna, denen ihre Religion zum Verhängnis wurde. Beide sind in den besten Jahren: Er ist 54, sie 49 Jahre alt. Ihre Namen und Geburtsdaten finden sich – wie die Holocaust-Forscher Serge und Beate Klarsfeld im »Mémorial de la Déportation des Juifs de France« nachgewiesen haben – auf der Liste des Sammeltransports 28 von Drancy nach Auschwitz. Der Zug mit 1013 Juden aus verschiedenen Ländern fuhr pünktlich um 8.55 Uhr im Bahnhof Bourget/Drancy ab, das Kommando hatte ein Stabsfeldwebel namens Brand, wie die Protokolle der Gestapo akribisch festhielten. Zwei Tage später kam der Zug in dem KZ in Polen an. 959 der Zuginsassen wurden gleich nach der Ankunft des Zuges am 6. September in Auschwitz vergast, 16 Männer und 38 Frauen wurden selektiert. Hat das Ehepaar Joel den strapaziösen Transport durch Frankreich, Deutschland und Polen überlebt? Wurden sie sofort in Auschwitz ermordet? Oder wurden sie zum Arbeiten abkommandiert? Sicher ist nur, dass sie bei Kriegsende nicht zu den 26 Überlebenden des Sammeltransports vom 4. September 1942 gehörten.

An Leon und Johanna Joel erinnert heute nicht mehr viel: Ein fehlerhafter Eintrag auf der Internetseite von Yad Vashem und das von den Nazis konfiszierte Buch in der Stadtbibliothek Nürnberg, das ist schon fast alles.

Auf dem Jüdischen Friedhof in Ansbach befindet sich das Grab von Julius Joel (1830–1916). Darauf steht in hebräischer Schrift geschrieben: »Hier ist geborgen ein lauterer und aufrechter Mann, der geehrte Joel, Sohn des Meschullam, Friede sei mit ihm.« Darunter ließ sein Sohn Karl Joel eine deutsche Inschrift zur Erinnerung an seinen Bruder und dessen Frau anbringen: »In Gedenken an Leon Joel und Johanna Joel, geb. Samuel, deportiert und umgekommen im K.Z.«

An das historische Drama der »St. Louis« mahnt eine Gedenktafel am Hamburger Hafen. Der amerikanische Regisseur Stuart Rosenberg machte aus der Tragödie 1976 ein Hollywood-Melodram: Doch trotz internationaler Starbesetzung (mit Faye Dunaway, Oskar Werner, Max von Sydow, James Mason und Maria Schell) hatte der Film *Die Reise der Verdammten* wenig Erfolg. Helmut Joel hat ihn gesehen und war sehr bewegt: Der Film rührte in alten Wunden, und die Vergangenheit machte sich schmerzhaft bemerkbar.

Vom Schicksal ihrer Verwandten erfuhren Karl, Meta und Helmut Joel erst nach dem Ende des Zweiten Weltkriegs.

Im Januar 1942 hatten Parteifunktionäre und Ministerialbeamte bei der Berliner Wannsee-Konferenz die »Endlösung der Judenfrage« beschlossen, bereits im Juni begannen die Massenvergasungen im Vernichtungslager Auschwitz/Birkenau und die Deportationen ins »Altersghetto« Theresienstadt.

In Ansbach hatten 1933 noch 197 Juden gelebt, die nicht einmal ein Prozent der Bevölkerung ausmachten. Die jüdischen Mitbürger entzogen sich dem wachsenden Druck der Nazis in den folgenden Jahren durch Flucht oder wurden gewaltsam vertrieben. Am 1. November 1942 konnte die nationalsozialistische Stadtregierung Ansbach stolz als »judenfrei« vermelden.

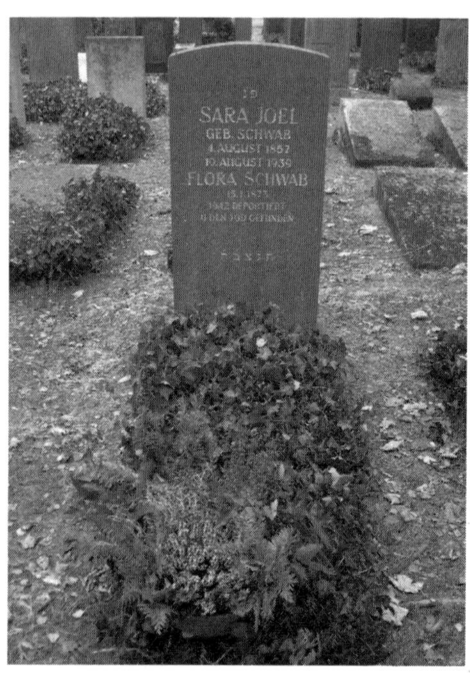

Ein Grabstein auf dem Jüdischen Friedhof in Nürnberg erinnert an Sara Joel und ihre Schwester Flora Schwab.

Flora Schwab, die alle »Fräulein Schwab« nannten, weil sie nie geheiratet hatte, war die Schwester von Sara Joel. Die beiden hatten in Ansbach zusammen eine Wohnung und waren im Dezember 1938 nach Nürnberg gezogen. Am 10. September 1942 wurde Flora Schwab mit der ersten Nürnberger Deportation ins KZ Theresienstadt abtransportiert. Auf der städtischen Meldekarte steht unter diesem Datum der lakonische Vermerk: »Nach dem Protektorat abgeschoben!« In dem Zug mit Personen- und Güterwaggons, der vom Nürnberger Viehhof (»Fäkalienverladestelle«) abfuhr, drängten sich überwiegend ältere und kranke Menschen. Tausend waren es insgesamt, nur 26 überlebten. Flora Schwab starb im Alter von 69 Jahren unter ungeklärten Umständen, wohl am 4. November 1942 im »Vorzeigeghetto« Theresienstadt, eine Art Potemkin'sches Dorf in Nordböhmen, mit dem die Welt über die wahren Absichten der Nazis getäuscht werden sollte.

Tragisch war auch das Schicksal von Gertha Samson, geborene Fleischmann, der Schwester von Meta Joel. Gertha war mit Ludwig

Samson verheiratet und hatte mit ihm zwei Töchter, Hilde und Lotte. Die beiden spielten als Kinder oft mit ihrem Cousin Helmut Joel. Ludwig Samson wanderte in den wirtschaftlich schwierigen 30er-Jahren in die USA aus, wo er Arbeit zu finden hoffte. Doch bevor er seine Familie nachkommen lassen konnte, starb er an den Folgen einer Lungenentzündung in New York. Gertha blieb mit den Kindern in Nürnberg. Ihre letzte Adresse war die Bucher Straße 42, wo die Nazis ein sogenanntes Judenhaus eingerichtet hatten.

Mit dem »Gesetz über die Mietverhältnisse der Juden« hatten die Nazis bereits 1939 die Grundlage für die Konzentration der jüdischen Stadtbevölkerung in »Judenhäusern« geschaffen. Diese erleichterten die Überwachung, aber auch die Deportation der jüdischen Mitbürger. Ab September 1941 waren alle Juden in Deutschland verpflichtet, den gelben »Judenstern« auf ihrer Kleidung zu tragen. Sie mussten ihre Radiogeräte abliefern, durften kein Telefon mehr haben und benötigten für die Benutzung öffentlicher Verkehrsmittel eine Erlaubnis.

Die drei Samsons kamen am 24. März 1942 mit einem Sammeltransport, der am Bahnhof des Nürnberger Reichsparteitagsgeländes abfuhr, in das Übergangslager Izbica im »Generalgouvernement« Polen. Zuvor hatten sie fast ihren gesamten persönlichen Besitz abzugeben. Jede Person durfte nur einen Koffer und einen Rucksack mitnehmen und musste 50 Reichsmark (plus 10 Reichsmark für Spesen) bei der Stadt für die Gestapo einzahlen. Drei Tage vor dem Abtransport wurden die Samsons von der Polizei in der Bucher Straße abgeholt und zum Barackenlager auf dem Reichsparteitagsgelände gebracht. Alle wurden streng kontrolliert und bewacht.

Die lange Zugfahrt nach Polen verlief laut Protokoll ohne Zwischenfälle. Am Ankunftstag veranstaltete die Gestapo im Kantinengebäude des Lagers in Izbica einen Kameradschaftsabend mit Tanz und Tombola. Als Preise wurden Gegenstände ausgelobt, die man zuvor den Deportierten entwendet hatte.

Gertha war gerade 50, Lotte knapp 20 und Hilde nicht einmal 17. Zwei kleine Fotos im Nürnberger Gedenkbuch erinnern an die

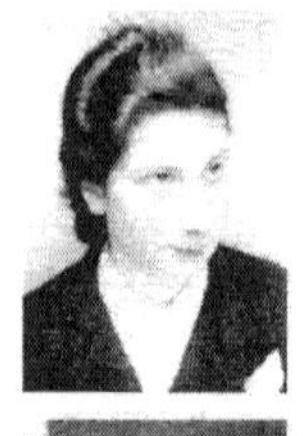

Samson, Hilde
✶ 1.10.1925 in Bamberg (Bayern, Oberfranken)
✉ Nürnberg, Bucher Straße 42
→ 24.3.1942 von Nürnberg nach Izbica
✡ für tot erklärt 8.5.1945

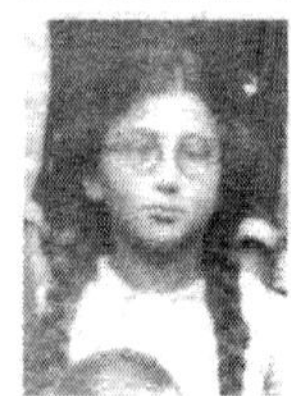

Samson, Lotte
✶ 8.6.1922 in Bamberg (Bayern, Oberfranken)
✉ Nürnberg, Bucher Straße 42
→ 24.3.1942 von Nürnberg nach Izbica
✡ für tot erklärt 8.5.1945

Eintrag im »Gedenkbuch für die Nürnberger Opfer der Shoa«

beiden Töchter: Lotte mit der Nickelbrille und den dicken, langen Zöpfen, und Hilde, eine ernst blickende hübsche Frau im Kostüm. In Izbica verliert sich ihre Spur. Das völlig verwahrloste und verdreckte Übergangslager ohne Kanalisation war nur eine Zwischenstation auf dem Weg in die Vernichtungslager. Vermutlich wurden die Samsons in den Gasöfen des nahe gelegenen Lagers Sobibor ermordet. Offiziell wurden sie am 8. Mai 1945 für tot erklärt. Jedenfalls überlebte keiner der insgesamt 432 Juden dieses Transports aus Nürnberg.

Endlich in den USA

Ausgerechnet das verhängnisvolle Jahr 1942, in dem so viele ihrer Verwandten aufgrund des Naziwahnsinns sterben mussten, brachte für Karl, Meta und Helmut Joel die ersehnte Wende: Sie durften nach drei Jahren des Wartens in Kuba endlich in die USA einreisen, ihre Registrierungsnummer war endlich an der Reihe.

Die Freiheitsstatue in New York begrüßte die Flüchtlinge, wie so viele vor ihnen, wie ein rettender Engel. Anfangs wohnten die Joels in einem Hotel am Broadway, später fanden sie eine Wohnung in Manhattan, die für viele Jahre ihr neues Zuhause werden sollte.

Die Stadt war voller Emigranten, die auf mehr oder minder abenteuerliche Weise vor dem Naziregime geflohen waren, darunter viele Deutsche. Von den etwa 500 000 jüdischen Deutschen vor 1933 konnte sich etwa die Hälfte in die Emigration retten. Von diesen 250 000 ging wieder circa die Hälfte in die USA. Insgesamt lebten 70 000 Flüchtlinge in New York, Stadt der Wolkenkratzer und Erscheinungsort der wichtigsten Exilzeitung *Aufbau*. Für die weltoffene deutsche Exilgemeinde, die beharrlich an ihrer Muttersprache und an liebgewonnenen Bräuchen festhielt, war Manhattan mit seinen Häuserschluchten und dem brodelnden Verkehr nicht nur eine faszinierende Weltstadt, sondern in gewisser Hinsicht auch ein Ersatz für das quirlige Berlin der Weimarer Republik. Die Exilanten selbst nannten es liebevoll-ironisch »das Vierte Reich«.

Der Schriftsteller Klaus Mann, der zusammen mit seiner Schwester Erika schon 1936 in die USA emigriert war, brachte in seinem autobiografischen Buch *Der Wendepunkt* die widersprüchlichen Gefühle der Exilerfahrung auf den Punkt: »Man ist nicht pausenlos in kämpferischer Laune, auch das Heimweh macht sich nur gelegentlich bemerkbar, und man bringt nicht den ganzen Tag damit zu, die Tyrannen zu hassen, kurz, man ist nicht immer Emigrant ›im Hauptberuf‹. Man vergisst zuweilen, dass man sich im Exil befindet. Sogar in der Verbannung kommen heitere Stunden vor, die übrigens auch in der Heimat selten waren. Geldsorgen? Die ist man gewöhnt ... Irgendwie schafft man es, plagt sich freilich im Exil noch weidlicher als zu Hause.« (22)

Und Hans Sahl, der ebenfalls von Zürich nach New York emigriert war, stellte fest: »Um die Atmosphäre zu studieren, die Umwelt, in der die Emigranten lebten, sollten Exilforscher auch den schmalen Weg längs des Hudson River entlanggehen, zwischen 72nd Street West und 101 Street, wo wir uns gegen Abend trafen, wenn am gegenüberliegenden Ufer die Lichter von New Jersey angezündet wurden. Da standen wir und starrten über die niedrige Böschung hinunter auf die in der Strömung vorbeitreibenden Überbleibsel eines Tages, auf die Dinge, die ihren Zusammenhang verloren hatten wie wir und die weitertrieben, irgendwohin, an das Ende aller Flüsse – ein Büstenhalter, ein Schuh, ein Hut, ein Präservativ. Hier schrieb Hannah Arendt über die Banalität des Bösen und Hermann Broch seinen *Tod des Vergil*.« (23)

Um die Familie zu unterstützen, nahm Helmut einen Job als Botenjunge für zwölf Dollar pro Woche an. Einen Dollar durfte er für sich behalten. Ab und zu leistete er sich von seinem schmalen Salär eine Flasche Coca-Cola, für ihn ein ziemlicher Luxus. Er verteilte Post und Pakete für eine kleine Firma, die Haarschleifen produzierte und einem Deutschen gehörte. Das brachte Karl Amson Joel auf eine neue Geschäftsidee: Warum nicht gleich selbst Stoffbänder besorgen und Haarschleifen herstellen, die damals sehr in Mode waren? Wie schon einmal 15 Jahre zuvor in Nürnberg begann er mit seiner Frau in der Wohnung mit Heimarbeit. Reich wurde man davon nicht, aber es war besser als nichts.

Helmut besuchte in New York Abendkurse am City College und lernte dort eine junge, hübsche Frau aus Brooklyn kennen. Musik spielte dabei eine wichtige Rolle. Rosalind Nyman (Jahrgang 1922) stammte aus einer armen jüdischen Familie, ihre Eltern waren vor ihrer Geburt aus England eingewandert. Sie setzte ihr komödiantisches und musikalisches Talent genau wie Helmut Joel bei der Musicalbühne des City College of New York ein. Die beiden jungen Leute standen mit den Gilbert & Sullivan Players bei »The Pirates of Penzance« und »The Mikado« zusammen auf der Bühne und fühlten sich auch im richtigen Leben zueinander hingezogen. Wundersamerweise hatten sich schon Rosalinds Eltern, die russischstämmige Rebecca und Phillip Nyman, unter ähnlichen Umständen kennengelernt – bei einer Gilbert-&-Sullivan-Operette in der Londoner Royal Albert Hall.

Helmut betrachtete es als gutes Zeichen, dass seine neue Freundin Rosalind hieß, wie die Hauptfigur aus der »Fledermaus«. Übrigens dirigierte er diese Operette sogar einmal bei einer Amateurproduktion in New York. Es muss eine glückliche Zeit für ihn gewesen sein: Er war verliebt und durfte auf der Bühne den Alltag vergessen. Es gibt noch alte Theaterfotos, auf denen er in komischen Rollen, in englischer Polizeiuniform oder in einem japanischen Seidenkostüm zu sehen ist.

Eine Karriere als Pianist kam für den musikbegeisterten Studenten, der in verschiedenen Bands Jazz spielte, zu seinem Leidwesen nicht mehr infrage: Er war außer Übung, weil er in Havanna kein Klavier gehabt hatte, und außerdem spürte er jetzt am eigenen Leib, dass er unerträgliches Lampenfieber bekam, sobald er vor Publikum auftreten musste. Überdies drängte Karl Joel darauf, dass sein Sohn eine seriöse Berufsausbildung machte. Immerhin zahlte es sich aus, dass Helmut im Schweizer Internat auch gelernt hatte, Saxofon und Klarinette zu spielen: Samstags machte er mit einer Combo regelmäßig Swing- und Tanzmusik und verdiente sich so ein paar Dollar dazu, aber auch bei Hochzeiten und Beerdigungen trat er als Musiker auf.

1943 wurde Helmut Joel zur US-Army eingezogen, obwohl er damals noch nicht die amerikanische Staatsangehörigkeit hatte. »Ich hätte auch in ein Auffanglager nach Texas gehen können, aber ich wollte ja gegen die Nazis kämpfen«, erzählte er im Rückblick. Der Grundausbildung im Camp Upton auf Long Island folgte ein Ausbildungscamp in Virginia, wo er drei Monate lang den

Umgang mit Schaufel und Pickel, aber auch mit Waffen erlernte. Der junge Rekrut wurde zum Corps of Engineers eingeteilt, der vor allem für Brücken- und Straßenbau zuständig war. Nach amerikanischem Gesetz durften nur US-Bürger an Übersee-Einsätzen der Armee teilnehmen. Daher beschleunigte das Kriegsministerium die Einbürgerungsverfahren für Flüchtlinge im Militärdienst. Insgesamt waren 30 000 Soldaten der US-Army in Deutschland geboren. Darunter übrigens auch Henry Kissinger, der spätere amerikanische Außenminister. Er gehört demselben Jahrgang an wie Helmut Joel und wurde im selben Jahr wie dieser eingezogen. Und noch eine Parallele gibt es: Kissinger stammt aus einer jüdischen Familie, die 1938 aus Nürnbergs Nachbarstadt Fürth nach New York emigrierte.

Im Dezember 1943 fuhr Helmut Joel, der sich jetzt Howard nannte, gerade 20 Jahre alt, als frischgebackener US-Bürger in Uniform wieder zurück nach Europa, wo der Krieg tobte. Von Newport ging es per Schiff nach Sizilien und dann weiter an die Front nach Monte Cassino. Helmut gehörte zu einem Kampfbataillon der 5. US-Army unter General Mark Clark.

Am 25. Juli 1943 war der italienische Diktator Benito Mussolini gestürzt worden und die Nachfolgeregierung hatte einen Waffenstillstand mit den Alliierten abgeschlossen. Die Hauptmacht der alliierten Truppen stieß seit September 1943 über Sizilien und Kalabrien gegen Norden vor. Der deutschen Wehrmacht gelang der Aufbau der sogenannten Gustav-Linie, die sich nördlich von Neapel durch unwegsame Berglandschaften quer über den italienischen Stiefel zog. Ein schneller Vorstoß der Alliierten nach Norden war dadurch unmöglich. Die Kämpfe verfestigten sich im Winter 1943/44 zu einem erbarmungslosen Stellungskrieg. In die Geschichtsbücher eingegangen ist Monte Cassino als Schauplatz der größten Völkerschlacht des Zweiten Weltkriegs: An das schreckliche Ende erinnern heute über 107 000 Soldatengräber auf den ehemaligen Schlachtfeldern.

Im Januar 1944 begannen die erfolglosen Frontalangriffe der alliierten Truppen, im Februar wurde das alte Benediktinerkloster auf dem Monte Cassino durch die britische und amerikanische

Luftwaffe völlig zerstört. Mehr als einmal schaute Helmut Joel in dieser Zeit dem Tod ins Auge und hatte viele traumatische Erlebnisse. Und er musste daran denken, dass auf der gegnerischen Seite vielleicht sein Jugendfreund Rudi Weber kämpfte. »Ich habe vorsichtshalber immer über die Köpfe der deutschen Soldaten gezielt – Rudi hätte ja dabei sein können.«

Erst als im Mai Albert Kesselring, der deutsche Oberbefehlshaber in Italien, den Rückzug der Wehrmacht nach Norden anordnete, gelang den alliierten Verbänden der Durchbruch, der am 4. Juni mit dem umjubelten Einzug in Rom einen vorläufigen Höhepunkt fand.

Unter den amerikanischen Soldaten, die als erste in die Ewige Stadt einzogen, befand sich auch Klaus Mann, der 1943 amerikanischer Staatsbürger geworden war und den Italien-Feldzug in der Psychological Warfare Branch der 5. US-Army miterlebte. Am 22. Juni 1944 schreibt er in einem Brief an seine Schwester Erika Mann, die sich als US War Correspondent in London aufhält: »Nun ja, auch ich bin unter den Ersten in Rom gewesen – was allerdings nicht so gefährlich war. Aber schön! Die Stadt – übrigens beinah unbeschädigt – präsentierte sich im Festglanz. Was für ein Empfang! Die Leute waren außer Rand und Band. Jubel, Blumen, Musik, Hochrufe, Tränen der Rührung, Umarmungen, wo immer wir uns zeigten! So huldigt man nicht Siegern, nur Befreiern. *Eviva i liberatori!!* Überall der gleiche Schrei ... Dazwischen freilich manchmal auch die Frage: ›Warum hat es so lang gedauert? Ihr habt uns warten lassen ...‹« (24)

Nach kurzer Zeit wurde Helmut Joels Einheit nach Südfrankreich verlegt, wo sie im August im Rahmen der Invasion (Deckname: »Operation Dragoon«) bei Saint-Raphaël an Land ging. Anschließend rückte Joel mit der US-Army nordwärts über Grenoble Richtung Deutschland vor. Das Kriegsende erlebte er auf der Seite der Sieger im Mai 1945 in Berchtesgaden am Königssee, wo er ein Luxushotel für die Armee beschlagnahmte. Danach musste er wegen einer Hepatitis einige Zeit in einem Lazarett behandelt werden.

Die Rückkehr nach Deutschland war äußerst zwiespältig: Es blieb das Land seiner Kindheitserinnerungen, war aber auch das

Land, das seine Familie so unmenschlich behandelt und vertrieben hatte. »Hassgefühle hatte ich nie«, sagte Helmut Joel. »Ich wusste aus eigener Erfahrung, dass nicht alle Deutschen Nazis waren.« Aber die Heimat hatte er für immer verloren.

Von Hitlers größenwahnsinnigen Plänen war nichts übrig geblieben: Deutschland lag am Boden, die notleidende Bevölkerung flüchtete sich zum großen Teil in Schuldzuweisungen oder Selbstmitleid. Nazi wollte plötzlich keiner mehr gewesen sein.

Dieses seltsame Phänomen schilderte die amerikanische Starreporterin Martha Gellhorn, Hemingways dritte Ehefrau, damals in einer Reportage aus Nürnberg mit bitterer Ironie: »Niemand ist ein Nazi. Niemand ist je einer gewesen. Es hat vielleicht ein paar Nazis im nächsten Dorf gegeben, und es stimmt schon, diese Stadt da, 20 Kilometer entfernt, war eine regelrechte Brutstätte des Nationalsozialismus. Um die Wahrheit zu sagen, ganz im Vertrauen, es hat hier eine Menge Kommunisten gegeben. Wir waren schon immer als Rote verschrieen. Oh, die Juden? Tja, es gab in dieser Gegend eigentlich nicht viele Juden. Zwei vielleicht, vielleicht auch sechs. Sie wurden weggebracht. Ich habe sechs Wochen lang einen Juden versteckt. Ich habe acht Wochen lang einen Juden versteckt. (Ich habe einen Juden versteckt, er hat einen Juden versteckt, alle Kinder Gottes haben einen Juden versteckt.) Wir haben nichts gegen Juden; wir sind immer gut mit ihnen ausgekommen. Die Nazis sind Schweinehunde. Wir haben von dieser Regierung die Nase voll gehabt. Ach, wie wir gelitten haben. Die Bomben. Wir haben wochenlang im Keller gelebt. Die Amerikaner sind uns willkommen. Wir haben keine Angst vor ihnen; wir haben keinen Grund zur Angst. Wir haben nichts Unrechtes getan; wir sind keine Nazis. Man müsste es vertonen. Dann könnten die Deutschen diesen Refrain singen und er wäre noch besser. Sie reden alle so. Man fragt sich, wie die verabscheute Naziregierung, der niemand Gefolgschaft leistete, es fertigbrachte, diesen Krieg fünfeinhalb Jahre durchzuhalten ...« (25)

Andererseits bekam Joel die schrecklichen Bilder von seinem kurzen Besuch im befreiten Konzentrationslager Dachau nicht mehr aus dem Kopf: Ausgemergelte Menschen in Sträflingsuniform, die sich kaum mehr auf den spindeldürren Beinen halten konnten.

Wie viele deutsche Städte war auch seine Heimatstadt nur noch ein riesiger Trümmerhaufen. Der Schriftsteller Alfred Kerr notierte nach Kriegsende in der *Neuen Zeitung*: »Nürnberg ...! Das war eine Stadt und ist jetzt eine Schutthalde. Das war gemütlich-bürgerlich. Jetzt ist es ein Grauen. Ein Grauen ohne Tragik; nur noch etwas Unangenehmes. – Eine Ruppigkeit. Eine Hässlichkeit. Eine Trostlosigkeit. Eine Schutthalde!«

In der völlig zerstörten Altstadt von Nürnberg suchte der 22-jährige GI im Sommer 1945 vergeblich nach Freunden oder Verwandten. Auch seinen Freund Rudi Weber, der damals noch in Kriegsgefangenschaft war, fand er nicht. Nur den alten Chauffeur seines Vaters, mit dem er sich als Kind so gut verstanden hatte, traf Joel zufällig wieder – er hatte beim Russland-Feldzug ein Bein verloren. Die Begegnung mit dem Bekannten, der nun ein Kriegskrüppel war, berührte den Heimkehrer in amerikanischer Uniform besonders stark.

Und ein Bild vergaß er nie wieder, ein Bild mit Symbolwert: In der Trümmerwüste der Nürnberger Südstadt ragte wie ein Ausrufezeichen ein Schornstein auf, der wundersamerweise stehen geblieben war. Ein Überbleibsel der Wäschemanufaktur. Vier große Buchstaben waren darauf zu lesen, Mahnung und Lebenszeichen zugleich: J-O-E-L.

Neubeginn in New York

Im Oktober 1945 wurde Helmut Joel ausgemustert und kehrte zu seinen Eltern nach New York zurück. Zweimal im Monat brachten die umgebauten Luxusliner »Queen Mary« und »Queen Elizabeth«, die in den vergangenen vier Jahren über zwei Millionen GIs über den Großen Teich transportiert hatten, Kriegsheimkehrer zurück und legten unter dem Jubel der Zuschauer am Pier von Manhattan an.

Eines Tages meldete sich unverhofft Günther, der gerettete Sohn von Leon und Johanna Joel. Mit Hilfe einer Flüchtlingsorganisation hatte er es irgendwie geschafft, von der Schweiz in die USA zu gelangen. Die beiden Cousins trafen sich ein paar Mal, verloren sich dann aber wieder aus den Augen. Carl Joel, der seinen Vornamen nun mit »C« schrieb, begegnete hier seiner Schwester Litti und ihrem Mann Fred Fleischmann wieder. Auch sie hatten mit ihrem Sohn Frederik eine abenteuerliche Flucht über Italien und Ecuador in die USA hinter sich. Die Fleischmanns wollten mit Deutschland nichts mehr zu tun haben und blieben für immer in den Vereinigten Staaten. Frederik änderte sogar seinen Familiennamen und nannte sich Linton – eine Verbeugung vor den amerikanischen Präsidenten Lin(coln) und (Washing)ton.

Helmut Joel, mit 22 Jahren schon Kriegsveteran, verdrängt die Vergangenheit und versucht in New York ein neues Leben anzufangen. Er beginnt ein Ingenieursstudium für Fernsehtechnik, die zweijährige Ausbildung ist für ehemalige Soldaten kostenlos. »Fernsehen war damals erst im Aufbau begriffen und der allerneueste Schrei. Spezialisten wurden dringend gesucht, das war eine Riesenchance für mich.«

Seine erste Anstellung bekam er bei der RCA, nach ein paar Jahren wechselte er zu dem Riesenkonzern General Electric. Feldstärkemessungen, Sendetechnik und Fernsehgeräteproduktion gehörten zu den wechselnden Aufgaben des TV-Pioniers.

1946 heirateten Helmut Joel und Rosalind Nyman, die ihre Liebe über die Kriegszeit gerettet hatten – viel zu früh, wie er im Nachhinein fand. Eine Bilderbuchehe wurde es leider nicht. Schon bald gab es Reibereien, nicht nur wegen der Familien, die sich nicht besonders gut verstanden. Zu unterschiedlich waren Herkunft und Mentalität der Eltern, trotz ihres jüdischen und europäischen Hintergrundes. Der Deutsche Karl Joel war ein gutbürgerlicher Geschäftsmann, der sich in Amerika nicht wohlfühlte; der Brite Phillip Nyman, ein Hobbyschriftsteller und Lebenskünstler, hatte sich längst in der Neuen Welt eingelebt. Billy Joel erinnert sich: »In der Tat gab es eine große Spaltung; soweit ich mich erinnern kann, hat bei uns niemand groß auf Familie gemacht. Die Eltern meiner Mutter lebten in Flatbush in Brooklyn, und zwar in einer typischen engen, dunklen Mietwohnung. Die Eltern meines Vaters hatten ein großes, offenes Wohnzimmer mit sehr schönen Möbeln und Orientteppichen.« (26)

Das junge Ehepaar bezog eine kleine Wohnung in der Bronx, nicht weit weg von den Schwiegereltern. Anfang 1948 adoptierten Helmut und Rosalind Joel die fünf Monate alte Judith Ann, die Tochter von Rosalinds Schwester, die sich kurz nach der Geburt das Leben genommen hatte – vermutlich aufgrund einer postnatalen Depression.

Am 9. Mai 1949 kam dann William Martin Joel, genannt Billy, zur Welt. Sternzeichen: Stier.

Die Wohnung war zu klein für die Familie mit zwei kleinen Kindern, und die Joels suchten wie so viele in der boomenden Millionenmetropole ein neues Heim. Schließlich entschieden sie sich, aus der City in einen Vorort zu ziehen – eine nagelneue Retortenstadt auf Long Island, 25 Meilen östlich von New York. Eine Zeitungsannonce hatte sie darauf gebracht. 1947 war der erste Spatenstich für Levittown erfolgt, das größte private Wohnungsbauprojekt in der Geschichte der Vereinigten Staaten

– und die erste auf dem Reißbrett entworfene Vorstadt der Welt. Schon während des Krieges hatten der Bauunternehmer William J. Levitt und sein Bruder Alfred aus Brooklyn ein revolutionäres Bauverfahren entwickelt, das er nun auf einem 1600 Hektar großen Kartoffelacker in die Tat umsetzte. Levitt übertrug das Prinzip der Fließbandarbeit auf den Bau von Eigenheimen, die ähnlich wie Henry Fords Autos alle fast gleich aussahen, aber kostengünstig waren. An einem einzigen Tag konnten, lief alles nach Plan, 36 Häuser fertiggestellt werden.

Nachdem das Gelände planiert war, luden Lastwagen das Baumaterial jeweils im Abstand von 60 Fuß (18,30 m) ab. Ihnen folgten 27 Handwerkertrupps, die von Baustelle zu Baustelle zogen und jeweils nur einen speziellen Arbeitsgang erledigten. Überdies sorgten der Einsatz von Fertigteilen und moderne Elektrowerkzeuge für eine ungewöhnlich kurze Bauzeit. Am Ende war Levittown die Heimat von 82 000 Amerikanern, die ausschließlich aus der weißen Mittelschicht stammten. Für Afro-Amerikaner war dort kein Platz.

Nicht nur für die aufstrebenden Joels waren die Rahmenbedingungen verlockend: Anfangs blieben die 17400 Fertighäuser Kriegsveteranen vorbehalten, die zum sagenhaften Preis von 8000 Dollar ein Eigenheim mit einem kleinen Grundstück erwerben konnten. Günstige Kredite, abgesichert durch die sogenannte GI Bill, machten die Sache für die Joels noch attraktiver. Zudem man auf der Long Island Parkway, einer großzügig ausgebauten Schnellstraße, in einer knappen Stunde nach New York City fahren konnte.

Im Juli 1950 zogen die Joels in der Meeting Lane 20 in der Gemeinde Hicksville ein. Ihr kleines Haus grenzte an Kornfelder und Kartoffeläcker und sah aus wie alle anderen auch: Wohnzimmer, Küche, Speisezimmer, zwei Schlafzimmer und dazu ein kleiner Garten. Ein altes Klavier war so ziemlich der einzige Luxus, den man sich leisten konnte. Angeblich wurde das Häuschen nach den Vorstellungen von Meta Joel, die ihre Schwiegertochter nicht besonders leiden konnte, eingerichtet. Rosalind musste sich wohl oder übel fügen.

So wie früher sein Vater setzte sich auch Helmut Joel am Feierabend zur Entspannung ans Klavier und spielte die Stücke seiner Lieblingskomponisten Chopin, Brahms und Debussy. Es war ein billiges, weiß lackiertes Klavier der Firma Lester. Und schon als kleines Kind kletterte Billy dabei oft auf seinen Schoß und klimperte begeistert mit. Rosalind sang gerne und spielte Schallplatten mit klassischer Musik. Die stolzen Eltern erkannten bald, dass ihr Sohn ihr musikalisches Talent geerbt hatte, und förderten es nach Kräften. »Billy hatte schon immer ein unglaublich gutes Gehör«, erinnerte sich sein Vater.

Im Alter von fünf Jahren konnte Billy the Kid bereits ein Stück von Mozart auswendig spielen, und seine Mutter brachte ihn zu seiner ersten Klavierstunde bei Miss Francis in der Nachbarschaft. »Ich habe mit fünf Jahren angefangen, Klavierunterricht zu nehmen. Ich kann mich sogar an das erste Stück erinnern, das ich gelernt habe. Es stand in dem bekannten Musiklehrbuch von John Thompson. Das erste kleine Stück darin hieß ›Off we go to musicland‹. Wenn ich daran zurückdenke, muss ich lachen, das klingt wie eine Prophezeiung.«

In dieser Zeit nahmen aber auch die häuslichen Spannungen bei den Joels zu. Rosalind fand, dass die bedrückenden Kriegserfahrungen ihren Mann negativ verändert hatten. »Als er zurückkam, war er nicht mehr derselbe.« Zynisch sei er geworden und pessimistisch. Umgekehrt gingen Helmut die Launen seiner Frau, der ihre Sorgen über den Kopf wuchsen, zunehmend auf die Nerven. Es wurde ungemütlich im Hause Joel, das Ehepaar steckte in einer Sackgasse.

Tatsächlich hatte Helmut Joel schon in jungen Jahren nicht nur viele Illusionen verloren, sondern auch eine depressive Veranlagung. Im Lauf seines Lebens quälten ihn immer wieder solche dunklen Phasen, in denen er sich von der Außenwelt abschottete. Auch von dieser Veranlagung hat sein Sohn einen Teil mitbekommen.

Im Rückblick sieht Billy Joel das so: »Ich erinnere mich, dass mein Vater anders war als die anderen Väter, die ich kannte. Er war Deutscher und hatte einen europäischen Sinn für schwarzen

Humor. Er redete mit mir immer wie mit einem Gleichaltrigen. Niemals sprach er in dem herablassenden Ton mit mir, den Eltern oft ihren Kindern gegenüber verwenden. Nicht immer verstand ich, worüber er mit mir redete, aber ich merkte, dass er mich im Vergleich zu den Vätern anderer Kinder auf eine besondere Weise behandelte.« (27)

Jedenfalls war Helmut Joel alles andere als glücklich. »Das Leben ist eine Jauchegrube« – diesen düsteren Satz seines Vaters hat Billy bis heute nicht vergessen.

Aber der Junge bewunderte seinen Vater, der auch sehr witzig sein konnte und mit dem er die Leidenschaft für Musik teilte. »Als Kind war Vater mein Idol als Pianist, weil er klassisch geschult war und Noten lesen konnte ... Aber er dachte immer, er wäre nicht gut genug; er hatte kein Erbarmen mit sich selbst.« (28)

Die Musik wurde für Vater und Sohn zum wichtigsten Lebensmittel – und das Piano ihr bester Freund. Billy ging als Kind die Sache natürlich verspielter an. Er setzte sich gerne an das Instrument, aber er hasste es, die Tonleitern auf und ab zu spielen oder mühsam Notenblätter zu entschlüsseln. Lieber verließ er sich auf sein gutes Gehör und sein ebenso gutes Gedächtnis und spielte Stücke, die er nur ein paar Mal gehört hatte, auswendig nach. Oder er fantasierte im Stil des jeweiligen Komponisten, ohne dass die Zuhörer es merkten.

Angeblich brachte dem kleinen Billy diese ungezügelte Spielfreude eine Ohrfeige seines Vaters ein, der die klassische Musik sehr ernst nahm, die für ihn mehr als Unterhaltung war. Populäre Musik verabscheute er. Deswegen reagierte er auch so unwirsch, als er seinen Sohn dabei erwischte, wie der ein Beethoven-Stück mit wilden Improvisationen verhunzte.

Ein Stubenhocker war Billy nicht, der gerne mit Kumpels in der Nachbarschaft herumtollte, aber anders als seine Kameraden hatte er in der Musik eine geheime und geheimnisvolle Welt gefunden, in die er sich bei Bedarf zurückziehen konnte. Außerdem war er schon früh eine Leseratte und verschlang Bücher geradezu.

»Mit sechs hat er schon richtige Songs geschrieben, mit Texten, die an die Märchen und Geschichten, die mein Vater immer erzählte, erinnerten; meine Familie hatte nicht einmal einen Nachttopf, aber wir waren kultivierte Juden und stolz darauf. Als er sieben Jahre alt war, entwickelte sich Billy zu einem richtigen Bücherwurm. Wenn er in die Leihbibliothek ging, brachte er 20 Bücher mit nach Hause: Bilderbücher, Erzählungen, Geschichtsbücher. Er war selbstgenügsam. Man konnte ihm einen Küchenstuhl hinstellen, und in seiner Fantasie verwandelte er sich in einen Dampfzug. Damit konnte er Stunden verbringen. Es brauchte nicht viel, um ihn glücklich zu machen.« Das erzählte Rosalind Joel dem *Billboard*-Chefredakteur Timothy White bei einem Gespräch 1994.

Nicht nur die Eltern förderten die Talente ihres Sohnes, sondern vor allem auch der Großvater Phillip Nyman. Der kultivierte Einwanderer aus England wurde nach der Trennung seiner Eltern eine Art Ersatzvater für Billy. Oft besuchte er ihn in Brooklyn. »Ich kann mich nicht erinnern, dass der alte Mann jemals einen anständigen Job hatte, aber er war der glücklichste Mensch, den ich jemals kennenlernte. Er war ein Bildungsfreak, der einfach alles las – Bücher über Algebra ebenso wie über Paläontologie. Er brachte auch mich zum Lesen.« (29) Der Lebenskünstler versuchte sich zeitweise als Juwelier, aber meistens musste seine Frau, die als Einzige in der Familie jiddisch sprechen konnte, das Geld verdienen – als Kindermädchen. Dafür nahm Phillip Nyman seinen Enkel oft in klassische Konzerte oder Ballettaufführungen mit. Damit sie sich auf die besseren Plätze setzen durften, steckte er den Türstehern immer ein paar Zigaretten zu. Auf diese Weise bekam der Junge aus der Vorstadt schon frühzeitig einen großen Bildungshorizont.

1954 kam Billy in die Fork Lane Elementary School gleich um die Ecke. Er trug weiße Socken zu seinen schwarzen Sportschuhen, war aber kleiner und schmächtiger als die anderen. Seine musikalische Begabung fiel den Lehrern gleich auf. Besonders förderte ihn die Musiklehrerin Mary Milidantry, die ihn für den Schulchor begeistern konnte.

Billys Vater war beruflich ständig auf Achse. Die Kinder vermissten ihn, aber wenn er zu Hause war, gab es meist Streit. Die

Ehe der Joels ging langsam in die Brüche. »Irgendwann ging es nicht mehr«, sagte Helmut Joel. »Eine Verständigung war nicht mehr möglich.« Eines Tages im Jahr 1957 schlug er die Tür in Hicksville hinter sich zu und kam nie mehr zurück – wie in einem schlechten Film. Ein Trauma für die ganze Familie, das jahrzehntelang nachwirkte – und über das er nicht gerne sprach.

»Ich habe einen Schnitt gemacht. Von heute auf morgen. Ich bin weg und habe seitdem nie mehr ein Wort mit Rosalind gesprochen. Die Trennung habe ich mir lange überlegt, aber sie war der einzige Weg. Ich wusste, dass nach amerikanischem Recht immer die Mutter die Kinder zugesprochen bekommt. Ich wollte den Kindern die endlosen Streitereien ersparen und sah keine andere Möglichkeit. Wir hatten lange genug gewurstelt. Es war sinnlos.«

Zurück blieb eine Frau mit zwei kleinen Kindern, die ihren Vater dringend gebraucht hätten. Billy Joel erinnert sich: »Ich sehe meine Mutter heute noch am Fenster stehen. Sie schaute aus dem Küchenfenster und sie hoffte wohl, dass er plötzlich auftauchen würde. Dabei wusste sie, dass er an diesem Tag nicht heimkommen würde. Wenn ich sie fragte: ›Mami, was macht du?‹, sagte sie: ›Ich schau nur aus dem Fenster, vielleicht kommt dein Vater heim.‹« (30)

Helmut Joel blieb noch eine Zeit lang in New York bei seinen Eltern und flüchtete sich in Arbeit. Anfangs besuchten ihn die Kinder dort noch ab und zu. Für General Electric machte er lange Geschäftsreisen nach Mittel- und Südamerika, bevor er sich entschloss, nach Europa zurückzukehren. Wieder war er auf der Flucht. Er wollte (auch räumlich) zu seinem bisherigen Leben auf Distanz gehen, außerdem hatte er sich in den USA nie besonders wohlgefühlt. Zu Hause war er überall und nirgends.

Wiedergutmachung

In jenen Jahren hatten sich Karl und Meta Joel in New York wieder eine bescheidene Existenz aufgebaut. Mittlerweile verkauften sie die in Heimarbeit produzierten Haarschleifen an Kaufhäuser wie Woolworth, der Umsatz war allerdings bescheiden. Wegen der angespannten Familiensituation sahen sie ihren Enkelsohn Billy nur sehr selten.

Bereits kurz nach dem Ende des Weltkriegs, den Deutschland angezettelt und grausam verloren hatte, versuchte der einstige Versandhauseigentümer, zumindest einen Teil seines Vermögens wiederzubekommen. Dabei ging es ihm nicht nur um Geld, sondern auch um Gerechtigkeit und Ehre.

In Joels Heimatstadt, der ehemaligen Nazihochburg Nürnberg, begannen bereits im Herbst 1945 die Internationalen Kriegsverbrecherprozesse. Die Siegermächte wollten die Hauptverantwortlichen an den Gräueltaten und Kriegsverbrechen zur Verantwortung ziehen und den Deutschen eine Lektion in Sachen Demokratie erteilen. Doch im Ausland war das Interesse an diesem historischen Prozess fast größer als in Deutschland selbst. Die Deutschen waren damit beschäftigt, die braune Vergangenheit zu verdrängen und die bedrückende Gegenwart einigermaßen zu bewältigen. Die Joels verfolgten die ausführlichen Berichte aus Nürnberg in der amerikanischen Presse mit Genugtuung. Und in Nürnberg arbeitete Helmut Joels Schulfreund Arno Hamburger, der die Kriegsjahre im palästinensischen Exil überlebt hatte und inzwischen nach Hause zurückgekehrt war, als Übersetzer für das Militärtribunal.

Karl Joel muss nicht schlecht gestaunt haben, als ihn im Jahr 1947 ein Brief des Textilfabrikanten Hugo Wilkens aus Deutschland erreichte, der ihm eine seltsame Geschäftsidee unterbreitete. Wilkens schrieb nämlich auch im Auftrag eines alten Bekannten, Josef Neckermann, der vor dem Krieg Joels Versandhaus zum Dumpingpreis ergattert hatte.

Joel wahrte in seinem Brief an Neckermann vom 25. März 1947 seine Höflichkeit: »Herr Wilkens wird Ihnen bestätigen, dass ich der Allerletzte bin, der irgendwelche Rachegefühle hegt. Aber Sie werden sicher verstehen, dass ich bemüht bin, von dem mir damals seitens der Behörden weggenommenen Vermögen so viel wie möglich zurückzubekommen. Sie würden sicher im umgekehrten Falle das Gleiche tun.« Joel wollte keine Rache, er wollte endlich sein Geld. Allerdings trug er nicht, wie gewünscht, mit einem entlastenden Schreiben zur Entnazifizierung Neckermanns bei.

Auch Neckermann hatte turbulente Zeiten hinter sich: Innerhalb weniger Jahre hatte der ebenso geschäftstüchtige wie skrupellose Unternehmer den Versandhandel unter seinem Namen ausgebaut und während des Krieges glänzende Geschäfte mit der deutschen Wehrmacht abgewickelt. Zum Beispiel lieferte Neckermann im großen Stil Uniformjacken und spezielle Winterbekleidung für den Russland-Feldzug. Seine Kontakte zur Naziführung nutzte er dabei weidlich aus und konnte seine Winterkollektion am Geburtstag des Führers, am 20. April 1942, Hitler persönlich präsentieren. Auf Führerbefehl wurde Neckermann »uk« (»unabkömmlich«) gestellt und bekam den Auftrag für drei Millionen Winteruniformen. Geschäft ist Geschäft.

1945 schien auch Neckermanns Karriere am Ende: Er wurde von der amerikanischen Besatzungsmacht verhaftet und wegen eines Verstoßes gegen eine Anordnung der Militärregierung zu einem Jahr Zuchthaus verurteilt. Nach der Entlassung galt er als vorbestraft und fiel nach der amerikanischen Militärgerichtsverordnung unter ein striktes Berufsverbot. Doch schmiedete er rasch wieder Pläne, die allerdings alle zum Scheitern verurteilt waren. Dabei ist die Unverfrorenheit schon erstaunlich, mit der Neckermann auf einmal wieder ausgerechnet mit Karl Joel ins Geschäft kommen wollte: Zusammen mit dem Textilindustriellen

Hugo Wilkens, Gustav Schickedanz (Quelle) und Karl Joel wollte er einen »Liebesgabenversand« gründen.

Die kuriose Idee war, individuell nach den jeweiligen Bedürfnissen zusammengestellte Hilfspakete für die notleidende deutsche Bevölkerung zu versenden. Gewissermaßen als attraktivere Alternative zu den CARE-Paketen, die damals aus den USA kamen.

In Neckermanns *Erinnerungen* heißt es: »Nun stellten wir uns also vor, dass es doch vielleicht möglich sein müsste, die Liebesgaben nicht als Fertig-, sondern als Rohware nach Deutschland zu bringen. Der Spender kauft an einer bestimmten Stelle einen Gutschein, stellten wir uns vor, das Versandhaus lässt die Rohware in Deutschland verarbeiten und bringt einen Katalog mit den Waren heraus, die sich der Spendenempfänger in Höhe des Gutscheins nach seinen Wünschen aussuchen kann. Damit wäre zugleich ein Beitrag zur Rekonsolidierung der deutschen Wirtschaft geleistet worden. Aber wie gesagt, es wurde nichts daraus.« (31)

Man spürt förmlich Neckermanns Enttäuschung, der weiter schreibt: »Mit Wilkens, der seit Kriegsende dabei war, seine Textilfabrik buchstäblich aus den Trümmern wiederaufzubauen, besprach ich auch, wie ich es in gemeinsamer Anstrengung mit Joel schaffen könnte, den Berliner Betrieb auf Vordermann zu bringen. Ein bisschen Eile tat not. Günstig wäre es, die Zeit vor der ins Haus stehenden Währungsreform zu nutzen. In der Korrespondenz, die Joel mit Wilkens führte, sprach er mehrfach davon, dass er keine Rachegefühle gegen mich hegte; auf konkrete Vorschläge ging er jedoch nicht ein.« (32)

War Neckermann wirklich so naiv oder so kaltschnäuzig zu glauben, er könne mit dem Mann, den er dank der historischen Umstände hatte ausbooten können, einfach so wieder geschäftliche Beziehungen knüpfen? Man hatte Joel um sein Lebenswerk gebracht und aus der Heimat vertrieben, ein Teil seiner Familie war von den Nazis ermordet worden.

Neckermanns Haltung, sein kalter Pragmatismus, ist typisch für die Nachkriegsjahre, als viele Deutsche ums Überleben kämpfen mussten und möglichst schnell zur Tagesordnung übergehen wollten. Viele der einst so willigen Vollstrecker Hitlers fühlten sich nun selbst als Opfer der Geschichte.

Und die eigentlichen Opfer, die gerade noch ihre Haut hatten retten können, mussten oft in umständlichen und langwierigen Gerichtsverfahren um ihre materielle Entschädigung kämpfen. Die Bürokratie in Deutschland funktionierte nach wie vor, der Amtsschimmel hatte die finsteren Zeiten unbeschadet überstanden und versuchte, die Antragsteller nach Möglichkeit abzuwimmeln. Die Schwierigkeit bestand für viele schon darin, ihre berechtigten Ansprüche nachzuweisen.

Karl Joel und seine Schwester Litti, die finanziell in einer schwierigen Situation steckten, versuchten von New York aus mit Hilfe von Anwälten, zu ihrem Recht und zu ihrem Geld zu kommen.

Zunächst ging es um das verschwundene Erbe ihrer Mutter, die 1939 gestorben war. Und dann um die Entschädigung für den Verlust der Wäschemanufaktur.

Das Verfahren war reichlich kompliziert, oft mussten erst die Zuständigkeiten geklärt werden. Vor allem drei Behörden waren für die sogenannte Wiedergutmachung zuständig: das Zentralanmeldeamt in Bad Nauheim, das Bayerische Landesentschädigungsamt in München und die Wiedergutmachungsbehörde in Fürth. Allein die »Akte Joel« füllt Bände und erstreckt sich über einen Zeitraum von 20 Jahren. Dabei mussten allein in Bayern 175 000 zivile Wiedergutmachungsansprüche bearbeitet werden.

Für die Schwierigkeiten, welche bei diesen verzwickten Nachkriegsverfahren auftauchten, ist auch dieser juristische Hindernislauf ein beredtes Beispiel. Für die jüdischen Opfer war die Sache klar: Die seelischen Schäden und Schmerzen waren nicht wiedergutzumachen, doch zumindest für das entwendete, beschlagnahmte, verschwundene Eigentum wollte man eine angemessene Entschädigung.

Aber wer sollte für den Schaden aufkommen? Das war schon bei einem einfachen Verfahren gar nicht so einfach zu klären. Zum Beispiel die Erbangelegenheit von Karl und Litti Joel, die um den Gegenwert der Wohnungseinrichtung und des Schmucks

(Streitwert: 20 000 Mark) ihrer Mutter stritten. Es gab ja keine Zeugen mehr.

Klar war, dass die Mutter bei ihrer Schwester in Ansbach gewohnt hatte. Die Stadt Ansbach aber fühlte sich ebenso wenig zuständig wie der bayerische Staat. Im Lauf des Verfahrens wurden die Dinge immer komplizierter. Und die Stellungnahmen, Briefwechsel, Nachfragen, Gutachten und Anträge enthüllen in trockenem Amtsdeutsch Einzelheiten einer Tragödie.

Es stellte sich heraus, dass die betagte Mutter die Kleinstadt Ansbach wegen der zunehmenden Repressalien im Oktober 1938, also kurz vor der »Reichskristallnacht«, fluchtartig verlassen hatte und nach Nürnberg gezogen war. Die Wohnungseinrichtung (darunter ein Biedermeierzimmer, Orientteppiche und Silberbesteck) wurde nach Frankfurt transportiert, dort von der Gestapo beschlagnahmt und später versteigert. Die Hausratversteigerungen aus jüdischem Besitz waren bei der deutschen Bevölkerung sehr beliebt: Viele profitierten von der Notlage ihrer jüdischen Mitbürger und kamen damals äußerst günstig an Möbel, Teppiche und andere Einrichtungsgegenstände.

Sara Joels Schmuck ist 1938 vermutlich beim Leihamt Nürnberg, der Ankaufsstelle des Reiches, gelandet, als die Juden alle Schmuckgegenstände abliefern mussten. Die Stadt Nürnberg konnte im Zuge des Verfahrens dafür aber keine Belege finden und fühlte sich daher auch nicht zuständig. Nach Jahren fanden die Behörden heraus, dass Karl und Litti gar nicht erbberechtigt waren, da ihre Mutter als Erbin ihre Schwester Flora Schwab eingesetzt hatte. Die aber war von den Nazis vergast worden und hatte keine Nachkommen. Ob es andere Erbberechtigte gab und ob sie noch lebten, war unklar. Die Joels zogen jedenfalls ihre Ansprüche zurück, das Verfahren wurde nach fünf Jahren 1953 eingestellt.

Weitaus länger dauerte der Gerichtsstreit zwischen Karl Joel und Josef Neckermann, bei dem es um Millionen ging. Der Kläger lebte mittellos im Land der Sieger und kämpfte um sein Lebenswerk, der Angeklagte machte im Land der Besiegten da weiter, wo er vor dem Zusammenbruch aufgehört hatte, und war sich keiner

Schuld bewusst. Es ging in dem Prozess um juristische Spitzfindigkeiten. Moral, Menschlichkeit und Verantwortung wurden nicht verhandelt. Im Nachkriegsdeutschland, das am Boden lag und möglichst schnell wieder auf die Beine kommen wollte, war dieses Phänomen weit verbreitet. Die Selbstzweifel und Schuldgefühle kurz nach Kriegsende waren schnell vergessen. Und nach der Währungsreform 1948 machte sich in weiten Teilen der Bevölkerung Unmut über die andauernde Entnazifizierung und Entschädigungszahlungen breit.

Dennoch ließ sich die Vergangenheit nicht so einfach abschütteln. 1949 bekam Josef Neckermann erneut eine Vorladung zum amerikanischen Militärgericht in Würzburg. Er habe gegen das Militärgesetz verstoßen, da er »in der Eigenschaft des Eigentümers Wäsche- und Kleider-Fabrik Josef Neckermann, Berlin – die besagte Firma wurde 1938 unter dem Zwang der Umstände von Karl Joel an den besagten Josef Neckermann übertragen – vom 1.4.1945 bis zum 1.3.1946 in der US-Zone Deutschlands unrechtmäßig an der Liquidation der besagten Firma teilnahm«.

Neckermann schreibt dazu in seinen *Erinnerungen*: »Nach Einsicht in die Anklageunterlagen war mir klar, dass die Staatsanwaltschaft in erster Linie behaupten würde, ich hätte die Wäsche- und Kleider-Fabrik ihrem Vorbesitzer Joel ›zwangsweise entzogen‹ ... Dagegen bestand meine feste Überzeugung darin, dass der Erwerb des Unternehmens von Joel ebenso wenig als Raub hingestellt werden konnte wie der Kauf im Falle Ruschkewitz.« Großzügig räumt er dabei ein, »dass ich seit dem Zusammenbruch aufgrund moralischer Erwägungen selbstverständlich die Meinung vertrat, man müsse den Juden ihre Betriebe zurückgeben beziehungsweise sie entsprechend entschädigen.« (33)

Obwohl er sich völlig im Recht wähnte, fühlte sich Neckermann von Joel verfolgt und hatte Angst vor dem Prozess – »Angst vor allem aufgrund der hinter mir liegenden Erfahrungen mit amerikanischen Militärgerichten«. Joel, der nun mit dem amerikanisierten Vornamen Carl unterschrieb, hatte am 3. März 1949 eine eidesstattliche Erklärung vor der Wiedergutmachungsbehörde abgegeben, dass er von dem Kaufpreis für seine Firma keinen

Pfennig erhalten habe, ja, dass Neckermann von Anfang an die Absicht gehabt hätte, ihn um sein Geld zu betrügen.

Joel hatte amerikanische Anwälte und das bayerische Landesentschädigungsamt (LEA) in München unter der Leitung von Philipp Auerbach eingeschaltet, Staatskommissar für die rassisch, religiös und politisch Verfolgten, Generalanwalt und Präsident des LEA. Die amerikanische Besatzungsmacht in Bayern hielt sich bei der Wiedergutmachung an eigens verabschiedete Gesetze, nachdem schon seit 1939 die »Conference of Jewish Material Claims against Germany« die Ansprüche erfasst hatte. Auerbach war als eigenmächtiger und kompromissloser »Cäsar der Wiedergutmachung« gefürchtet. Er sollte verhindern, dass Neckermann bei der Anklage den Amerikanern entschlüpfte.

Strittig war schon die Höhe der Schadensersatzforderungen: Joels Anwälte hatten acht Millionen D-Mark angemeldet, Neckermann ging von höchstens zwei Millionen Mark aus. Bei Kriegsende waren sowohl die Textilfabrik samt Versandanlage als auch die Berliner Villa bei einem Bombenangriff der Amerikaner völlig zerstört worden. Allerdings hatte Neckermann noch rechtzeitig die Kundenkartei mit 850 000 Adressen nach Würzburg und Ochsenfurt in Sicherheit bringen können. Nachdem die amerikanische Militärverwaltung Neckermanns Vermögen beschlagnahmt hatte, fiel die Kartei an einen Treuhänder, der sie an dessen alten Rivalen Gustav Schickedanz in Fürth verkauft hatte.

Joels amerikanische Anwälte rechneten die Wertsteigerung bei Neckermanns neuem Unternehmen mit ein und schraubten die Forderungen allmählich in die Höhe. Am Ende ging es um einen Streitwert von 26 Millionen Mark. Neckermanns Anwälte wiederum versuchten zu beweisen, dass das neu gegründete Unternehmen nichts mit dem 1938 erworbenen Joel-Versand zu tun habe.

Am 8. Juni 1949 konnte Josef Neckermann erst einmal aufatmen: Von der Wiedergutmachungsbehörde für Ober- und Mittelfranken wurde zum »Zwecke einer gütlichen Einigung ohne Präjudiz des gegenseitigen Rechtsstandpunktes« ein Vergleich geschlossen: »Die Parteien stellen fest, dass bei der seinerzeitigen

Entziehung des Eigentums des Herrn Joel keine Absicht einer ehrlosen Handlung bestanden hat.«

Noch vor Beginn der Hauptverhandlung vor dem Gericht der US-Militärregierung in Würzburg am 13. Juni flog Joel frustriert nach New York zurück.

Neckermann, der immer wieder Kreuzverhöre in englischer Sprache über sich ergehen lassen musste, schreibt: »Dieser Prozess wird mir ewig in Erinnerung bleiben. Er dauerte zwei Monate lang. Es wurden 43 Zeugen vernommen und 72 Beweisstücke behandelt. Das Urteil wurde am 12. August 1949 gesprochen.« (34) Für den Angeklagten ein Albtraum: Er wurde zu einer Freiheitsstrafe von vier Jahren sowie einer Geldstrafe von 30000 D-Mark, ersatzweise Haft, verurteilt. »Für die ersten zwölf Monate der Strafe bekam ich eine Bewährungsfrist, die restlichen drei Jahre wurden bis 15. Dezember 1949 ausgesetzt – unter der Voraussetzung, dass bis dahin der Vergleich, den ich mit Joel abgeschlossen hatte, ›erfüllt‹ würde. Eine für meine Begriffe skandalöse Vermischung von Strafverfahren mit zivilrechtlichen Auseinandersetzungen. Meine Anwälte legten auf der Stelle Widerspruch gegen das Urteil ein.« (35)

Neckermann fühlte sich ungerecht behandelt und steckte in der Bredouille: Er befand sich mitten in den Vorbereitungen zur Eröffnung der »Neckermann Textil-Versand KG«. Falls das Urteil nicht revidiert werden sollte, gab es für ihn nur zwei Möglichkeiten – entweder musste er den Vergleich mit Joel erfüllen oder jahrelang ins Gefängnis gehen.

Joel beschuldigte Neckermann keineswegs als Kriegsverbrecher, es sollte lediglich geklärt werden, ob Neckermann 1938 seinen Kaufvertrag eingehalten hatte. Eine wesentliche Frage blieb offen: Wo war das Geld geblieben, das Karl Joel aus dem Verkauf seiner Wäschemanufaktur zustand? Neckermann behauptete, er habe den Kaufpreis ordnungsgemäß auf das Konto der Berliner Hardy-Bank überwiesen, auf das Joel allerdings nie Zugriff hatte. Hatten also die Nazis das Geld beschlagnahmt, lag es noch auf der Bank oder hatte Neckermann es sich (zumindest zum Teil) in die eigene Tasche gesteckt?

LEA-Präsident Philipp Auerbach, selbst ein Holocaust-Überlebender, war ein leidenschaftlicher Anwalt jüdischer Opfer und davon überzeugt, dass ihm mit Neckermann ein ganz dicker Fisch ins Netz gegangen war.

Doch als nach einem halben Jahr, im Februar 1950, der Berufungsprozess am Obersten Appellationsgericht der US-Militärregierung in Nürnberg eröffnet wurde, hatten sich die Rahmenbedingungen entscheidend verändert. Die Zeit arbeitete wieder einmal für Neckermann. Der heraufziehende Kalte Krieg zwischen Ost und West sorgte dafür, dass die Aufarbeitung der Nazigeschichte in Deutschland immer mehr in den Hintergrund rückte. Der frisch gewählte Bundeskanzler Konrad Adenauer plädierte für die deutsche Wiederbewaffnung, und die Amerikaner waren angesichts der zunehmenden Spannungen mit der Sowjetunion an einer starken Bundesrepublik interessiert.

Auch im Gerichtssaal standen die Zeichen jetzt günstiger für Neckermann: Sein schärfster Ankläger, Philipp Auerbach, konnte nicht mehr auftreten, da er selbst ins Zwielicht geraten war. Die Münchner Staatsanwaltschaft ermittelte unter anderem wegen Bestechung, Amtsunterschlagung und versuchten Meineids gegen ihn. Die »Affäre Auerbach« schlug hohe Wellen und hatte politische Folgen: Viele Deutsche sahen sich in ihrer Auffassung bestätigt, dass mit der Wiedergutmachung krumme Geschäfte gemacht wurden. Auerbach, der viele politische Gegner hatte, wurde schließlich schuldig gesprochen, zu zweieinhalb Jahren Haft verurteilt und nahm sich im Gefängnis das Leben. Erst nach seinem Tode wurde er in aller Form rehabilitiert.

Auch gegen die Richter, die Neckermann in Würzburg verurteilt hatten, wurde mittlerweile ermittelt: Sie mussten sich in den USA vor Gericht wegen angeblich erhaltener Bestechungsgelder bei den Wiedergutmachungsurteilen verantworten.

Am 1. April 1950 eröffnete die »Neckermann Textil-Versand KG« und am 1. November folgte das erlösende Urteil für den künftigen Kaufhauskönig: Freispruch in allen Punkten der Anklage. In seinen Memoiren freut sich Neckermann: »Von nun an war ich wieder frei, mich mit Joel über seine Wiedergutmachungsansprüche zu einigen, ohne Gefahr zu laufen, ins Gefängnis zu müssen, wenn ich nicht auf alle seine Forderungen einginge.« (36) Im Klartext hieß das: Joel musste weiter auf sein Geld warten.

Wieder vergingen fünf Jahre. Karl Amson Joel war inzwischen im Rentenalter und hatte immer noch keinen Pfennig aus dem Erlös seiner Wäschemanufaktur erhalten. Josef Neckermann verdrängte wie so viele Deutsche das düstere Kapitel in seinem Leben, machte im Wirtschaftswunderland rasch Karriere und feierte das fünfjährige Bestehen seines prosperierenden Textil-Versands. Joel, der von Ende 1950 bis Anfang 1955 in New York vergeblich auf ein Vergleichsangebot gewartet hatte, gab den Kampf noch nicht auf und erhob bei der Wiedergutmachungskammer vor dem Landgericht Nürnberg-Fürth erneut Klage auf Entschädigung. »Ansprüche gegen Neckermann – Amerikaner verlangt Wiedergutmachung« lautete die Schlagzeile der *Frankfurter Rundschau* vom 15. Januar 1955.

In einer offiziellen Stellungnahme erklärte Josef Neckermann, er sei sich keiner Schuld bewusst, da er den Kaufpreis für Joels Unternehmen seinerzeit korrekt auf ein Konto der Hardy-Bank überwiesen habe. »Joel erhielt diesen Betrag jedoch nur teilweise, weil er während der letzten Verhandlungen, die bezüglich der Übernahme geführt wurden, bereits in die Schweiz emigriert war. Nach den damals geltenden Gesetzen galt er damit als ›Devisenausländer‹, was die Beschlagnahmung seines Vermögens durch die deutschen Devisenbehörden nach sich zog«, heißt es in den *Erinnerungen.* (37)

Am 24. Januar 1955 trafen sich die alten Kontrahenten im Nürnberger Justizgebäude, wo die Kriegsverbrecherprozesse stattgefunden hatten.

Sechs Stunden dauerten die Verhandlungen, bis man sich erneut auf einen Vergleich geeinigt hatte.

Der Fall interessierte damals selbst in Joels alter Heimatstadt kaum jemanden. Ganze 20 Zeilen war der »Prozess Joel gegen Neckermann« den *Nürnberger Nachrichten* in der Ausgabe vom 26. Januar 1955 wert: »In dem Wiedergutmachungsprozess des früheren Nürnberger Manufakturwarenkaufmanns Carl A. Joel gegen den Frankfurter Kaufmann Josef Neckermann, die Neckermann-Versand KG in Frankfurt und drei weitere Beklagte wurde dieser Tage nach fast siebenstündigen Vergleichsverhandlungen vor der Wiedergutmachungskammer für Ober- und Mittelfranken ein noch nicht gültiger Vergleich geschlossen. In dem Vergleich, der unter Ausschluss der Öffentlichkeit zustande kam, ist vorgesehen, dass die Neckermann-Versand KG zur Abfindung aller Rückerstattungsansprüche des Klägers einen bestimmten Betrag bezahlt. Die Höhe dieses Betrages wurde auf Wunsch beider Parteien öffentlich nicht bekanntgegeben.«

Die Höhe der Abfindung (zwei Millionen D-Mark) wurde dann trotz versuchter Geheimhaltung schon wenige Monate später doch bekannt. Und zwar durch einen Leserbrief, den Carl Joel aus New York an das Nachrichtenmagazin *Spiegel* schrieb. Er reagierte damit auf einen *Spiegel*-Artikel vom Oktober, in dem die Bilanzen der Neckermann-Versand KG veröffentlicht waren: »Bei der Gerichtsverhandlung im Januar dieses Jahres habe ich mich schließlich mit einer Vergleichssumme von zwei Millionen Mark einverstanden erklärt, weil Herr Neckermann sein Gesamtvermögen mit wenigen Hunderttausend Mark bezifferte und belegte. Ich bin daher sehr überrascht, dass jetzt – nach knapp neun Monaten – das Privatvermögen auf ›einige Millionen Mark‹ geschätzt wird.« Joel fühlte sich erneut übers Ohr gehauen.

Neckermann-Biograf Thomas Veszelits schreibt dazu: »Die zwei Millionen Mark, die er als Entschädigung erhalten hatte, erschienen ihm als schwacher Trost für die Lebensniederlage, die ihm Neckermann und die Nationalsozialisten zugefügt hatten. Das Geld kam für ihn viel zu spät. 1955 war Joel bereits 65 Jahre alt. Für einen geschäftlichen Neuanfang hatte er keine Kraft mehr. Das Einzige, was er noch erreichen konnte und wollte, war Gerechtigkeit. Als Händler sah er die in der korrekten Begleichung aller noch offenen Rechnungen.« (38)

Der endlose Justizkrimi ging in die nächste Runde. Während Neckermann den Fall nun als endlich beendet betrachtete, ließ Joel den Vergleich vom 24. Januar 1955 anfechten und erstattete Anzeige wegen Prozessbetrugs. In der Begründung hieß es, Neckermann hätte Joel bei der außergerichtlichen Verhandlung arglistig getäuscht. Im November 1957 wurde Neckermann, der sich zunehmend von Joel in die Enge getrieben fühlte, erneut vorgeladen.

Vor dem Münchner Oberlandesgericht sollte Neckermann der Falschaussage überführt werden. Dabei ging es vor allem um die Frage, wer über das Konto »Wäsche- und Kleider-Fabrik Josef Neckermann Sonderrechnung Joel« bei dem Bankhaus Hardy & Co., das ebenfalls Nutznießer der »Arisierung« gewesen war, Verfügungsgewalt gehabt hatte.

Auch gegen die Hardy-Bank hatte Joel geklagt. Konkret wollte er 69 550 Mark Zinsen für die eine Million Reichsmark, die Neckermann eigenen Angaben zufolge auf ein Konto für Joel eingezahlt hatte. Immer wieder hatte Neckermann behauptet, er könne sich nicht mehr an die genaue Bezeichnung des Kontos erinnern. Deshalb platzte ein neues Beweisstück wie eine Bombe im Gerichtssaal. Joels Anwalt, Reinhard Freiherr von Godin, verlas einen Brief, den Josef Neckermann am 15. September 1938 an das Bankhaus Hardy & Co. geschrieben hatte: »Neben meinem laufenden Konto bitte ich Sie – wie bereits persönlich besprochen –, ein zweites Konto für mich einzurichten, und zwar unter der Bezeichnung ›Sonderkonto Joel‹. Über das Konto bleibe ich verfügungsberechtigt, solange ich Ihnen keine andere Anweisung zugehen lasse.«

Neckermann stand vor dem Oberlandesgericht als Lügner da und argumentierte nun, er habe das Sonderkonto nur deshalb einrichten lassen, um das Geld für Karl Joel, der damals als »Devisenausländer« galt, vor dem Zugriff des NS-Staates zu retten.

Neben dem Brief waren auch Kontoauszüge aus dem verloren geglaubten Archiv der Hardy-Bank aufgetaucht. Daraus ergaben sich neue Fragen: Neckermann hatte eine Million Reichsmark auf das »Sonderkonto Joel« überwiesen, konnte aber in der Verhandlung nicht erklären, warum der Kontostand nach einem Vierteljahr nur noch gut 400 000 Reichsmark betragen hatte. Im Laufe des Verfahrens legten Neckermanns Anwälte neue Erkenntnisse zum »Sonderkonto Joel« vor: Demnach hatte Joels Bevollmächtigter Tillmann für knapp 600 000 Reichsmark noch offene Steuern, Gehälter und Provisionen bezahlt, die verbleibenden 400 000

Reichsmark hatte die Zollfahndungsstelle Berlin-Moabit im Januar 1939 beschlagnahmt.

Das Oberlandesgericht hob am Ende alle bisherigen Beschlüsse auf, und die Wiedergutmachungskammer beim Landgericht München erhielt die Auflage, sich nochmals mit Joels Ansprüchen zu beschäftigen.

Der Revisionsprozess endete schließlich nach vier Jahren am 25. März 1959 mit dem Spruch des Dritten Senats beim Obersten Rückerstattungsgericht in Nürnberg, der die Auflagen des Landgerichts München, die Wiedergutmachungsklage von Joel noch einmal aufzurollen, in vollem Unfang aufhob. Die Richter befanden den Vergleich zwischen Neckermann und Joel über zwei Millionen Mark aus dem Jahr 1955 für angemessen. Sie bewerteten Neckermanns Erinnerungslücken und Falschaussagen als nicht relevant.

Neckermann war nach einem Herzinfarkt gesundheitlich schwer angeschlagen und überaus erleichtert über den Ausgang des jahrelangen Rechtsstreits. Hinter den Kulissen spielte sich zeitgleich auch ein erbitterter Konkurrenzkampf mit Gustav Schickedanz ab, der die Gelegenheit nutzen wollte, Neckermann mit Hilfe von Joel aus dem Feld zu drängen. Doch der Aufstieg des politisch flexiblen Frankfurter Unternehmers und Herrenreiters, der als Arisierer jüdischer Kauf- und Versandhäuser begonnen hatte, war im Wirtschaftswunderland nicht aufzuhalten: »Neckermann macht's möglich« wurde zum geflügelten Wort in der jungen Bundesrepublik.

Dagegen kam Karl Joel nicht von der Vergangenheit los. Zwar war das Kapitel Neckermann nun endgültig für ihn abgeschlossen, aber er hatte unabhängig davon auch eine Rechnung mit dem deutschen Staat offen. Schließlich hatte man ihm im März 1940 nicht nur die deutsche Staatsangehörigkeit aberkannt, sondern auch sein Vermögen beschlagnahmt. Doch ein Ende dieses Wiedergutmachungsverfahrens war nicht abzusehen.

Das Geschäft mit Haarschleifen in New York lief mehr schlecht als recht, seine Frau litt nach wie vor an Heimweh, sein Sohn war nach dem Scheitern seiner Ehe zurück nach Europa gegangen.

Was hielt ihn also noch in den USA, wo er sich nie zu Hause gefühlt hatte?

Als alte Leute kehrten Karl und Meta Joel 1964 endlich in die alte Heimat zurück. Er war 75, sie 71 Jahre alt. 30 Jahre waren vergangen, seitdem die beiden die Stadt Nürnberg verlassen hatten. Für Helmut Joel war die Rückkehr seiner Eltern ein Zeichen dafür, dass sie sich mit dem Schicksal irgendwie arrangiert hatten. »Sie wollten endlich zur Ruhe kommen. Mein Vater war das Prozessieren leid. Außerdem sagte er immer, wenn man sich heute als Jude irgendwo sicher fühlen darf, dann ist das in Nürnberg.«

Die beiden zogen in eine Wohnung im vornehmen Stadtteil Erlenstegen. Zumindest Geldsorgen hatten sie seit dem Vergleich mit Neckermann nicht mehr. Karl Joel las weiter regelmäßig die *New York Times* und gönnte sich ab und zu ein Glas Martini Dry im Grand Hotel am Hauptbahnhof, wo bei den Reichsparteitagen der 30er-Jahre Nazifunktionäre abgestiegen und nach dem Krieg bei den Nürnberger Prozessen hochrangige Gäste untergebracht waren. Ansonsten führte das alte Ehepaar ein sehr unauffälliges Leben. Nur selten kam ihr Sohn Helmut zu Besuch. »Wir haben wenig über die Geschichte gesprochen. Mein Vater war ein sehr verschlossener Mensch.«

Erst 1968, dem folgenreichen Jahr der Jugendunruhen und Studentenrevolten, wurde die »Akte Joel« der Wiedergutmachungskammer am Landgericht Nürnberg-Fürth endgültig geschlossen. Man einigte sich auf einen Vergleich, Joel erhielt 38 000 D-Mark Entschädigung vom Staat und verzichtete auf alle weiteren Ansprüche. Dabei hatte der ehemalige Unternehmer allein 354 932,40 Reichsmark Reichsfluchtsteuer und 5000 Reichsmark Judenvermögensabgabe an den NS-Staat zahlen müssen. Ganz zu schweigen von all dem erlittenen Unrecht und den anderen Verletzungen.

In diesen Jahren hatte Arno Hamburger, der sich mittlerweile im Nürnberger Stadtrat und in der Israelitischen Kultusgemeinde engagierte, wieder viel Kontakt zu den Eltern seines ehemaligen Klassenkameraden. »Sie waren nicht verbittert, aber entwurzelt, und fühlten sich nach all ihren Erfahrungen auch in Nürnberg nicht mehr richtig heimisch. Das tiefe Misstrauen gegenüber allen Deutschen ihrer Generation haben sie nie mehr überwinden können.«

Es ging den Joels wohl so ähnlich wie dem aus Nürnberg stammenden jüdischen Schriftsteller Hermann Kesten, der die Nazizeit ebenfalls im New Yorker Exil überstanden hatte und Mitte der 60er-Jahre schrieb: »Ich fühle mich in keiner Stadt der Welt so zu Hause wie in Nürnberg, und in keiner Stadt der Welt so fremd. Das alte Nürnberg ist so verschollen und entschwunden wie meine Kindheit, meine Jugend, die ich zwischen dem Judenbühl und dem Rechenberg, innerhalb und außerhalb der Wälle und des Grabens dieser traditionsreichen und geschichtsschweren Stadt verbracht habe ... Wenn man durch eine so blühende und gesittete neue Stadt geht, die zuweilen vergessen lässt, dass hier einst die alte freie Reichsstadt Nürnberg stand, will man es gar nicht mehr glauben, dass sie noch vor 20 Jahren eine der Hauptstädte des Dritten Reiches war. Freilich sah das Dritte Reich so aus, wie sich Swedenborg die Hölle vorgestellt hat, nämlich wie die alltägliche Welt, nur ins Teuflische gewendet.« (39)

Zur Ruhe kam Karl Amson Joel auch am Ende seines Lebens nicht. Nach dem Tod seiner Frau 1971 lebte er noch fünf Jahre allein in Nürnberg; regelmäßig besuchte er seinen Sohn, der damals mit seiner zweiten Frau in Bad Homburg wohnte. Als Helmut Joel 1976 dann nach Wien umsiedelte, beschloss der alte Herr, immerhin schon hoch in den Achtzigern, wieder nach Berlin zu ziehen. Mit der Stadt verbanden ihn so viele Erinnerungen an früher, außerdem hatte er dort noch ein paar Bekannte. Dann ging er für einige Zeit zurück nach Nürnberg in das Seniorenheim der Israelitischen Kultusgemeinde. Ein Patriarch ohne Unternehmen, ein Versandhauskönig ohne Land. Nach einem Schlaganfall holte ihn sein Sohn, der inzwischen nach London gezogen war, zu sich. Dort starb er 1982 im biblischen Alter von 93 Jahren. Er wurde auf dem Jüdischen Friedhof in Nürnberg neben seiner Frau beigesetzt.

Der ferne Vater

Seitdem Helmut Joel seine Frau 1957 Hals über Kopf verlassen hatte, musste sich Rosalind mit den beiden Kindern in Levittown/ Hicksville allein durchschlagen. Es war eine schwierige Zeit, nicht nur in finanzieller Hinsicht. Die Joels waren auf einmal arme Leute und Außenseiter in der Retortensiedlung, sie entsprachen nicht mehr den konservativen Idealen der 50er-Jahre, wie sich Billy erinnert: »Wir waren nicht wie die anderen im Viertel. Wir galten als ziemlich verrückt. Wenn man nicht – zumindest äußerlich – dem Bild der idealen Familie entsprach, wenn man seinen Rasen nicht pflegte, dann gab es Spannungen mit den Nachbarn ... Meine Mutter hatte nicht viele Freunde in der Nachbarschaft – und ich auch nicht.« (40)

Eine jüdische Familie ohne Mann im Haus, eine gut aussehende, aber alleinstehende Frau mit Kindern und Geldproblemen, das passte nicht unbedingt zu den Vorstellungen der bürgerlichen Nachbarn von heiler Welt, wie sie die Vorabendserien im Fernsehen verbreiteten. Scheidungen waren noch ein Tabuthema. Und es war schwer für eine Frau, eine interessante Anstellung zu bekommen. Rosalind Joel versuchte mit schlecht bezahlten Jobs als Sekretärin oder Buchhalterin über die Runden zu kommen. Und Helmut Joel unterstützte sie finanziell, so gut es ging.

»Mein Vater hat uns nie im Stich gelassen«, sagt Billy. »Er hat uns jeden Monat einen Scheck geschickt. Wir hatten oft Hunger. Manchmal war es schlimm, nichts zum Essen zu haben ... Alles änderte sich, nachdem er uns verlassen hatte.« (41) Außer den Schecks gab es kein Lebenszeichen, keinen Anruf, keine Postkarte. Nichts.

Während Helmut Joel beruflich damit beschäftigt war, das neue Medium Fernsehen in verschiedenen Ländern zu verbreiten, konnte sich seine Exfrau kaum einen Fernsehapparat leisten. Das Haus und der Garten der Joels sahen nicht so gepflegt aus wie die der Nachbarn. Es gab keine Garage, und vor der Tür stand kein amerikanischer Straßenkreuzer, sondern ein alter Renault Dauphine.

Trotz aller Geldsorgen kümmerte sich Rosalind aber darum, dass Billy weiter seine Klavierstunden erhielt. Mit Bach, Beethoven und Brahms lernte er dieselben deutschen Komponisten schätzen wie sein Vater. Es war nicht gerade die Musik, die seine Freunde hörten und die dauernd im Radio zu hören war, also die populären Songs von Frank Sinatra, Pat Boone, Paul Anka oder Peggy Lee.

Musik war aber auch die Rettungsinsel, auf die sich der sensible Junge zurückzog, wenn ihm wieder einmal alles zu viel wurde. Meist setzte er sich dann ans Piano und spielte sich in seine eigene Welt, weit fort von den Sorgen des Alltags. Früher als die meisten seiner Kameraden musste Billy lernen, dass das Leben nicht immer ein Zuckerschlecken ist. Obwohl er gerne mit den Nachbarskindern Ball spielte, auf Bäume kletterte oder auf der Straße herumtollte, galt er bei manchen als verträumter Einzelgänger. Das Gefühl der Einsamkeit, des Verlassenseins quälte Billy Joel noch als Erwachsener.

Der Junge litt natürlich darunter, dass sein Vater einfach spurlos verschwunden war. Wie viele Scheidungskinder hatte er Schuldgefühle und fragte sich, ob nicht er der wahre Grund für das Familiendrama gewesen war: Vielleicht war er nicht brav genug gewesen oder sein Vater konnte ihn nicht mehr leiden? »Für ein Kind ist die Trennung der Eltern unbegreiflich«, sagt Billy Joel heute. »Es ist wie ein Tod. Es ist der Tod der Familie. Ich glaube, damit wird man nie fertig.«

Wenn es in der Schule Probleme gab, sagte Rosalind manchmal, um ihre schwierige Situation als Alleinerziehende zu erklären, ihr Mann sei bei der Handelsmarine und deswegen selten zu Hause. Und auch Billy erfand immer neue abenteuerliche

Erklärungen für die Abwesenheit seines Vaters, dem er die Rolle des unerreichbaren Helden zudachte. Angeregt wurde seine Fantasie dabei durch seine ausschweifenden Leseerlebnisse: Billy verschlang Bücher, die seine Mutter aus der Bibliothek für ihn holte, geradezu: Bildbände und Romane ebenso wie Geschichtsbücher.

In den 50er-Jahren eskalierte der Kalte Krieg zwischen den USA und der Sowjetunion, dazu wurde auf beiden Seiten die Angst vor einem Atomkrieg kräftig geschürt. Die um sich greifende Hysterie hatte tiefwirkende Auswirkungen auf das politische und gesellschaftliche Klima in den USA. Mit bedrohlichen, aber eher skurrilen Verhaltensregeln wurden sogar Kinder auf die angebliche Gefahr eingestimmt: Im Winter wurde davor gewarnt, frisch gefallenen Schnee zu essen, weil der nuklear verseucht sein könnte. Und in den Schulen gab es regelmäßig Sicherheitsübungen für den Fall des Falles: Sobald das Alarmzeichen in den Klassenzimmern ertönte, mussten sich die Schüler unter ihren Schreibtischen zusammenrollen – zum Schutz vor Bombenangriffen. »Ich bin mein ganzes Leben lang ein Kind des Kalten Kriegs geblieben«, sagt Billy Joel. »Ich dachte immer, dass wir eines Tages in die Hölle gebombt würden.« (42)

Zu Hause war Billy anderen Schreckgespenstern ausgesetzt. Die Sorgen setzten der Mutter, die sich verlassen und überfordert fühlte, zeitweise so zu, dass sie sich ins Schlafzimmer verkroch. »Sie hat ihren Mann vermisst und fühlte sich von den Nachbarn ausgegrenzt«, sagt Billy Joel heute. Er glaubt aber nicht, dass seine Mutter Depressionen oder Alkoholprobleme gehabt hat, wie einige Biografen behaupten. »Wir haben als Kinder davon nichts bemerkt. Und ich bin sicher, meine Mutter hätte mir davon erzählt, als ich selbst mit Alkoholproblemen zu kämpfen hatte.«

Zum Glück gab es auch bessere Zeiten: Rosalind, die als warmherzige, etwas exzentrische Frau beschrieben wird, konnte auch sehr fröhlich und jugendlich wirken. Oft packte sie die Kinder samt Freunden und dem kleinen Hund Whitey in ihr altes Auto und fuhr zum Picknick ans Meer. Dort, wo die Villen und Parks der Reichen lagen.

Die Religion spielte bei der Erziehung keine große Rolle: Man hielt es mit dem jüdischen Glauben wie schon die Elterngeneration, sehr liberal und locker. »In meiner Familie wurde seit mindestens drei Generationen keine Religion praktiziert, und soweit ich weiß, war das gar nichts Ungewöhnliches. Wir haben Weihnachten gefeiert und weil meine Freunde Italiener, Polen oder Iren waren, ging ich sonntags oft mit zur Messe. Ich dachte damals, das machen alle Kinder so. Ich hatte keine jüdische Erziehung. Tatsächlich habe ich zum ersten Mal bei der Beerdigung meines Großvaters Phillip 1986 eine Kippa getragen. Man hat ihn als Juden begraben, obwohl er Atheist war. Er hätte das gehasst.« (43)

Auch Billy wurde sich – wie einst sein Vater – eigentlich erst durch die Reaktionen seiner Schulkameraden darüber klar, was es heißt, Jude zu sein. Gern erzählt er Anekdoten wie diese: »Einmal drohte mir ein Junge: ›Joel, du hast Christus umgebracht! Die Juden haben Jesus ans Kreuz genagelt. Und dafür werde ich dir den Arsch versohlen.‹ Ein andermal sagte mir ein Mädchen aus meiner Klasse: ›Weißt du nicht, dass den Juden Hörner auf dem Kopf wachsen?‹ Ich bin dann gleich nach Hause gerannt und habe im Spiegel nachgeschaut, ob das wirklich stimmt.« (44)

Vielleicht wollte Rosalind Joel deshalb nicht auffallen und sich an ihre Umgebung anpassen. Nie ging sie mit ihren Kindern in die Synagoge, und die meisten von Billys Freunden waren ohnehin katholisch. Oft begleitete er sie zum Gottesdienst, war eine Zeit lang sogar Messdiener und läutete die Glocken. Später besuchten die Joels ziemlich regelmäßig eine evangelische Kirche, und eines Tages wurden die Kinder dort sogar getauft. Billy war damals elf. Allerdings dauerte die christliche Episode nicht lange. Einmal hielt der evangelische Pfarrer bei der Predigt einen Dollarschein in die Höhe mit den Worten: »Das ist die Flagge der Juden.« Von diesem Tag an gingen die Joels nicht mehr in die Kirche.

»Inzwischen habe ich eine ziemlich zynische Meinung von Religionen«, sagt Billy Joel heute. »Aber ich halte mich an die goldene Regel: Was du nicht willst, das man dir tu, das füg auch keinem anderen zu! Das ist für mich die Grundlage aller Religionen, der Rest ist Hokuspokus. Aber ich mache mich nicht über Andersdenkende lustig: Glauben kann eine gute Sache sein. Doch fehlgeleiteter, korrumpierter Glaube ist eine schlimme Angelegenheit.«

Obwohl ihm der Vater sehr fehlte, hatte die Tatsache, in einem Frauenhaushalt aufzuwachsen, auch ihr Gutes für Billy, der schon frühzeitig den Mann im Haus spielen musste. Er habe, sagt er rückblickend, nie Angst vor einem autoritären Vater haben müssen wie viele seiner Kumpel, die des Öfteren verprügelt wurden, wenn sie etwas ausgefressen hatten. Und dann gab es als Respektsperson ja immer noch den Großvater Phillip Nyman, dem man nur mit Bildung und Wissen imponieren konnte.

Der Kontakt mit Carl und Meta Joel war nie so eng und brach nach der Trennung von Billys Eltern sehr schnell ab. Laut Billy Joel hatte das auch damit zu tun, dass sich seine deutschen Großeltern für etwas Besseres hielten, die auf die unkonventionellen Nymans mit ihren osteuropäischen Wurzeln herabsahen. Die Familie blieb jedenfalls in zwei feindliche Lager gespalten, die sich gegenseitig die Schuld an dem Ehedebakel vorwarfen. Billy hat seine deutschen Großeltern nie wieder gesehen.

Inzwischen war Billys Musikleidenschaft nicht mehr zu überhören – und zu übersehen. In der vierten Klasse hatte er ein musikalisches Schlüsselerlebnis – den ersten Auftritt als Rocksänger. Genauer gesagt imitierte er Elvis Presley, der damals die weltweite Rockrevolution der Jugend vorantrieb und die Hitparaden mit Songs wie »Heartbreak Hotel«, »Jailhouse Rock« oder »Love Me Tender« beherrschte. Billy sang aus vollem Herzen »Hound Dog« und wackelte zur Begeisterung der Mädchen dazu so anzüglich mit den Hüften, dass es dem Lehrer zu viel wurde. Aber Billy hatte zum ersten Mal die Macht des Rock 'n' Roll verspürt. »So hat alles angefangen. Als ich in der vierten Klasse vom Podium gezogen wurde, weil ich wie Elvis sang, war das so, als ob ich das System besiegt hätte. Ich hatte etwas mitbekommen, bevor man mich stoppen konnte.« (45)

Schon früh wurde dem begabten Klavierschüler klar, dass eine klassische Musikkarriere für ihn nicht infrage kam. Vor allem die stundenlangen Fingerübungen gingen ihm auf die Nerven.

»Konzertpianist zu werden war für mich niemals eine verlockende Vorstellung. Ich wollte nie ein Wladimir Horowitz sein. Es hat mir nie wahnsinnig viel Spaß gemacht, die Klassiker zu spielen, obwohl ich froh bin, dass ich es getan habe.« (46)

Billy interessierte sich zunehmend für Popmusik, aber auch für Rhythm & Blues und Jazz. Sein erstes Livekonzerterlebnis bescherte ihm der schwarze Soulsänger James Brown. Das Konzert in Harlem beeindruckte den 13-Jährigen und seine beiden Begleiter aus Hicksville auch deswegen, weil sie fast die einzigen weißen Besucher im Apollo Theatre waren. Die ungestüme Art und Weise, wie sich James Brown auf der Bühne bewegte, faszinierte Billy. »Bis dahin hatte mich Popmusik nicht wirklich berührt, aber danach schafften das James Brown, Sam and Dave, Wilson Pickett, Otis Redding und die Platten von Phil Spector. Das war die erste Musik, die ich wirklich fühlte.« (47)

Sein musikalisches Weltbild wurde 1964 ausgerechnet durch die Ed-Sullivan-Show revolutioniert. Der beliebte TV-Moderator präsentierte die Beatles erstmals am 9. Februar 1964 landesweit im amerikanischen Fernsehen, bei einer Einschaltquote von 45 Prozent sahen über 73 Millionen Menschen zu. Die Fab Four aus dem englischen Liverpool waren auf ihrem weltweiten Siegeszug gerade dabei, die USA zu erobern. Ihr Hit »I Want to Hold Your Hand« war erst im Januar veröffentlicht worden und die schnellstverkaufte Single der Musikgeschichte. Die Beatlemania schwappte zum Erstaunen der älteren Generation auch über den großen Teich. Es waren erst 77 Tage seit der Ermordung des US-Präsidenten John F. Kennedy vergangen, welche die Nation in eine Art kollektive Depression gestürzt hatte, als der Pan-Am-Flug 101 in New York landete und die Beatles auf ihrer Pressekonferenz ihre merkwürdigen Witze rissen. John, Paul, George und Ringo verkörperten jugendliche Energie und Frische und verbreiteten mit ihrem Yeah-Yeah-Yeah-Hedonismus gute Laune. Und Amerika schien nur auf die Beatles gewartet zu haben.

»Als Kennedy erschossen wurde, fühlte die ganze Babyboom-Generation, dass man uns etwas genommen hatte – eine gewisse Hoffnung und Idealismus«, sagt Billy Joel im Rückblick.

»Gleichgültig, ob Kennedy ein guter oder ein schlechter Präsident war, er repräsentierte das Neue, Jugend und Fortschritt. Als Lyndon B. Johnson Präsident wurde, kehrte der alte politische Trott zurück. Wir Kinder des Kalten Kriegs fühlten uns nach Kennedys Tod irgendwie verloren. Und dann kamen die Beatles und sie verkörperten Jugend und Originalität. Wir waren alle verrückt nach den Beatles und wurden Popmusikfans. Das war der Beginn einer goldenen Ära der populären Musik.«

Nicht nur Billy war von den vier Pilzköpfen wie elektrisiert: Sie sahen so erfrischend anders aus als die alten Stars aus New York, Nashville und Hollywood, benahmen sich respektlos, redeten witzig daher und machten auch noch unverschämt mitreißende Musik. Diese Typen waren jung und nahmen nichts ernst, nicht einmal sich selbst. Das gefiel dem pubertierenden Jungen aus Hicksville ganz besonders.

Er machte gerade seine rebellische Phase durch und suchte in einer Clique Gleichaltriger, mit denen er auf der Straße und in den Grünanlagen herumhing, Schutz und Bestätigung. Mit der Parkway Green Gang trank er billigen Rotwein oder versuchte, Mädels aufzureißen. »Wir trugen schwarze Lederjacken, purpurrote T-Shirts, knallenge schwarze Jeans, schwarze Socken und Astro-Stiefel mit dem doofen kleinen Raketen-Logo auf der Seite. Wenn man cool war, und wir dachten alle, dass wir es waren, hat man die Raketen abgemacht.« (48)

Es war nicht leicht für einen halbstarken Rebellen in der kleinkarierten Retortenstadt, wo ein Haus aussah wie das andere, eine eigene Persönlichkeit zu entwickeln. Doch auch bei diesem Problem kann Musik hilfreich sein. Überdies sind Musiker meistens auch für das andere Geschlecht besonders attraktiv. Die Beatles lieferten zahllosen Jugendlichen in aller Welt ein revolutionäres Rollenmodell: Do it yourself und erfinde dich neu! Auch wenn man nicht so gut aussah wie Elvis Presley oder so anspruchsvoll dichtete wie Bob Dylan, konnte man mit Freunden eine Band gründen und eigene Songs spielen.

Billy Joel zögerte jedenfalls nicht lange, als er von seinem Schulkameraden Jim Bosse gefragt wurde, ob er nicht als Pianist bei dessen Band einsteigen wolle. »The Echoes« spielten bei kleineren Veranstaltungen in der Umgebung die aktuelle Hitparade rauf und runter. Der Einstieg bei der Schülerband veränderte Billys Leben dramatisch: Auf einmal hatte er Taschengeld, eine Perspektive und dazu noch das gewisse Etwas. »Ich habe diese ganzen tollen Oldies gespielt: ›Wooly Bully‹, ›Wipe Out‹ – und ich bekam sogar Geld dafür! Es waren zwar bloß fünf Dollar oder so, aber ich dachte: ›Mann, dafür wirst du auch noch bezahlt?‹ So kam's. Danach hatte ich wirklich keine Wahl mehr.« (49)

Im selben Jahr bekam Billy durch Zufall auch seinen ersten Job als Studiomusiker: Der Produzent Shadow Morton arbeitete zu dieser Zeit mit der Frauen-Popgruppe »The Shangri-Las«. In den Dynamic Studios auf Long Island fanden die Aufnahmen für die späteren Hits »Remember (Walking in the Sand)« und »Leader of the Pack« statt. Billy Joel spielte die Piano-Tracks zu diesen Songs. Allerdings ist unklar, ob auf den Schallplatten der Shangri-Las tatsächlich seine Aufnahmen zu hören sind. Ein entscheidendes Erfolgserlebnis war diese Studioaufnahme auf jeden Fall für den blutjungen Musiker, der jetzt endgültig Blut geleckt hatte. »Seit der Zeit, als ich 14 war, ein professioneller Musiker wurde und mit Musik mein Geld verdiente, wusste ich, dass ich kein gewöhnliches Lebens führen würde.« (50)

Neben der Musik hatte der schüchterne und schmächtige Junge ein neues Hobby entdeckt: Boxen. Es half ihm, seine Männlichkeit zu beweisen, diente aber notfalls auch als Mittel zur Selbstverteidigung. Jedenfalls war das ein Hobby, das auch seine Kumpel beeindruckte. Klavierspielen dagegen galt als Mädchenkram.

Billy lernte in einer Sportschule im Einkaufszentrum von Levittown boxen. Im Alter von 16 bis 19 tobte er sich im Boxring aus und eine Zeit lang spielte er gar mit dem Gedanken, Profiboxer zu werden. Er bestritt 26 offizielle Kämpfe, 22 davon nach eigener Aussage siegreich. Einmal kassierte er allerdings einen so unglücklichen Treffer, dass seine Nase gebrochen und verunstaltet wurde. »Ich verlor meinen ersten Kampf und ich verlor meinen letzten Kampf. Der letzte brachte mich endgültig dazu, aufzuhören. Die Arme meines Gegners waren so lang wie mein ganzer

Körper. Ich tanzte um diesen Typen herum wie eine aufgeregte Fliege. Ich konnte ihm nichts anhaben. Und ich dachte: ›Wenn dieser Bursche nicht einsieht, dass ich ein besserer Boxer bin als er, kann ich ihn nicht besiegen.‹ Er versetzte mir einen linken Haken. Bums! Ich ging zu Boden. Danach konnte ich mich zwar wieder aufrappeln, aber ich beschloss: Zur Hölle damit, wer braucht schon so was?« (51) Das Herz und die Nase eines Boxers hat Billy aber behalten.

Als Teenager spielte er in Rockbands, schaute sich aber auch am Broadway Musicals wie »My Fair Lady« oder »West Side Story« an. Die erste Langspielplatte, die er sich kaufte, war das legendäre Album »Time Out« des Pianisten Dave Brubeck, das die rhythmisch vertrackte, aber unglaublich erfolgreiche Nummer »Take Five« enthielt. Billy lernte den bewunderten Jazzstar, der selbst eine klassische Klavierausbildung genossen hatte, später persönlich kennen. Brubeck hatte ähnlich wie Helmut Joel als amerikanischer Soldat im Zweiten Weltkrieg gekämpft. Bei Kriegsende marschierte er mit der US-Army in Nürnberg ein und blieb bis Ende 1945 in der zerstörten Stadt, wo er mit seiner Militärkapelle Swing-Jazz für die GIs spielte.

Was die Swingmusik eines Glenn Miller oder Stan Kenton für die Vätergeneration gewesen war, bedeutete für die Nachkriegsgeneration der Rock 'n' Roll: So klang der Sound der Freiheit. Statt gegen politische Unterdrückung richtete er sich jetzt gegen gesellschaftliche Zwänge. Und Rock 'n' Roll war auch ein prima Ventil für frustrierte Teenager. »Ich war 16, total hormongesteuert, sehr wütend und musste meine aufgestauten Aggressionen irgendwie loswerden: Wut über die Situation meiner Mutter, Hass auf die Schule, sexuelle Frustration«, erinnert sich Billy. (52)

Mittlerweile hatten sich »The Echoes« umbenannt, weil es schon eine Band gleichen Namens gab. Sie hießen dann »The Lost Souls«. Die 2005 veröffentlichte CD-Box »My Lives« enthält ein paar frühe Aufnahmen von Billy Joel aus dieser Zeit.

Er hatte sich inzwischen zum Frontman durchgeboxt: Er spielte jetzt Orgel, trat als Sänger auf und schrieb auch schon eigene Songs. Sie ergänzten das Bandrepertoire, das bis dahin vor allem aus den angesagten Hits der sogenannten British Invasion bestanden hatte – Beatles, Rolling Stones, Kinks, Dave Clark Five, Zombies. Zu dieser Zeit gab es zahllose Garagenbands, die vom großen Durchbruch träumten, und Long Island war ein Zentrum dieser jungen Musikszene. Billy Joel trat mit den »Echoes« beziehungsweise »Lost Souls«, die bald schon den Ruf von *local heroes* genossen, überall auf, wo eine Steckdose zu finden war. Sie spielten auf Schulfesten und auf Privatpartys, in Kirchen und Kneipen. Und sie spielten so oft, dass das nicht ohne Folgen blieb. Die nächtlichen Proben und Auftritte führten dazu, dass Billy morgens nicht aus dem Bett kam und immer öfter die Schule schwänzte. Die Musik war längst sein größter Lebensinhalt geworden.

Mark Bego hat in seiner Joel-Biografie eine aufschlussreiche Schularbeit vom 11. Januar 1966 dokumentiert, die eine ganze Menge über den damals knapp 17-Jährigen verrät. (53) Die Aufgabe bestand für Billy darin, auf dem Fragebogen Sätze zu vervollständigen und kurze Assoziationen zu bestimmten Begriffen aufzuschreiben. Die Antworten sind witzig, geistreich und humorvoll:

1. ICH MAG: gute Musik, New York City, hübsche Mädchen, chinesisches Essen
2. DIE GLÜCKLICHSTE ZEIT: die Schallplattenaufnahme in den Mercury Studios
3. ICH HASSE: lautstarke Leute, verlogene Leute, voreingenommene Leute
4. WAS MICH ÄRGERT: Unordnung, kaltes Wetter, früh aufstehen
5. ICH FÜHLE MICH AM BESTEN WENN: ich gut geschlafen und gegessen habe
6. MANCHMAL: wünsche ich mir, dass ich älter wäre
7. ALS ICH JÜNGER WAR: war ich ein Musterschüler
8. DER BESTE: Swinger der Popmusik war Nat King Cole
9. ICH BIN SEHR: bedacht darauf, was die Leute von mir denken
10. ICH LEIDE: an der Unfähigkeit, Dinge ernst zu nehmen

1. ICH MÖCHTE WISSEN: warum man Neger verfolgt
2. ZU HAUSE: lese ich viel und höre Schallplatten
3. VOR DEM EINSCHLAFEN: lese und esse ich etwas
4. EINE MUTTER: ist unerlässlich
5. ICH KANN NICHT: sein, was ich nicht bin
6. ICH BRAUCHE: eine gute Portion Vertrauen
7. EINEN BRUDER: hatte ich nie
8. WENN ICH ALLEIN BIN: lese oder esse ich
9. MEIN VATER: verließ uns, als ich jünger war
10. WENN ICH GROSS BIN: möchte ich erfolgreich sein

1. ICH BEDAUERE: dass ich mich mit den falschen Leuten eingelassen habe
2. DAS EINZIGE PROBLEM IST: was geschehen ist, ist geschehen
3. DIE LEUTE: machen dich groß oder fertig
4. ICH FÜHLE MICH: unbequem auf diesem Stuhl
5. AM MEISTEN HABE ICH ANGST DAVOR: das Leben eines anderen zu ruinieren
6. ANDERE KINDER: haben ihr eigenes Leben
7. MEINE NERVEN: sind ziemlich gut
8. ICH WÜNSCHTE: ich hätte eine Million Dollar
9. HEIMLICH: wünsche ich mir etwas zu tun, was noch niemand getan hat
10. MEINE GRÖSSTE SORGE: ist, was meine Familie von mir denkt

1. JUNGS: sind heutzutage in einer traurigen körperlichen Verfassung
2. ICH KANN NICHT: eine lautstarke Person aushalten
3. IN DEN NIEDRIGEREN KLASSEN: war ich ein besonders guter Schüler
4. SPORT: ich liebe boxen und schwimmen
5. ICH LEIDE: wenn meine Familie böse auf mich ist
6. ICH HABE ES NICHT GESCHAFFT: ins Finale des Golden Glove zu kommen (wegen meines Handgelenks)

7. LESEN: ist eine meiner Lieblingsbeschäftigungen
8. MEIN GEHIRN: wird langsam müde
9. IN DER SCHULE: versuche ich dem Lehrplan zu folgen
10. TANZEN: ist heutzutage für die Katz
11. DIE MEISTEN MÄDCHEN: lassen sich nur ungern verführen

Billy Joel schaffte es zwar meistens, die Testaufgaben und Prüfungen mitzuschreiben, ansonsten fehlte er oft im Unterricht. Nur seiner Mutter zuliebe hielt er bis zur letzten Klasse durch. Die aber machte sich um ihren Sohn zunehmend Sorgen, wie ein Brief an den Schulpsychologen vom 15. Juni 1966 verrät. Darin spricht sie von ihrem Kummer über die nachlassenden Leistungen und die häufige Schwänzerei ihres Sohnes. Sie erwähnt aber auch stolz sein musikalisches Talent: »Wussten Sie, dass Billy eine außerordentliche Begabung für klassische Musik hat? Das ist nicht nur meine Meinung. Morton Estrin, ein ehemaliger Konzertpianist aus Long Island, sah in Billy (er war sein Schüler) im Alter von sechs (6) ein ungewöhnliches Talent, nicht nur beim Spielen, sondern auch beim Komponieren. Er bat mich, mit den Klavierstunden weiterzumachen. Wegen der Trennung von meinem Mann konnte ich sie nicht weiter zahlen. (Er war teuer – aber sein Geld wert –, aber damals waren wir froh, wenn wir genug zu essen hatten.) Seit jener Zeit hatte er verschiedene Lehrer. Sein vorletzter (Paul Rudoff) empfahl mir eine Studentin, die Kontakte zu Duke Ellington hatte (die Studentin war eine talentierte Juillard-School-Absolventin). Billy war sauer, dass er Unterricht bei 1) einer Frau nehmen sollte. 2) Ich musste ihn nach Queens fahren (Bäh! So lange neben der Mutter im Auto sitzen!) 3) Er weigerte sich, zu üben ... Sincerely yours, Rosalind Joel«

Billy musste die Hicksville High School schließlich ohne Zeugnis verlassen: Im April 1967 wurde ihm mitgeteilt, dass er wegen seiner häufigen Fehlzeiten nicht zu den Abschlussprüfungen zugelassen werden könne. Seiner entsetzten Mutter sagte der Schulversager, sie solle sich keine Sorgen machen: »Vielleicht schaffe ich es nicht auf die Columbia-Universität, aber ich werde zu Columbia Records gehen, da verlangen sie kein Diplom.« (54)

Für den 18-Jährigen stand jetzt auch die Einberufung zur Debatte, viele seiner Kumpel wurden zur US-Army eingezogen und mussten im Vietnamkrieg kämpfen. Der sinnlose Krieg in Fernost, dessen traumatische Folgen bis heute zu spüren sind, führte zu erbitterten Debatten und Demonstrationen in den USA. Die jugendliche Protestbewegung, die von Künstlern, Musikern und Schriftstellern weltweit unterstützt wurde, erreichte einen Höhepunkt.

Billy Joel war kein Kriegsdienstverweigerer aus politischen Gründen. Doch die Aussicht auf einen Tod in einem asiatischen Reisfeld schien ihm nicht besonders verlockend. Und: »Ich hatte nichts gegen Vietnamesen.« Zunächst gelang es ihm mit dem Argument, er sei als Musiker der Haupternährer seiner Familie, sich vor dem Wehrdienst zu drücken. Als die Armee später ein Losverfahren für die Einberufung einführte, hatte Billy einfach Glück: Seine Nummer wurde nicht gezogen. Besonders stolz war er darauf nicht.

1967 ließ sich Helmut Joel in Deutschland offiziell von Rosalind scheiden. Billy war jetzt volljährig und wollte auf eigenen Füßen stehen.

Start mit Hindernissen

1967, als die Beatles ihr revolutionäres Album »Sgt. Pepper's Lonely Hearts Club Band« herausbrachten, suchten »The Hassles« einen neuen Keyboardspieler. Sie hatten von Billy Joel gehört, der damals noch bei »The Lost Souls« spielte. Nach einigem Hin und Her stieg der Pianist bei den Hassles ein, nachdem ihm der Schlagzeuger Jon Small eine teure B3-Hammond-Orgel angeboten hatte. Wie zahllose andere Teenager, die damals in Garagen und Kellern die Rockrevolution probten, träumten auch die Hassles von Geld und Starruhm. Immerhin stammten erfolgreiche Bands wie »Vanilla Fudge«, »The Lovin' Spoonful« oder »The Yound Rascals« aus Long Island. Billy Joel hatte nur Mädchen und Musik im Kopf. »Ich bin hauptsächlich wegen meiner körperlichen Mängel Musiker geworden. Ich war nicht groß, ich sah nicht wie Cary Grant aus. Irgendwie musste ich das ausgleichen.« (55) Talent und Stimme besaß der junge Mann aus der Vorstadt zweifellos, doch Stars sahen gewöhnlich anders aus, wie er sich zu seinem Leidwesen eingestehen musste. Überdies war ein Klavier nicht unbedingt das ideale Instrument für Rock 'n' Roll. Echte Rockhelden mussten E-Gitarre spielen. Doch Billy Joel hatte schon damals das Zeug zum Entertainer; sein Publikum war besonders von seinen hinreißenden Parodien von Stars wie Ray Charles oder Joe Cocker begeistert.

Der Manager der Band war Irwin Mazur, der auf Long Island den angesagten Rockclub *My House* betrieb, wo die Hassles als Hauskapelle am laufenden Band auftraten. Mazur hatte Kontakt mit dem ebenso umtriebigen wie zwielichtigen Geschäftsmann Morris Levy, der neben einem Schallplattenladen auch ein eigenes Label, Roulette Records, besaß. Auf diese Weise kamen die Hassles zu einem

Plattenvertrag mit United Artists, die mit Roulette Records kooperierten. Noch im Jahr 1967 erschien ihr unbetiteltes Debütalbum mit Rhythm-&-Blues-Coverversionen, zwei Jahre später folgte »Hour of the Wolf« mit Eigenkompositionen von Billy Joel, der auch als Sänger in Erscheinung trat. Doch der große Durchbruch blieb leider aus, obwohl sich die Hassles fast schon wie Rockstars fühlten oder zumindest so aufführten.

Der größte Erfolg der Band war 1969 ein Auftritt im New Yorker Central Park als Vorprogramm des blinden Sängers José Feliciano. Kurz nach diesem Konzert waren die Hassles, deren Mitglieder sich im Lauf der Zeit nicht mehr riechen konnten, am Ende. Ein ganz normales Bandschicksal. Jon Small und Billy Joel, die mittlerweile dicke Freunde geworden waren, stiegen aus und versuchten ihr eigenes Ding mit einem Kontrastprogramm: »Attila« nannte sich das Heavy-Metal-Duo mit der seltsamen Besetzung Schlagzeug und Keyboards. Die beiden tobten sich im Übungskeller im Haus von Jon Smalls Eltern aus und machten mit ihren Riesenverstärkern einen Höllenlärm, der irgendetwas mit Led Zeppelin zu tun haben sollte. Aus heutiger Sicht war Attila weniger ein Experiment als eine Geschmacksverirrung.

Im Sommer 1969 gelang den Amerikanern die erste Mondlandung und das Zeitalter der Hippies erreichte beim legendären Woodstock-Festivals einen Höhepunkt. Im Kino suchten die »Easy Rider« Peter Fonda und Denis Hopper nach Amerika und seinen verlorenen Idealen. Eine Zeit, in der alles möglich schien und alle möglichen Utopien als attraktive Alternativen zur existierenden Spießergesellschaft in greifbare Nähe rückten. »Love & Peace« hieß die romantische Devise der jungen Weltverbesserer.

Billy Joel, der sich die Haare und einen Schnurrbart wachsen ließ, konnte mit Flower-Power und Drogen-Philosophie nur wenig anfangen. Als Musikfan fuhr er zwar im August 1969 nach Woodstock, zum restlos überfüllten Wallfahrtsort der Jugend, verließ das Festival aber bereits nach einem verregneten Tag, weil er keine Lust hatte, neben 500 000 Gleichgesinnten im Schlamm zu sitzen und zu schlafen. Deshalb verpasste er auch den berühmten Auftritt des schwarzen Gitarristen Jimi Hendrix, der als Zeichen des Protests gegen den Vietnamkrieg die amerikanische Nationalhymne musikalisch verhackstückte. Was Billy im Nachhinein sehr bedauerte. »Ich bin ein Jimi-Hendrix-Freak. Für mich war er ein Genie. Und ich bin mit dem Wort ›Genie‹ sehr vorsichtig. Meiner Meinung nach gibt es nur ein paar: Jimi Hendrix war ein Genie wie Mozart, George Gershwin, Aaron Copland, Bach.« (56)

Dank Irwin Mazurs Kontakte konnte Attila 1970 sogar ein kaum beachtetes Album bei Epic Records veröffentlichen, doch nach wenig mehr als 20 Auftritten war die Luft raus aus dem musikalischen Hunnen-Projekt. Ernsthaft bedauert hat das wohl nie jemand.

Billy Joel aber stand vor dem Nichts und schlitterte in eine tiefe persönliche Krise, bei der vieles zusammenkam: Liebeskummer, Geldsorgen, Selbstmitleid, Perspektivlosigkeit und Frustration. Der Traum vom schnellen Rockruhm schien nach dem Scheitern der »Hassles« und von »Attila« weiter entfernt denn je. Um sich über Wasser zu halten, musste Joel in jenen Jahren immer wieder Gelegenheitsjobs (unter anderem als Austernfischer, Gärtner und als Arbeiter in einer Fabrik für Schreibmaschinenbänder) annehmen. Kurzzeitig versuchte er sich auch als Musikkritiker für ein paar lokale Zeitschriften, fand aber keinen Gefallen daran, andere Künstler und Bands zu beurteilen oder gar zu verreißen. Wenn er kein eigenes Dach über dem Kopf hatte, ging er zum Schlafen nachts manchmal in leerstehende Häuser oder in irgendwelche Waschsalons.

Der tief deprimierte 21-Jährige kam sich wie ein völliger Versager vor und sah keinen Ausweg mehr. Selbstmordgedanken quälten ihn so sehr, dass er zwei Mal hintereinander seinem Leben ein Ende setzen wollte. Zum Glück klappten beide Versuche – einmal mit Schlaftabletten, einmal mit Möbelpolitur – nicht. Es handelte sich wohl auch eher um einen dramatischen Hilferuf. Hinterher witzelte Joel: »Ich war 21 und hatte keine Aussichten: kein Highschooldiplom, meine Band war am Ende, das Mädchen, mit dem ich zusammen war, hatte mich verlassen. Ich steckte in einer Periode voller Selbstmitleid. Ich dachte: ›Das ist der leichte Ausweg.‹ In der Toilette fand ich Chlorreiniger mit Totenkopf und Knochenkreuz als Warnung. Außerdem gab es da Möbelpolitur mit einem kleineren Totenkopf und Knochenkreuz. Es war also nur eine Frage des Geschmacks. Ich trank die Möbelpolitur. Und ich werde nie vergessen, wie ich auf einem Stuhl saß und darauf wartete zu sterben. Doch auf einmal begann mein Magen, dieses Zeug zu verarbeiten. Am Ende musste ich Möbelpolitur furzen.« (57)

Billy Joels Selbsterhaltungstrieb siegte, er sah ein, dass es so nicht weiterging und er professionelle Hilfe brauchte. Freiwillig ließ er sich für drei Wochen in das Meadowbrook Hospital einweisen, eine psychiatrische Klinik auf Long Island. »Es war ein richtiger Schock, auf einer geschlossenen Station zu sein mit Fenstern ohne Griffe und elektrischen Schiebetüren. Man bekam einen Kittel – keine Kleider, keine Schnürsenkel, keinen Gürtel. Man durfte keine Streichhölzer und kein Rasiermesser haben. Man konnte nicht raus. Man saß fest wie in einer Schlangengrube. Ich ging zum Schwesternzimmer, klopfte an die Fensterscheibe wie in *Einer flog übers Kuckucksnest* und sagte: ›Hey, schaut, mir geht's gut. Diese Leute sind verrückt, aber mir geht's wirklich gut. Lasst mich hier raus!‹ Sie sagten: ›Ja, klar, Mister Joel. Hier ist ihr Thorazine ...‹« (58)

Die Klinikerfahrung wirkte wie eine Art Schocktherapie auf den sensiblen Musiker und stärkte seinen Lebenswillen. Zu Selbstmitleid bestand kein Anlass mehr, seitdem er mit eigenen Augen das Leid psychiatrischer Patienten gesehen hatte. Die traumatische Zeit zwischen Adoleszenz und Erwachsensein, eine Zeit voller Selbstzweifel und Rückschläge, entpuppte sich in Wahrheit als ein schmerzhafter Reifeprozess für den jungen Künstler. Rückblickend erkennt er: »1970 machte ich eine unglaubliche geistige Wandlung durch. Nach sieben Jahren, in denen ich versucht hatte, ein Rockstar zu werden, beschloss ich das zu tun, was ich schon immer wollte: über meine eigenen Erfahrungen schreiben und kommerzielle Überlegungen außer Acht lassen. Meine Freunde ermutigten mich dazu, es als Solokünstler zu versuchen.« (59)

In dieser schwierigen Phase zog Billy Joel zu seinem Freund Jon Small. Der wohnte mit seiner Frau Elizabeth Weber und ihrem gemeinsamen Sohn Sean in Long Island in einem Haus, das im Stil früher amerikanischer Farmhäuser aus großen Steinquadern gebaut war. Jon und Elizabeth führten ein offenes Haus, wie es damals gang und gäbe war, ständig war ein Kommen und Gehen im »Rock House«, wie es in der Szene genannt wurde. Natürlich waren unter den Gästen viele Musiker, die sich dort zu spontanen Sessions trafen. Billy Joel fühlte sich wohl in diesem kreativen Chaos. Zu allem Überfluss gab es im Haus auch ein Klavier, das er benutzen konnte.

Doch die Künstleridylle im Zeichen von Love & Peace hielt nicht allzu lange. Denn obwohl sie sich anfangs dagegen wehrten, hatten sich Billy Joel und Elizabeth Weber heftig ineinander verliebt. Eine fatale Situation, die Jon Small, der selbst als Frauenheld galt, mit erstaunlicher Fassung ertrug, während Billy Joel in einem unlösbaren Dilemma und Gewissensproblem steckte. Immerhin liebte er die Frau seines besten Freundes und war dabei, dessen Ehe zu ruinieren.

Elizabeth Weber, zwei Jahre älter als Billy, wird als musikbegeisterte, ehrgeizige und tatkräftige Frau beschrieben, die sich nicht nur um den Haushalt kümmerte, sondern sich auch am College fortbildete. Sie glaubte an Billys Erfolg und unterstützte ihn, wo sie nur konnte.

Auf einmal ging es auch beruflich wieder voran für den Musiker, der zwar seine persönliche Krise hinter sich gelassen hatte, aber in Geldnöten steckte und in eine leidenschaftliche Affäre verstrickt war. Billy Joel sah seine Zukunft eine Zeit lang als Songschreiber für bekannte Kollegen. Doch sein Manager Irwin Mazur überredete ihn dazu, es dem Gebot der Stunde folgend als Singer/Songwriter zu versuchen. Bob Dylan hatte es vorgemacht und eine Lawine losgetreten: Rockpoeten galten als die modernen Dichter, die in der Sprache der Jugend schrieben und sangen. 1970 trennten sich die Beatles endgültig, die mit ihrem originellen Sound eine ganze Generation geprägt hatten, und machten als Solokünstler weiter. Eine Ära war zu Ende. In der Szene erschienen neue Bands und Einzelgänger wie Joni Mitchell, Randy Newman, Jackson Browne, James Taylor, Simon & Garfunkel, Leonhard Cohen oder Neil Young – die Dichter der Rockgeneration. Erste Erfolge hatte damals auch ein kleiner exzentrischer Engländer, der

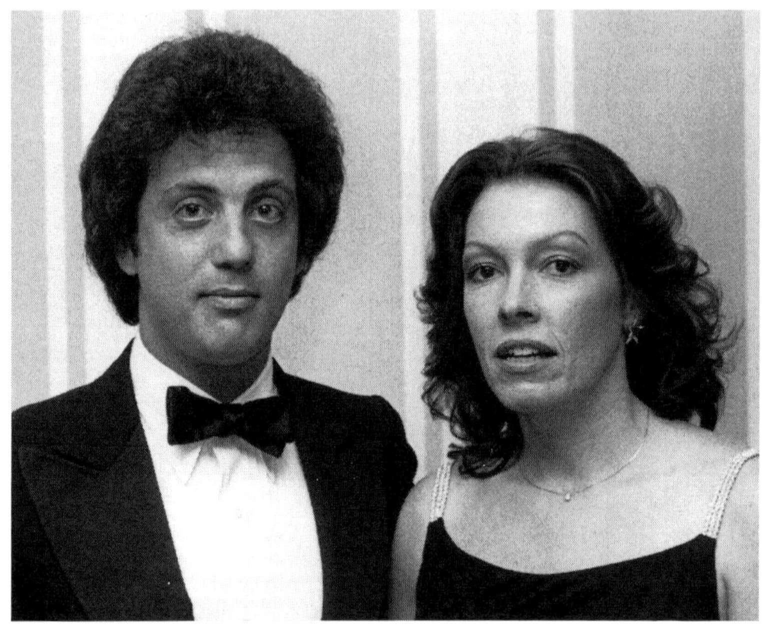

Billy Joel und seine erste Frau Elizabeth Weber

sich Elton John nannte, ebenfalls Klavier spielte und im Rocklexikon zufällig direkt neben Billy Joel steht.

Irwin Mazur gelang es, einen Plattenvertrag mit Paramount Records an Land zu ziehen. Billy Joel, froh, endlich wieder eine Chance zu haben, überlegte nicht lange und unterschrieb einen verhängnisvollen Vertrag mit Artie Ripp. Völlig naiv und in geschäftlichen Dingen unerfahren geriet er in eine Falle, aus der er sich jahrelang nicht befreien konnte. Denn laut Vertrag musste er seine Urheberrechte zum großen Teil an Artie Ripp abtreten, der an jeder verkauften Joel-Platte kräftig mitverdiente.

Im Rückblick erkennt Billy Joel: »Ich war erst Anfang 20, und es ist so leicht, Musiker übers Ohr zu hauen. Ich habe überhaupt nicht gewusst, was da abläuft ... Ich hatte keine Ahnung von Veröffentlichungen und Geldern, die mir zustanden.« (60)

Die Zahl junger Rockmusiker, die damals Knebelverträge unterschrieben und damit ihr Unglück besiegelten, ist immens. Doch zunächst war Billy glücklich, dass er überhaupt einen Plattenvertrag bekommen und damit einen neuen Status hatte: »Sobald du einen Plattenvertrag unterschrieben hast, bist du ein ›Künstler‹. Der Plattenvertrag enthält die Klausel: ›Billy Joel, hier bezeichnet als der Künstler‹. Also wirst du durch deine Unterschrift automatisch zum Künstler.« (61)

Es änderte sich dadurch aber noch so einiges im Leben des 22-Jährigen: Im Frühsommer 1971 fuhr er mit Elizabeth und deren Sohn Sean an die amerikanische Westküste nach Los Angeles, wo die Studioaufnahmen für sein erstes Soloalbum stattfanden, in das er seine ganze Hoffnung setzte. Er schrieb alle Songs selbst und spielte sie am Piano live im Studio ein. Sogar den ironischen Pressetext für die Langspielplatte »Cold Spring Harbor« – benannt nach einer kleinen Ortschaft auf Long Island – verfasste der ambitionierte Singer/Songwriter selbst (62):

Lieber Wer-auch-immer,
nachdem ich die Biografie gelesen habe, welche die Plattenfirma über mich verfasst hat, habe ich mich dazu entschlossen, selbst eine zu schreiben, damit du nicht mit einem Haufen falscher Superlative und dummem Insidergequatsche konfrontiert wirst ... Ich habe ein Album mit unglaublichen Leuten aufgenommen: Larry Knechtel, Rhys Clark, Denny Siewell, Sneaky Pete. Ich habe es ›Cold Spring Harbor‹ genannt, weil – du wirst es schon selbst merken ...
Zurzeit lebe ich in einem wunderschönen kleinen Ort namens Oyster Bay an der Nordküste von Long Island. Fischen gehört dort zu den Hauptbeschäftigungen. Und Trinken in ungesunden Mengen. Aber so stelle ich mir ein gutes Leben vor.
Die Plattenfirma stellte mir ein Klavier zur Verfügung, und ich habe viele neue Sachen geschrieben. Wie du weißt, möchten sie mich gerne als dynamische, energiegeladene Persönlichkeit vorstellen. Also auf der Bühne bekomme ich das zwar einigermaßen hin, aber ansonsten bin ich so prickelnd wie warmes Bier.
Ich hoffe, das Album gefällt dir. Aber selbst wenn es dich nicht begeistert, kannst du es immer noch als Frisbeescheibe verwenden.
Alles Liebe,
Billy Joel

Das Album fasste seine Erfahrungen als Heranwachsender im Niemandsland zwischen City und Countryside zusammen, es ging um eine kleine Welt und große Gefühle. Hier sang ein junger Poet von der Liebe und vom frustrierenden Leben im anonymen Speckgürtel amerikanischer Städte. Und er verwandelte seine persönlichen Probleme, Sehnsüchte und Zweifel in allgemeingültige Lieder. Auffallend ist schon damals Joels eklektizistischer Stil, der viele musikalische Einflüsse und Vorbilder verrät. Ein Stil, den er im Lauf der Zeit immer mehr perfektioniert und zum Markenzeichen entwickelt hat.

Der Song »Everybody Loves You Now« handelt – gewissermaßen als Selbstermahnung – vom vergänglichen Ruhm eines Rockstars und der Wankelmütigkeit des Publikums. Doch statt des großen Durchbruchs musste Billy Joel erneut eine herbe Enttäuschung erleben: Durch einen technischen Fehler war die Langspielplatte mit einer falschen Geschwindigkeit gemastert worden, das ergab einen ungewollten Micky-Maus-Effekt, und die Stimme des Sängers klang eine halbe Oktave zu hoch.

Als Billy Joel die Platte zum ersten Mal hörte, soll er sie in einem Wutanfall vom Plattenspieler gerissen und an die Wand geschmissen haben. Kein Wunder, denn in dieses Album hatte er all seine Hoffnungen und sein ganzes Können gesetzt. Und jetzt das! Er ahnte, dass die Reaktionen auf sein Debüt entsprechend negativ ausfallen würden. Und tatsächlich erwies sich »Cold Spring Harbor« als weiterer Flop. Das Album wurde selten im Radio gespielt, war kaum in Plattenläden zu finden und verkaufte sich entsprechend schlecht.

Irwin Mazur und Artie Ripp blieben trotz des Desasters vom musikalischen Potenzial ihres Schützlings überzeugt. Und die Plattenfirma schickte Billy Joel mit seiner Band auf Tour, damit er seine Qualitäten live auf der Bühne beweisen konnte. Die USA-Tournee dauerte sechs Monate, die Konzerte fanden in kleinen Clubs und in Colleges statt, teilweise im Vorprogramm von Bands wie Badfinger und den Doobie Brothers. Und Billy, der nun als Frontman im Scheinwerferlicht stand, nutzte seine Chance, spielte nur seine stärksten Songs und stahl den eigentlichen Headlinern oft genug die Schau.

Musikalisch entwickelten sich die Dinge also durchaus erfreulich, doch finanziell war die Tour ein Fiasko. Billy und die Band rackerten sich ab und wurden mit Taschengeld abgespeist, obwohl die Säle gut besucht waren. Wenn sich die Musiker beschwerten, hieß es, dies sei eine Promotiontour, mit der man kein Geld verdienen könne.

Immerhin geschahen auf dieser Tournee dann doch noch Zeichen und Wunder: Anfang 1972 hatte Billy Joel seinen bis dahin größten Auftritt vor 30 000 Zuhörern beim »Mar Y Sol Festival« in Puerto Rico. Die Veranstalter des Drei-Tage-Open-Airs hatten eine Art karibisches Woodstock im Sinn und ein bunt gemischtes Programm zusammengestellt. Auf den Plakaten standen die Namen so unterschiedlicher Künstler wie der Klassik-Rocker Emerson, Lake and Palmer, des Grusel-Rockers Alice Cooper sowie der Jazz-Größen Herbie Mann und Dave Brubeck, den Billy Joel seit langem bewunderte. In Puerto Rico lernten sich die beiden Pianisten persönlich kennen. Aber der junge Bewunderer war zu aufgeregt für ein normales Gespräch. In anderer Beziehung erwies sich das Festival für Joel als Glücksfall: Mit einer hinreißenden Joe-Cocker-Parodie gewann er die Aufmerksamkeit des Publikums und begeisterte es mit einem energiegeladenen Set. Auch der anwesende Musikkritiker der *New York Times* war von dem Auftritt überaus angetan und fand in seinem Festivalbericht lobende Worte für den Newcomer aus Long Island.

Wenig später wurde Billy Joel am 15. April 1972 zu einer Radio-Live-Show nach Philadelphia eingeladen. Er sang ein paar Stücke von »Cold Spring Harbor« und präsentierte dann seinen nagelneuen Song »Captain Jack« über die Ursachen und Folgen von Drogenmissbrauch. Ein überaus aktuelles Thema, das den Sänger persönlich berührte, waren doch einige Freunde und Bekannte Opfer von Drogen geworden. Die Live-Version von »Captain Jack« traf offensichtlich den Nerv der jugendlichen Radiohörer, die sich in dem Song wiedererkannten. Jedenfalls spielte die kleine Station WMMR das Lied wegen ständiger Nachfragen so häufig, dass man auch in New York davon Wind bekam.

Wiedersehen

In all diesen Jahren hatte Billy keinen Kontakt mit seinem Vater, der nach dem Scheitern seiner ersten Ehe nach Europa zurückgekehrt war. Ein Entwurzelter in vielerlei Hinsicht. Helmut Joel arbeitete immer noch in wechselnden Funktionen für den amerikanischen Riesenkonzern General Electric und führte ein unstetes Leben, weil er beruflich viel auf Reisen gehen musste. Erst baute er in verschiedenen Ländern Fernsehnetze mit auf, später arbeitete er im Vertrieb von Waschmaschinen, war aber auch mit der Konstruktion von Kraftwerken vor allem im kommunistischen Osteuropa beauftragt und verhandelte mit Regierungsvertretern. In Genf, wo er von 1964 bis 1966 lebte, kam er etwas zur Ruhe und verbrachte eine glückliche Zeit. Weitere berufliche Stationen waren Paris, Amsterdam, Bad Homburg, Wien, London und Divonne in der Nähe von Genf.

1966 lernte Helmut Joel bei einer Geschäftsreise nach New York eine junge Engländerin kennen und lieben, die dort als Sekretärin an der Wall Street arbeitete. Audrey Garrick, 1938 in Blackheath bei London geboren und in Surrey aufgewachsen, kann ihren Stammbaum bis zu dem berühmten Schauspieler und Bühnenautor David Garrick (1717–1779) zurückverfolgen. Auch sie fühlte sich in den USA nicht sonderlich wohl und ging mit Helmut Joel nach Europa zurück.

Sie heirateten Anfang 1968 in England und lebten zunächst in Frankreich. Den legendären Mai 1968 – in Nürnberg wurde gerade die »Akte Joel« endgültig geschlossen – erlebten sie in Paris, als die Studentenunruhen mit Massendemonstrationen und Straßenschlachten ihren Höhepunkt erreichten und die Stadt in einem Ausnahmezustand war. Ein wochenlanger Generalstreik lähmte in der Folge das ganze Land. In der Szene machte ein neuer Spruch die Runde: »Die Phantasie an die Macht.« Hintergrund der Unruhen war die seit langem schwelende Unzufriedenheit der jungen Leute mit den politischen Verhältnissen in Frankreich, doch die Jugendrebellion wurde auch durch aktuelle Einflüsse aus den USA genährt: Die Hippiebewegung revolutionierte Musik, Mode und sexuelle Gewohnheiten, der weltweite Protest gegen den Vietnamkrieg trug zur politischen Radikalisierung bei.

In einer Reportage schreibt der niederländische Schriftsteller Cees Nooteboom als Augenzeuge über die aufgeladene Atmosphäre in Paris, Mai 1968: »Es geschieht hier, es geschieht in New York, in Berlin, in Belgrad. Es ist nichts, was man beiseite schieben oder bequem abstreifen könnte. Es ist auch nichts, das schon ›irgendwie schiefgehen‹ wird, andererseits aber auch nichts, wovor man Angst haben muss. Es gibt Franzosen, die der Ansicht sind, de Gaulle sei schlau und lasse die Studenten in der Sorbonne, im Odéon und im ganzen Land erst einmal im eigenen Saft schmoren, wie sie es nennen. Aber hier schmort nichts, es brodelt. Wie es ausgeht, lässt sich absolut nicht abschätzen, aber so, wie es war, kann es nie wieder werden.« (63)

Tatsächlich ging in Frankreich eine Ära zu Ende: 1969 trat General de Gaulle als Staatspräsident zurück, ein Jahr später starb er im Alter von 80 Jahren. Es war die Zeit, als Serge Gainsbourg und Jane Birkin mit ihrem gestöhnten Liebeschanson »Je t'aime … moi non plus« für einen handfesten Skandal sorgten. Der Mai 1969 war Initialzündung für umfassende Reformen gewesen, nicht nur an den Universitäten; die Kinder von Marx und Coca-Cola hatten zwar keine Revolution angezettelt, aber der bürgerlichen Gesellschaft immerhin einen Denkzettel verpasst. Und viele dachten damals, dass man mit Popmusik die Welt verändern könnte.

Helmut Joel, der weit weg, in den USA, einen Sohn im rebellischen Alter hatte, bekam von all dem wenig mit. Den Generationskonflikt, der damals viele Familien spaltete, musste er nicht austragen. Er war wie immer viel beschäftigt und viel unterwegs – und er wurde noch einmal Vater.

Am 5. August 1971 kam Helmuts und Audreys Sohn Charles Alexander zur Welt – in London, der besseren medizinischen Versorgung wegen. Außerdem legten die Eltern Wert darauf, dass ihr Kind die britische Staatsbürgerschaft erhielt. Der (englische) Vorname Charles war ein Verweis auf seinen Großvater Karl. Kurz nach der Geburt starb Meta Joel, die Großmutter, in Nürnberg an den Folgen einer Krebserkrankung.

Ein Jahr später – die Joels waren gerade von Paris in die Nähe von Amsterdam gezogen – kam Helmut Joel eines Tages ganz aufgeregt nach Hause: »Weißt du, wer mich heute angerufen hat? Das errätst du nie!« – »Ich ahne es: Billy«, antwortete seine Frau einer plötzlichen Eingebung folgend ohne zu überlegen. »My boy Billy!« Wie oft hatte sie diese Worte schon von ihrem Mann gehört!

In der Tat hatte Billy Joel seine erste Tournee in Europa, die von der Plattenfirma Phonogram organisiert wurde, dazu benutzt, seinen Vater aufzuspüren und nach den Wurzeln seiner Familie zu suchen. Europa hatte für den jungen Musiker aus den USA einen besonderen Klang: Hier war die Heimat seiner Großeltern, hier hatte die klassische Musik ihren Ursprung.

Eine Telefon-Suchaktion mit Hilfe eines Phonogram-Mitarbeiters bei verschiedenen Niederlassungen von General Electric begann und führte schließlich zum Erfolg, wie Billy Joel erklärt: »Im Jahr 1972 habe ich eine Europatournee gemacht und versucht, ihm auf die Spur zu kommen. Alles, was ich wusste, war, dass es einen Howard Joel gab, der für General Electric arbeitete. Gerade als ich von Mailand zurück in die Staaten fliegen wollte, bekam ich ein Telegramm: ›Dringend! Wir haben Ihren Vater erreicht.‹ Mein Herz hämmerte. Ich flog zurück in die Vereinigten Staaten, und es war wie im Film, richtig dramatisch. Im Kino setzen da immer die Streicher ein.« (64)

Jahrelang hatte sich Billy nach seinem Vater gesehnt und in seinen Wunschträumen idealisiert. Der Vater wusste so gut wie nichts von seinem erwachsenen Sohn, der ein Rockstar werden wollte, und war von dem Anruf völlig überrascht. Billy wiederum erfuhr zu seiner Verblüffung, dass er nun einen kleinen Halbbruder hatte. Für lange Erklärungen am Telefon blieb keine Zeit, doch am Ende des Gesprächs lud Billy seinen Vater zu einem Besuch in die USA ein: »Wir waren nach Kalifornien gezogen und er kam nach Los Angeles. Er stieg aus dem Flugzeug, und ich wusste sofort, dass er es war ... Wir haben die gleichen Augen. Aber er hatte keine Haare mehr. Liberty, der Kasper in unserer Gruppe, sagte ›Hair Joel‹ zu mir und ›No-Hair Joel‹ zu ihm. Mein Vater schaute ihn an und sagte: ›Fuck you!‹ Jedenfalls war es eine Zeit lang ziemlich peinlich. Wir saßen da und wussten nicht, worüber wir reden sollten. Er kam dann zu uns nach Hause. Es war ungefähr die Zeit von ›Piano Man‹. Ich verdiente nicht wahnsinnig viel Geld, aber es ging so einigermaßen. Am Ende stellte sich heraus, dass der Mann, den ich mir mein ganzes Leben lang in meiner Fantasie vorgestellt hatte, ein netter Mensch war. Seitdem ist es gut zwischen uns gelaufen.« (65)

Auch Helmut betonte stets, dass er ein ganz normales Verhältnis zu seinem Ältesten habe. So ganz der Realität entspricht das jedoch nicht. Vater und Sohn hatten nicht nur eine frappierende Ähnlichkeit, es verband sie auch der Sinn für schwarzen Humor und die Liebe zur Musik. Und doch blieb die Beziehung zwischen den beiden immer gespannt. Sie telefonierten in regelmäßigen Abständen miteinander, und bei Europatourneen trafen sie sich alle paar Jahre. Aber richtig nahe sind sie sich nie mehr gekommen.

Den frühen Verlust des Vaters hat Billy Joel nie ganz bewältigt, das Trauma der Trennung seiner Eltern hat ihn tief geprägt. Das Gefühl des Verlassenseins und der Einsamkeit quälte ihn lange Zeit – förderte aber auch seine musikalische Ausdruckskraft.

Diese Erfahrungen als Scheidungskind führten wohl dazu, dass Billy Joel einerseits ein Problem mit männlicher Autorität hat und die meisten Menschen trotz seiner jovialen Art auf Distanz hält, andererseits aber eine unstillbare Sehnsucht nach Liebe und Zuneigung in ihm rumort. Er gilt als ausgesprochener Familienmensch und umgibt sich mit einem kleinen Kreis langjähriger Freunde. Beides, Familie und Freundeskreis, scheint ihm Halt im schnelllebigen, oberflächlichen Showbusiness zu geben. Denn das Selbstvertrauen, das er als Musiker bewies, konnte er als

Person nur schwer entwickeln. Selbst als Superstar sehnte sich Billy noch nach der Anerkennung seines Vaters, der selbst gerne Musiker geworden wäre und sich vom Ruhm und Reichtum des Rocksängers nicht sonderlich beeindrucken ließ.

Immer wieder wird eine bezeichnende Anekdote erzählt, die viel verrät über das Verhältnis von Vater und Sohn. Es geht um Billy Joels Riesenhit »Just the Way You Are«, der jahrelang weltweit auf Hochzeiten, aber auch in Fahrstühlen, Hotelbars und Supermärkten gedudelt wurde. Als Billy voller Stolz von seinem Erfolg und den damit verbundenen Folgen schwärmte, brachte ihn Helmut Joel nicht gerade sehr einfühlsam auf den Boden der Tatsachen zurück: »Du hast aber schon bessere Songs geschrieben.« Auch wenn der Vater damit zweifellos Recht hatte, fühlte sich der Sohn verständlicherweise gekränkt und herabgewürdigt.

»Freundlichkeit war nie eine meiner hervorragendsten Eigenschaften«, erklärte Helmut Joel, der gerne den alten Grantler spielte. Wie schon sein Vater war er ein verschlossener Mensch, der Probleme lieber verdrängt als beredet. Und auch Billy geht Konflikten oft lieber aus dem Weg, statt sie im Gespräch mit den Betroffenen zu lösen. So blieb auch das wichtigste Thema wie so vieles zwischen ihnen unausgesprochen. »Billy hat mich nie gefragt, warum ich gegangen bin«, sagte Helmut Joel mit einem Anflug des Bedauerns. »Ich hätte versucht, es ihm zu erklären.«

»Piano Man« in Los Angeles

Über ein halbes Jahr lang war Billy Joel auf Tournee, um sein Debütalbum »Cold Spring Harbor« vorzustellen. Die Reaktionen des Publikums und der Presse waren fast durchwegs positiv. Der vielversprechende Singer/Songwriter passte genau in die Musikszene der frühen 70er-Jahre und perfektionierte durch die vielen Konzerte seine Bühnenauftritte. Der große Durchbruch allerdings blieb aus. Frustriert musste Billy Joel 1972 nach Monaten harter Arbeit feststellen, dass er kaum Geld verdient hatte. Seine Plattenfirma steckte in finanziellen Schwierigkeiten mit der Folge, dass auch die Zahlungen von Artie Ripp an Irwin Mazur und Billy Joel ausblieben. So konnte es nicht weitergehen.

Während Ripp versuchte, den einst so ersehnten Plattenvertrag aufzulösen, hofften Mazur und Billy in Los Angeles weiter auf einen Neuanfang. Im sonnigen Kalifornien schien nicht nur das Wetter besser und das Leben einfacher zu sein, man war dort im Herzen der Unterhaltungsindustrie auch näher an den Leuten, die ihnen den Schlamassel eingebrockt hatten.

Ripp besorgte Mazurs Familie sowie Billy, Elizabeth und Sean billige Appartements am Santa Monica Boulevard. Das war besser als nichts.

Aber die Geldsorgen wurden nicht geringer. Billy musste sich etwas einfallen lassen, damit nicht alles den Bach runterging. Statt sich weiter auf falsche Versprechungen zu verlassen, beschloss er, sich einen Job zu suchen. Etwas anderes als Musik kam nicht infrage. Doch statt künstlerischer Selbstverwirklichung war jetzt musikalische Dienstleistung angesagt – und aus Billy Joel wurde Bill Martin. Unter diesem Pseudonym fing er im Dezember 1972 als Barpianist in der Executive Lounge an. Der »Piano Man« war geboren.

Der Mann am Klavier spielte Hintergrundmusik und erfüllte auf Zuruf die unterschiedlichsten Hörerwünsche – Standards, Schlager, Klassisches, Traditionelles, Rock 'n' Roll, Jazz, je nachdem. Besonders beliebt waren seine hinreißenden Parodien bekannter Rockstars. Es war eine harte, aber lehrreiche Schule. Bill Martin alias Billy Joel lernte hier notgedrungen, wie man das Publikum bei der Stange hält. Denn das zahlte sich in barer Münze aus. 225 Dollar die Woche plus Trinkgelder. Außerdem konnte der Pianist in aller Ruhe Charakterstudien betreiben, die er später in seinem ersten großen Hit »Piano Man« verarbeitete. Auch Elizabeth, die als Kellnerin in der Executive Lounge arbeitete, kommt in dem Song vor.

Währenddessen stritten sich Artie Ripp als Produzent und Irwin Mazur als Manager über die künftige Strategie. Ripp schaffte es tatsächlich, den Vertrag mit Paramount aufzulösen. Hartnäckig suchte er nach einer neuen Plattenfirma, denn schließlich ging es auch um seine Existenz – er hatte schon ziemlich viel Geld in Billy Joel investiert. Am Ende gab es sogar zwei Angebote: Ripp fädelte den Kontakt zu Atlantic Records ein, Mazur den zu Columbia.

Klar, dass sich Billy für Columbia entschied, es war die Plattenfirma von Bob Dylan und Bruce Springsteen, außerdem hatte sie den besseren Vertrieb.

Im Frühjahr 1973 wurde der Newcomer zum Columbia Recording Artist und unterschrieb beim legendären Talentscout Clive Davis. Von dem neuen Status profitierte auch Ripp, der einen wasserdichten Vertrag mit Billy hatte. Er verdiente künftig an jeder verkauften Schallplatte mit, pro Album 25 Cent. Die Abmachung galt für zehn Studioalben und ein Best-of – und machte aus Artie Ripp, der eine halbe Million Dollar in den damals unbekannten Künstler investiert hatte, einen reichen Buhmann. Insider schätzen, dass er im Lauf der Zeit 20 Millionen Dollar an Tantiemen kassiert hat. Ohne einen Finger zu krümmen, aber völlig legal.

Billy Joel stürzte sich mit neuem Eifer in die Arbeit, schrieb neue Songs und nahm mit einer Reihe gefragter Studiomusiker das »Piano Man«-Album auf, das im November 1973 erschien, als sein eigentliches Debüt galt und sein Markenzeichen werden sollte. Allerdings dauerte auch das ein bisschen.

Columbia wählte den Titelsong als erste Single aus, die es nach einiger Zeit tatsächlich in die Top 40 schaffte. Und das, obwohl »Piano Man« ein Walzer mit einer simplen Melodie und untypisch für Billy Joel war. Der Erfolg beruhte wohl eher auf dem stimmigen Text als auf der Musik: Inspiriert von den Gästen in der Bar entwickelte der Songschreiber aus echten Charakteren ein kleines Welttheater. Der Mann am Klavier ist nicht nur stiller Beobachter, sondern auch eine Art Gruppentherapeut und Seelentröster, der den von der Liebe gebeutelten und vom Schicksal gezeichneten Bargästen neuen Lebensmut gibt. »Piano Man« bringt die besondere Beziehung zwischen Billy Joel und seinem Publikum auf den Punkt und markiert bei seinen Konzerten bis heute einen emotionalen Höhepunkt.

Einige Songs auf dem Album waren älteren Datums, darunter »Captain Jack«, das Popporträt eines New Yorker Drogendealers, »Billy the Kid«, die Country-Rock-Version eines amerikanischen Westernmythos, und »Travelin' Prayer«, ein musikalisches Gebet für Reisende.

Zu den neuen Songs zählte »You're My Home«, den Billy Joel zum Valentinstag für Elizabeth geschrieben hatte, die er im September 1973 heiratete. Auch dazu gibt es eine Anekdote. »Ich hatte kein Geld für ein Geschenk, deshalb sagte ich: ›Das ist für dich.‹ Und sie antwortete: ›Heißt das, dass ich die Urheberrechte bekomme?‹ Das war der Moment, in dem ich auf die Idee kam, sie in mein Management einzubinden.« (66)

Das Album verkaufte sich gut, und auch die Kritiken waren überwiegend positiv. In einer Besprechung der *New York Times* vom 23. Februar 1974 heißt es: »Mr Joel ist auf dem besten Weg, sich zu einem bedeutenden Künstler zu entwickeln ...« Im April 1974 schaffte es »Piano Man« endlich in die Hitparade und erreichte Platz 25 unter den *Billboard* Hot 100, bei den Adult Contemporary Charts sogar Platz 4. Auch die folgenden Singles »Travelin' Prayer« und »Worse Comes to Worst« kamen in die Charts. Billy Joel war damit erfolgreicher als Bruce Springsteen mit seinem Debütalbum »Greetings from Ashbury Park«. Doch noch vier Jahre später, als das Album schon Platin-Status erreicht hatte, erzählte Elizabeth, dass »Piano Man« dem Songschreiber kaum 8000 Dollar eingebracht hatte.

Kein Wunder, dass sich Billy Joel nach all diesen bitteren Erfahrungen immer wieder als Opfer von Managern und Musikindustrie sah. Mit Artie Ripp wollte er nichts mehr zu tun haben, und von Irwin Mazur trennte er sich, als »Piano Man« endlich ins Laufen kam. Elizabeth Weber, die sich entsprechend weitergebildet hatte, übernahm allmählich das Management. Allerdings war sie so selbstkritisch, dass sie anfangs mit der Profiagentur Caribou zusammenarbeitete, die auch die »Beach Boys« und die Jazz-Rock-Formation »Chicago« unter ihren Fittichen hatten. Außerdem hatte die Agentur in Boulder, Colorado, ein eigenes Aufnahmestudio. Bekannt wurde es durch Elton John, der dort die Alben »Caribou« (1974), »Captain Fantastic and the Brown Dirt Cowboy« (1975) und »Rock of the Westies« (1975) aufnahm. Caribou wollte Billy Joel als amerikanisches Gegenstück zu Elton John aufbauen. Die Ähnlichkeiten zwischen den beiden waren ja nicht von der Hand zu weisen.

Nach sechs Monaten Promotiontour ging der Piano Man in Hollywood schon wieder ins Studio, um mit Michael Lang ein neues Album zu produzieren. »Streetlife Serenade« erschien am 11. Oktober 1974, nicht einmal ein Jahr nach seinem CBS-Debütalbum. Joel thematisierte diesmal das Musikgeschäft und das Lebensgefühl eines New Yorkers in Kalifornien. Im Studio warteten ausgebuffte Musiker aus L. A., doch war er sich mit seinem Produzenten nicht über die musikalische Richtung einig: Mehr Piano-Balladen oder mehr Rockgitarren, so lautete die strittige Frage. Entsprechend unausgegoren hörte sich das Ergebnis dann auch an. Allein die Tatsache, dass neun verschiedene Gitarristen an den Aufnahmen beteiligt waren, erklärt schon den uneinheitlichen Sound.

Wieder erwies sich Billy als grandioser Eklektizist, der sich bei allen möglichen Vorbildern und aktuellen Sounds bediente und auf dem damals modischen Moog-Synthesizer herumspielte.

»Streetlife Serenader« ist ein Loblied auf Straßensänger, »The Entertainer« handelt vom gnadenlosen Erfolgsdruck im Showbusiness, wo nur Hitplatzierungen und Verkaufszahlen gelten. »Los Angelenos« beschreibt die Menschen in L. A., und »The Great Suburban Show Down« drückt die Sehnsucht nach der heilen Familienwelt in den amerikanischen Vorstädten aus.

Stephen Holden schrieb im *Rolling Stone* einen vernichtenden Artikel, der Billy Joel sehr verletzte und sein Verhältnis zur Musikkritik nachhaltig trübte: »Billy Joels Pop-Schmalz ergießt sich über ein stilistisches Niemandsland, in dem musikalische und lyrische Binsenwahrheiten zusammengeschnürt werden, die aus den verschiedensten Quellen stammen. Ein talentierter Keyboardspieler, wie er ist, imitiert Joels Klavierstil überzeugend den frühen Elton John, während Joels melodische und stimmliche Attacken irgendwie an Harry Chapin erinnern ... ›Piano Man‹ und ›Captain Jack‹, die zentralen Stücke auf Joels letztem Album, verdienten Aufmerksamkeit wegen ihrer verzweifelten Porträts von den Rändern des städtischen Lebens, ihren vorhandenen Untiefen zum Trotz. Im Gegensatz dazu ist ›Streetlife Serenade‹ frei von Ideen ... Ohne Joels Tastenfertigkeit zu unterschätzen, hat er als Schreiber zurzeit rein gar nichts zu sagen.« (67)

Auch in den folgenden Jahren war Billy Joel trotz wachsender Erfolge alles andere als ein Liebling der Kritiker. Man nahm ihm den Rockrebellen nicht ab, er taugte nicht zur Symbolfigur, er setzte keinen Trend und er konnte ausgezeichnet Klavier spielen. Das heißt, er passte nicht in die gängigen Schubladen, obwohl er den Mainstream bediente.

Die Missachtung der Kritiker, die auch in der Zeit seiner großen Erfolge in den späten 70er- und 80er-Jahren noch weit verbreitet war, hat den stets um Anerkennung ringenden Musiker tief getroffen.

»Say Goodbye To Hollywood«

Wieder einmal war es Zeit für einen Wechsel. Die Dinge standen nicht gerade zum Besten. Billy Joel hatte drei Langspielplatten unter eigenem Namen veröffentlicht und einige Konzerterfolge hinter sich, aber der große Durchbruch ließ immer noch auf sich warten.

Überdies ging ihm nach drei Jahren das oberflächliche Leben im sonnigen Kalifornien allmählich auf die Nerven – er hatte Heimweh nach New York. Und er erhoffte sich dort neue Impulse für seine Arbeit.

»Das Wetter war toll, die Miete günstig und die Leute waren ausgesprochen umgänglich. Doch eines Tages wachte ich auf und rief: ›Was zur Hölle tue ich hier? Ich bin aus New York!‹ L. A. ist sehr verführerisch: ›Like wow man!‹ Der Pazifik in Sichtweite, Palmen, Sportwagen, schöne Menschen. Die ganze verdammte Stadt ist voller toller Leute. Jeder will hier ein Filmstar werden. Aber nach einer Weile fragte man sich: ›Wo ist der Reiz?‹ Verstehen Sie? Ich brauche Abwechslung. Dort gibt es keinen Winter. Keinen Kontrast. Es ist zu hypnotisch. Ich will Kalifornien nicht schlechtreden. Die Kalifornier sind angenehme, gastfreundliche Menschen.« (68)

Wie so oft konnte er sein Gefühl am besten mit einem Song ausdrücken: »Say Goodbye To Hollywood«. Anfang 1975 war es dann so weit: Elizabeth ging mit ihrem Sohn Sean als Erste zurück, um in der alten Heimat ein neues Zuhause zu suchen. In der beschaulichen Kleinstadt Highland Falls am Hudson River fand sie ein altes Haus, das Billy die nötige Ruhe zum Schreiben bot. Aber auch New York mit seiner quirligen Musikszene war nicht außer Reichweite.

Billy Joel kam einige Zeit später nach, das letzte Stück der Reise machte er voller Vorfreude in einem Greyhound Bus auf der Hudson-River-Linie. Im Bus kam ihm aus heiterem Himmel die Idee für einen neuen Song: »New York State of Mind«, eine Liebeserklärung an die Metropole.

»Ich stürzte ins Haus, und meine Frau fragte: ›Wie findest du das Haus?‹ Ich sagte: ›Toll, toll, wo ist das Klavier, wo ist das Klavier, wo ist das Klavier?‹ Elizabeth deutete zur Treppe. Ich rannte die Stufen hinauf, begann diesen Song zu schreiben, und eine Stunde später war der ganze Song fertig.« (69) Ein gutes Zeichen, der Tapetenwechsel schien sich auszuzahlen.

Gleichzeitig war der Song auch so etwas wie eine musikalische Ehrenrettung der Stadt, die damals in einer tiefen Krise steckte. New York war bankrott, ganze Stadtviertel verkamen immer mehr, der Verkehr nahm ständig zu und damit auch die Luftverschmutzung, die Kriminalität explodierte – und die Politik bekam die Probleme nicht in den Griff. Viele hatten Big Apple schon abgeschrieben, darunter auch der damalige US-Präsident Gerald Ford.

Billy stand unter Druck und plante sein nächstes Album. Wie sollte es weitergehen? Der Künstler, sein Management und die Plattenfirma waren sich darüber uneins. Columbia glaubte zwar weiter an das künstlerische Potenzial des mittlerweile 26-jährigen Musikers, erwartete aber endlich einen Top-Ten-Hit.

Billy Joel sah sich dagegen in erster Linie als Livekünstler, die Plattenaufnahmen erschienen ihm nicht so wichtig. »Niemand wusste die Tourneearbeit zu schätzen. Für mich liegt die Quintessenz unseres Tuns auf der Straße. Platten sind zweitrangig. Egal, wie viele du verkaufst, egal, wie erfolgreich du bist. Denn der Grund dafür, dass ich tue, was ich tue, ist nicht, ein Plattenstar zu werden – der Grund ist, dass ich auf Tour gehen und spielen will.« (70)

Offensichtlich war jedenfalls, dass Billy Joel auf der Bühne weitaus mehr Erfolg hatte als in den Plattenläden. Dank seiner unermüdlichen Konzertreisen hatte er sich mit seiner Liveband eine regelrechte Fangemeinde erspielt, im Studio hatte er dagegen bisher immer mit wechselnden Profimusikern gearbeitet. Zu den

Konzerthöhepunkten des Jahres 1975 zählte ein ausverkauftes Gastspiel in der berühmten Carnegie Hall.

Jimmy Guercio und Larry Fitzgerald von Caribou Management hatten die scheinbar geniale Idee, Billy Joel mit der Band von Elton John ins Studio zu schicken. Tatsächlich hatten Nigel Olsson (Schlagzeug), Davey Johnstone (Gitarre), Dee Murray (Bass) und Ray Cooper (Percussion) einen ausgezeichneten Ruf als Livemusiker. Im Caribou-Studio nahmen sie mit Joel auch einige Songs auf, doch mit dem Ergebnis war er überhaupt nicht zufrieden.

Michael Stewart, der schon zwei Alben für Billy Joel produziert hatte, wollte auch seine nächste Platte mit fremden Studioprofis aufnehmen.

Das aber wollte Billy auf keinen Fall und entschloss sich dazu, die Platte selbst zu produzieren. Und zwar mit den Musikern, mit denen er auch live auftrat.

Seit Langem hatte er von einer eigenen Band geträumt, mit der er langfristig zusammenarbeiten und seine Soundvorstellungen umsetzen konnte. Auch in dieser Hinsicht war New York ein gutes Pflaster.

Ein Bekannter stellte ihm Doug Stegmeyer vor, der als Bassist in einer Rockband namens Topper spielte. Dazu gehörten auch die Gitarristen Russell Javors und Howard Emerson sowie der Schlagzeuger Liberty DeVitto. Sie alle waren Babyboomer aus Long Island, stammten aus ähnlichen Verhältnissen und hatten den gleichen Musikgeschmack. Auch der Saxofonist Richie Cannata passte gut zu der Gruppe. Billy spürte, dass er endlich ideale Spielgefährten gefunden hatte. Stegmeyer, DeVito und Javors bildeten viele Jahre den Kern der Billy Joel Band.

Wieder einmal gab es einen Neubeginn, nicht nur in musikalischer Hinsicht. Billy, Elizabeth und Sean verließen Highland Falls Ende 1975 und zogen in ein Stadthaus mit Swimmingpool an der East 62nd Street in New York City.

Anfang 1976 produzierte Billy dann mit seiner neuen Band in den Ultrasonic Studios das Album »Turnstiles«, das im Mai desselben Jahres veröffentlicht wurde. Er war mit dem Ergebnis zum ersten Mal zufrieden und betrachtete es als sein Meisterwerk. Auf dem Cover sieht man Billy Joel mit einigen Leuten (darunter auch sein Ziehsohn Sean) an den Drehkreuzen (Turnstiles) am Eingang zur New Yorker U-Bahn. Es enthielt nur acht, allerdings sehr unterschiedliche Songs, darunter die beiden, die den Umzug von West nach Ost, Abschied und Heimkehr, thematisierten: »Say Goodbye To Hollywood« zitierte den berühmten »Wall of Sound« der 60er-Jahre von Phil Spector und »New York State Of Mind« verband klassische Klavier-Zitate und ein betörendes Jazzthema. Schon bald interpretierten Barbra Streisand und Frank Sinatra diesen Song, was Billy zu der ironischen Bemerkung verleitete, jetzt nehme ihn seine Mutter endlich als Songschreiber ernst.

Das Stück »Miami 2017 (Seen The Lights Go Out On Broadway)« war eine apokalyptische Vision vom Untergang New Yorks, entstanden als Reaktion auf die damalige Krise der Stadt, geschrieben aus der Perspektive eines Rentners in Florida, der die Zerstörung New Yorks aus der Ferne erlebt. Der Song kam Jahre später, nach dem Terroranschlag auf das World Trade Center vom 11. September 2001, zu trauriger Aktualität.

Die Plattenfirma Columbia, die immer noch auf den Durchbruch ihres Hoffnungsträgers wartete, tat sich allerdings schwer mit der Vermarktung des Albums. War das nun Rock, Jazz-Rock oder doch eher das Werk eines Singer/Songwriters? Die Etiketten waren Billy Joel gleichgültig, er wählte wieder die Ochsentour, um dem Publikum die neuen Songs live vorzustellen. Diesmal aber nicht im Vorprogramm, sondern als Headliner. Die Plattenverkäufe waren allerdings enttäuschend, »Turnstiles« schaffte es gerade mal auf Platz 122 der *Billboard*-Charts. Auch die Kritiken waren nicht gerade berauschend.

Doch in den 70er-Jahren dachte man in der Plattenindustrie noch langfristiger: Man nahm sich Zeit, um Künstler langsam aufzubauen. Columbia-Chef Walter Yetnikoff, Nachfolger von Clive Davis, gab die Hoffnung nicht auf und rettete die laufende Tournee mit einem Zuschuss von 80 000 Dollar. Er hatte sich eine Show von Billy Joel in der Hollywood Bowl angesehen und sich von den euphorischen Publikumsreaktionen überzeugen lassen. Aus dem Ausland kamen ermutigende Reaktionen: Ausgerechnet in

Holland und in Australien stieß Joel mit seiner Musik auf offene Ohren.

Aber insgesamt kam die Sache nicht richtig ins Laufen. Billy Joel machte dafür auch sein Management verantwortlich. Irwin Mazur hatte er gefeuert, mit Artie Ripp wollte er verständlicherweise nichts mehr zu tun haben, seinen Produzenten Michael Stewart hatte er abgelöst und nun folgte die Trennung vom Caribou Management. In dieser Situation kam er auf den naheliegenden Gedanken, das komplette Management seiner Frau anzuvertrauen. »Ich fragte Elizabeth halb im Scherz: ›Warum machst du nicht meine Managerin?‹ Wir waren gerade von Highland Falls nach Manhattan gezogen, und schon am nächsten Tag waren Telefone, Regale, Schreibmaschinen und Sekretärinnen in unserer Wohnung. Sie hatte Manager und Agenten kommen und gehen sehen. Sie wusste, was zu tun war. Und überhaupt: Wenn man seiner Frau nicht trauen kann, wem denn dann? ... Ich wusste, dass sie tüchtig war. Ich wusste, dass sie es schafft. Es war lustig. Die Plattenfirma hielt sie für irgend so eine Rock-'n'-Roll-Braut. Viele Leute unterschätzten sie. Sie ahnten nicht, was auf sie zukam. Es entwickelte sich zu unserem Vorteil. Sie leistete hervorragende Arbeit, während die anderen sie für eine dumme Gans hielten, die man übers Ohr hauen konnte, ohne dass sie es merkte.« (71)

Es war offensichtlich die richtige Entscheidung: Elizabeth kannte Billy Joel so gut wie sonst niemand, sie hatte Managementkurse belegt und persönliche Erfahrungen im Musikgeschäft. Durch geschickte Verhandlungen sorgte sie dafür, dass der Plattenvertrag mit Columbia zugunsten ihres Mannes geändert wurde und ihm mehr Tantiemen als zuvor zugestanden wurden. Sie war es auch, die den erfahrenen Road Manager Jerry Schilling, der vorher für Elvis Presley gearbeitet hatte, engagierte.

Elizabeth genoss das volle Vertrauen von Billy, sie hielt dem Künstler den Rücken frei, kurz, die beiden schienen ein perfektes Team zu sein. Ihrer Ehe war das geschäftliche Verhältnis auf Dauer aber nicht gerade zuträglich, statt um Liebe ging es mehr und mehr ums liebe Geld und Geschäftserfolg. Die beiden nannten ihren kleinen, aber gut organisierten New Yorker Heimbetrieb

Home Run Systems. Elizabeth kümmerte sich nicht nur um die Finanzen, sondern verstand es auch, ein hilfreiches Netzwerk aus Anwälten, Beratern, Medienleuten und Mitarbeitern der Plattenfirma zu knüpfen.

Ihre beste und folgenreichste Idee war es jedoch, Phil Ramone als neuen Plattenproduzenten für Billy Joel zu gewinnen.

»Ich war damals kein guter Produzent und konnte meine Ideen nicht richtig auf Platte bannen. Und ich konnte nicht richtig mit anderen Produzenten arbeiten, die mich nicht mit meiner eigenen Band spielen ließen. Phil war Toningenieur bei vielen Plattenaufnahmen, beispielsweise bei Paul Simon, und Elizabeth wusste, dass wir uns gut verstehen würden. Sie brachte uns zusammen – und es war wie Magie.« (72)

Ramone genoss schon damals einen geradezu legendären Ruf: Er hatte sich Mitte der 60er-Jahre mit der Produktion des wegweisenden Bossa-Nova-Albums von Stan Getz und Astrud Gilberto, das den Evergreen »The Girl From Ipanema« enthielt, einen Namen gemacht. Es folgten Aufnahmen mit Quincy Jones, Burt Bacharach, Phoebe Snow und Paul Simon, dessen LP »Still Crazy After All These Years« 1975 einen der begehrten Grammy-Musikpreise erhalten hatte. Ramone schien der richtige Mann für die heikle Aufgabe zu sein, endlich das langersehnte Hitalbum für Billy Joel zu produzieren, nachdem sich die Pläne mit einem anderen Wunschkandidaten zerschlagen hatten. Kein Geringerer als der ehemalige Beatles-Produzent George Martin, den Billy Joel sehr verehrte, war bereits ernsthaft im Gespräch gewesen. Obwohl sich beide sympathisch waren, scheiterte das Projekt letztlich an der Tatsache, dass Martin keinesfalls mit der Tourband ins Studio wollte. In diesem Punkt ließ Billy Joel diesmal aber nicht mit sich reden.

Ramone dagegen musste sich nach einem Joel-Konzert in der Carnegie Hall nicht erst lange überreden lassen. (Ein Livemitschnitt des sensationellen Auftritts vom 3. Juni 1977 wurde 2008 veröffentlicht.) Er war fasziniert von der musikalischen Energie, welche die Band auf der Bühne freisetzte. Und genau diese Energie und Spielfreude wollte er auch auf Platte bannen. Er hatte das Erfolgsgeheimnis auf Anhieb entschlüsselt. Die Musiker mussten sich im Studio nicht verstellen, sondern so rau und mitreißend spielen wie auf der Konzertbühne auch. Sein Credo lautete: »Spielt keinen Deut anders als auf Tour. Spielt einfach wie die Rock-'n'-Roll-Tiere, die ihr seid.« Phil Ramone verstand sich blendend mit allen und benahm sich fast wie ein Bandmitglied. Auch das trug zu der gelösten Arbeitsatmosphäre in seinem New Yorker Aufnahmestudio bei. »Wir nahmen die Songs nur noch fünf- statt 15-mal hintereinander auf«, erklärt Billy. »Phil war einer von den Kumpels. Wir spielten uns die Ideen zu, jonglierten mit den Songs, probierten sie auf verschiedene Weise aus. Und brachten sie in die richtige Form. Manchmal haben wir auch aus lauter Übermut Pizzastücke aufeinander geworfen.« (73) Es ging zu wie auf dem Spielplatz. Oder wie früher auf der Straße, wo Billy mit seinen Kumpel herumbolzte.

Im Frühsommer 1977 – New York feierte die Fertigstellung des World Trade Centers mit den charakteristischen Twin Towers – gingen sie in Ramones Studio, um ein neues Album aufzunehmen. Diesmal sollte alles ganz anders laufen. Der Titel »The Stranger« stand anfangs noch nicht fest und es gab auch nur drei fertige Songs. Das endgültige Konzept entwickelte sich erst während der Aufnahmen, Improvisation und Spontaneität spielten dabei eine große Rolle. Wichtiger als technische Perfektion, da waren sich Billy und Phil Ramone einig, war das richtige Feeling.

Der Durchbruch

Die lockere Studioatmosphäre zahlte sich aus. Zusammen mit der bestens eingespielten Band brachte Phil Ramone Billys Songideen in die richtige Form und sorgte für den passenden Sound. Zusammengehalten wurde das Ganze von Billys Klavier, Liberty DeVittos Schlagzeug und Doug Stegmeyers Bass.

Billy trug damals ständig ein Schulheft mit sich herum, in dem er Einfälle, Textzeilen und Anregungen festhielt. Den kreativen Prozess des Songschreibens hat er des Öfteren beschrieben: Am Anfang steht eine plötzliche Eingebung, ein musikalischer Geistesblitz, ein Melodieschnipsel. Immer entsteht bei ihm die Musik zuerst, der Text folgt an zweiter Stelle.

»Auf diese Weise höre ich Popmusik. Ich denke, meine ersten bewussten Hörerlebnisse populärer Musik hatte ich am Strand mit einem tragbaren Radio oder auf einer Party, wo irgendjemand Singles auf einem Plattenspieler mit einem winzigen Lautsprecher abnudelte. Von den Texten konnte man beim besten Willen nichts verstehen. Was man hörte, war eine Melodie, einige Akkorde, ein Rhythmus. Das Schlagzeug dominierte bei Rock & Roll und Popmusik immer. Man hörte den Klang der Stimme des Sängers und man hörte die Produktion der Plattenaufnahme. Aber so ziemlich das Letzte, worauf man achtete, war, was zum Teufel da gesungen wurde ... Kennt irgendjemand den Text von ›Louie, Louie‹? Ich glaube, nicht einmal The Kingsmen kennen den Text. Nach meinen Erfahrungen mit populärem Rock & Roll waren die Texte reichlich unwichtig. Deshalb schreibe ich die Musik zuerst. Tatsächlich habe ich schon als kleines Kind Musik geschrieben. Ich schrieb meine eigenen Opern, meine eigenen Kompositionen. Ich brauchte dazu keine Worte. Dann wurde ich Mitglied in einer

Band, wir begannen, Songs zu schreiben, und auf einmal galt ich als Lyriker. Ich sagte: ›Wofür haltet ihr mich eigentlich?‹ – ›Mensch, du liest doch viel, du liest eine Menge Bücher.‹ – ›Na und? Das macht aus mir noch lange keinen Robert Browning. Und auch keinen Bob Dylan.‹ – ›Mann‹, sagten sie, ›gib dir einen Ruck.‹ Es endete damit, dass ich Worte für diese Songs finden musste. Aber ich machte es erst danach.« (74)

Bis heute betrachtet sich Billy Joel in erster Linie als Komponist und weniger als Textdichter. Bis er die richtigen Verse findet, singt er oft Sätze ohne Bedeutung zu neuen Melodien.

Der Titelsong »The Stranger« mit dem gepfiffenen Eingangsthema handelt von den vielen Masken, hinter denen sich die Menschen im Alltag verstecken. Aber der eigentliche Hit war das Liebeslied »Just the Way You Are«. Billy hatte den Ohrwurm für Elizabeth geschrieben und lange gezögert, ihn in die endgültige Auswahl aufzunehmen. Auch die Band fand den Song zu soft, besonders der Schlagzeuger machte aus seiner Abscheu keinen Hehl.

Dass der Song dann doch veröffentlicht wurde, ist dem musikalischen Gespür der Sängerin Phoebe Snow zu verdanken, die damals zur gleichen Zeit im Studio war. Sie erkannte das Hitpotenzial des Schmachtfetzens und riet ihrem Kollegen, das Stück unbedingt mit auf die Titelliste der LP zu setzen. Ein guter Rat, wie sich im Nachhinein herausstellte: »Just the Way You Are« wurde erst ein Riesenhit, der sich monatelang in den Top Ten hielt, und später zum Evergreen, den viele Künstler interpretierten.

Das Album enthielt mit »Movin' Out«, »Only The Good Die Young« und »She's Always A Woman« drei weitere Hits und erfüllte endlich die hochgesteckten Erwartungen der Plattenfirma. Das übliche Drei-Minuten-Song-Schema durchbrach »Scenes from an Italian Restaurant« – ein Hörfilm in zwei ganz unterschiedlichen Teilen, die sich am Beatles-Song »A Day in the Life« orientieren.

Einer der schönsten Songs auf dem »Stranger«-Album heißt »Vienna«. Billy hat ihn für seinen Vater Helmut geschrieben, den er in dessen Wahlheimat Wien besucht hatte. Dort, so fand der Sänger, gehe man besser mit alten Menschen um als in den USA, wo man das Thema Alter gerne verdränge. »When do you realize, Vienna waits for you«. Der Refrain klingt aber auch ein bisschen so wie die Ermahnung eines Vaters, der seinem hyperaktiven Kind zuruft: Nun mach mal langsam, komm wieder auf den Boden zurück, und Eile mit Weile! Eine Erfahrung, die früher oder später jeder machen muss. Wien steht hier jedenfalls nicht als Metapher für eine morbide oder moribunde Stadt, sondern für eine alterslose Stadt der Alten, in der man den bewussten Umgang mit Lebenszeit lernen kann. Es ist auch ein Song gegen den (nicht nur in den USA) grassierenden Jugendwahn.

»The Stranger«, Billy Joels fünftes Soloalbum, gab seiner Karriere endlich den entscheidenden Kick. Es wurde im September 1977 veröffentlicht – wenige Wochen nach dem tragischen Tod von Elvis Presley, dem King of Rock 'n' Roll. Bis 1984 hielt es mit über zehn Millionen Exemplaren den Rekord als bestverkauftes Album von Columbia Records, genauer gesagt bis zum Erscheinen von Bruce Springsteens »Born in the USA«.

Der Piano Man und Balladensänger stand mit einem Schlag als Rockstar im Rampenlicht – und musste lernen, mit der neu gewonnenen Popularität klarzukommen. Nicht nur die Konzerthallen wurden größer, auch das Verhältnis zu seinem Publikum wurde schwieriger. Dabei fühlte sich der 28-Jährige immer noch wie die jungen Typen auf Long Island. Noch wohnte er mit Elizabeth in einem kleinen Appartement im 35. Stock auf der East Side von Manhattan. Der Starruhm, von dem er einst so sehr geträumt hatte, entpuppte sich als nerviger Starrummel mit aufdringlichen Reportern, geldgierigen Geschäftspartnern und unverschämten Autogrammjägern.

Der Riesenerfolg veränderte vieles für Billy Joel. Er ermöglichte ihm bald ein Leben im Luxus, brachte aber auch neuen Erfolgsdruck mit sich. Und mit dem wachsenden Erfolg griffen auch Eitelkeiten und Eifersüchteleien in der Band um sich. Die Musiker wurden zwar gut bezahlt, waren aber nicht an den Urheberrechten beteiligt, von einer Erfolgsprämie einmal abgesehen. Ein in der Branche ganz übliches Verfahren. Natürlich entschied der Frontman über Erfolg oder Nichterfolg, aber im Nachhinein hätte wohl mancher (wie der langjährige Schlagzeuger Liberty DeVitto) doch gerne ein größeres Stück vom Kuchen abbekommen. Andere Bandmitglieder waren vermutlich beleidigt, weil sie bei der Plattenaufnahme durch Stargäste ersetzt wurden. Zum Beispiel steuerte der Jazzmusiker Phil Woods das Saxofonsolo zu dem Hit »Just the Way You Are« bei.

Aber zunächst einmal waren alle glücklich über den heiß ersehnten Durchbruch. »The Stranger« verkaufte sich nicht nur ausgesprochen gut, sondern stellte sogar einige einflussreiche Kritiker zufrieden. Im *Time Magazine* etwa war zu lesen: »Joels beste Songs haben einen unverfrorenen Humor, das traurige, manchmal überschwängliche Gefühl, das immer noch blasse Erinnerungen an die Kumpel von der Straße wachruft, und doch in die Top 40 passt ... Unter der Leitung des fähigen Produzenten Phil Ramone hat die neue Platte einen härteren, einheitlichen Sound. Joels Texte können flott, geistreich oder bissig sein. Am besten ist er, wenn er unsentimentale Reisen zurück in heimatliche Gefilde unternimmt oder die Sackgassen und wunden Punkte im Leben der Mittelklasse beschreibt.« (75)

Nur der *Rolling Stone,* das Amtsblatt der Rockszene, nörgelte wieder an dem Album herum. Billy Joel ließ sich nicht in eine Schublade stecken und passte nicht so recht zum angesagten Musikgeschmack der Meinungsführer. Mainstream-Rock war so ziemlich das Allerletzte, womit man in der frühen Punk- und Disco-Ära punkten konnte. In Großbritannien entlarvten Bands wie die Sex Pistols den großen Rock-'n'-Roll-Schwindel, um ihm schon bald darauf selbst zu erliegen, während in den Diskotheken die Bee Gees das »Saturday Night Fever« unaufhaltsam auf der ganzen Welt verbreiteten.

Billy Joel ärgerte sich über schlechte Kritiken und legte sich – teilweise auf offener Bühne – mit den Journalisten an, indem er Artikel vorlas und anschließend zerriss. Zur Presse hat der Künstler bis heute ein äußerst zwiespältiges Verhältnis. Umgekehrt galt der »Angry Young Man« als schwierig und unberechenbar im Umgang mit Medienvertretern. Vielen Kritikern blieb er jedenfalls gerade wegen seines Massenerfolgs stets suspekt.

Dagegen wurde seine Fangemeinde dank der Hits, allen voran »Just the Way You Are«, größer und größer. Ihre Livequalitäten konnten Billy Joel und seine Band nun auf Arena-Bühnen demonstrieren. Die »The Stranger«-Tournee begann im September 1977 und dauerte mit kurzen Unterbrechungen bis zum Sommer 1978, sie führte von den USA nach Europa, Australien und Japan. Damals erfand Billy Joel auch einen Spruch, der für viele Jahre fester Bestandteil seiner Shows werden sollte: »Don't Take Any Shit From Anybody!« (»Lasst euch bloß von niemandem etwas weismachen!«) Ein lockerer Spruch, mit dem Joel an die Kritikfähigkeit seines Publikums appellierte, der aber gleichzeitig auch seinen eigenen Status als Rockstar hinterfragte. Der Sänger aus Hicksville, Long Island, hielt immer große Stücke auf mündige Zuhörer, die sich selbst ein Urteil bilden und nicht blind einem Idol folgen sollten.

Das monatelange Leben »on the road« schweißte die Band zusammen, war aber auch äußerst strapaziös. Dazu gehörten die unangenehmen Seiten des Tour-Lebens wie endlose Fahrten im Bus und immer gleiche Hotelzimmer in fremden Städten, aber auch die Verlockungen durch Alkohol, Drogen und Groupies. Es waren wilde Zeiten. Auf und hinter der Bühne.

Billy Joel gönnte sich keine Verschnaufpause, er wollte die Gunst der Stunde nutzen und ging nach nur einem Jahr, im Sommer 1978, bereits wieder mit Phil Ramone ins Studio, um ein neues Album zu produzieren. Es sollte einerseits an den Erfolg von »The Stranger« anknüpfen, andererseits das Erfolgsrezept nicht bloß kopieren. »Es ist natürlich eine große Versuchung, ein Erfolgsrezept zu wiederholen«, erklärt er. »Aber ich habe niemals eine Sache zweimal gemacht. Ich pfeif darauf, was andere sagen! Nach ›Stranger‹ hätte ich ja einfach ›Son of Stranger‹ machen können, aber ich hab's nicht gemacht. Mich interessiert das Neue, Unerwartete. Wenn mir eine Melodie einfällt, hat das nichts mit Kalkül zu tun. Es ist wie bei einer Erektion: Es passiert einfach. Dafür gibt es keine Formel. Ich versuche natürlich immer, vollständige Melodien zu schreiben. Das ändert sich nie. Weil es nur soundso viele Noten und Kombinationsmöglichkeiten gibt, wird es immer wichtiger, Wiederholungen zu vermeiden. Alles, was ich gemacht habe, ist unterschiedlich. Der Beweis ist, dass manche Leute mich für einen Balladensänger halten, manche für einen Rock 'n' Roller und andere denken, dass ich der Piano Man bin.« (76)

Das neue Album sollte »52nd Street« heißen, in Erinnerung an die Straße in New York, in der viele Jazzclubs, darunter das legendäre *Birdland*, ihre Adresse hatten. Die Straße ist verbunden mit Namen wie Billie Holiday, Chet Baker, Sarah Vaughan, Charlie Parker und Miles Davis. Außerdem eröffnete in den 70er-Jahren hier die Zentrale von CBS Records, die Dachgesellschaft von Columbia. Nicht zuletzt befand sich auch das Tonstudio hier.

Phil Ramone lud einige bekannte Jazzmusiker wie die Brüder Michael und Randy Brecker, David Grusin und Freddie Hubbard zu den Aufnahmen ins Studio. Die Kerntruppe bildete aber wieder Billy Joels Band. Das Kunststück von Ramone bestand darin, Jazzflair und Rockpower miteinander zu versöhnen. Es gelang vorzüglich und das Ergebnis markiert einen weiteren Höhepunkt in Joels Karriere.

Das Album »52nd Street« enthält einige Schlüsselsongs, darunter »My Life« und »Rosalinda's Eyes«. Übrigens war Billys Vater, Helmut Joel, zeitweise bei den Aufnahmen im Studio zu Gast. Billy erklärt: »Er war bei den Aufnahmesessions dabei. Auch bei ›My Life‹ war er da und sagte: ›Dein Klavier klingt ja völlig verstimmt.‹ Und ich sagte: ›Das ist genau die Idee, Paps.‹ Man kann meinem Vater Elvis Presley nicht erklären.« (77)

Zu dem musikalischen Selbstbekenntnis »My Life« erläutert Billy: »Schon als Schulkind bemerkte ich, wie idiotisch viele Regeln sind. Ich stellte irgendetwas an, was niemandem schadete, aber ich brach die Regel und bekam deshalb Ärger. Mein Leben war eine ständige Rebellion dagegen. ›This is my life! Leave me alone!‹« (78)

Und den kubanisch angehauchten Song »Rosalinda's Eyes« hat er für seine Mutter geschrieben. Darin heißt es: »Oh Havana, I've been searching for you everywhere/And though I'll never be there/I know what I would see there/I can always find my Cuban skies/In Rosalinda's eyes.«

Der Sänger träumt sich nach Kuba, wo sein Vater im Exil gelebt hatte, zugleich fantasiert er sich die gescheiterte Liebesgeschichte seiner Eltern zusammen. Als Teenager hatte er sich immer wieder vorgestellt, dass er in irgendeiner Schublade eines Tages Liebesbriefe, die Helmut an Rosalind geschrieben hatte, finden würde. Der Song hörte sich wie einer dieser fiktiven Briefe an. »Für mich ist das der Ersatz für den Brief, den mein Vater meiner Mutter hätte schreiben sollen, aber nie geschrieben hat«, erklärt Billy.

»52nd Street« erschien im Oktober 1978 und stürmte bereits im November an die Spitze der *Billboard*-Charts in den USA – als erstes Billy-Joel-Album. Vier Songs entwickelten sich zu internationalen Hits: »My Life«, »Big Shot«, »Honesty« und »Until the Night«.

Doch die Musikkritik reagierte wieder äußerst verhalten. Besonders Stephen Holden, der sich des Öfteren mit Joel anlegte, nutzte seine Plattenkritik im *Rolling Stone* zu einer Generalabrechnung: »Billy Joel ist der Inbegriff eines Post-Rock-Entertainers: Ein Vaudeville-Pianist und Imitator ... der Bob Dylan und die Beatles ebenso gut nachahmt, wie er auf modernisierten Anthony ewley macht, jeweils im selben Las-Vegas-Format ... Auf der Bühne ein fliegengewichtiger, hyperaktiver Rocky Balboa, schmeichelt sich Joel bei den Zuhörern mit dem modischen Kalkül eines Schmierenkomödianten ein. So aufdringlich aggressiv wie Sammy Davis Jr. spickt er seine Auftritte mit Gags ... – Weder ein großartiger Sänger noch ein großartiger Songschreiber, ist Billy Joel eine große Showbusiness-Persönlichkeit in der Tradition von Al Jolson ... Joels Stärke beim Songschreiben sind Pop-Pasteten ... Billy Joel wäre wahrscheinlich immer noch eine Kultfigur, die man im Konzert verehrt, aber kaum auf Platte schätzt, wenn er nicht mit Phil Ramone den perfekten Studiomitarbeiter gefunden hätte.« (79)

Der wachsende Erfolg rief aber nicht nur die Kritiker, sondern auch Neider auf den Plan. Unvermittelt sah sich Billy Joel dem ersten einer Reihe von Plagiatsvorwürfen ausgesetzt: Ein unbekannter Künstler behauptete, er habe die Demo-Aufnahme mit seinem Song »We Got To Get It Together« an Columbia Records geschickt, Joel habe seine Idee geklaut und in dem Song »My Life« verarbeitet. Billy war wegen des absurden Vorwurfs außer sich und machte seinem Ärger öffentlich Luft. Seinem guten Ruf war das nicht unbedingt dienlich. Indirekt führte es auch dazu, dass sich das Gerichtsverfahren mit Powers über zehn Jahre hinzog: In dem Prozess wurde letztlich nicht nur über Urheberrechte, sondern auch wegen übler Nachrede gestritten.

Billy Joel, der Aufsteiger aus Long Island, fühlte sich in seiner neuen Rolle als Rockstar, die er sich immer erträumt hatte, nicht besonders wohl. In einem Interview mit der *New York Times* drückte er sein Missbehagen am wachsenden Ruhm so aus: »Ich habe eine zynische Haltung zu diesem ganzen Stargehabe. Ich glaube nicht, dass ich so was Besonderes bin – ich tue einfach, was ich tue. Ich stelle mich auf die Bühne und albere herum. Irgendwo habe ich gelesen, das würde meine Persönlichkeit entwürdigen. Aber ich mache das, weil ich mich selbst entmystifizieren will. ›Hey, ich bin ein Mensch, wie ihr auch.‹ Es gibt eine Seite des Erfolgs, die mich dazu bringt, ihm nicht zu trauen oder bei ihm zu verweilen. In der Minute, in der du es geschafft hast, beginnst du bereits unterzugehen – besonders im Rock 'n' Roll. Der Rock 'n' Roll kennt kein Mitleid. Das liegt in der Natur dieses Geschäfts: Man braucht dauernd neues Blut. Ich verstehe nicht, warum letztes Jahr alles so groß geworden ist. Es ist ein Spiel der Manager, Agenten und Zahlen. Vielleicht ist es das amerikanische Ideal von Erfolg, aber ich brauche das nicht. Ich fühle mich nicht so andersartig. Mir hat immer gefallen, was ich getan habe, ich mag es immer noch und ich hoffe bei Gott, dass ich mir das in Zukunft bewahren kann. Ich möchte mein ganzes Leben Musiker sein. Manchmal schaue ich mir Stadion-Rockbands an und denke mir, wie schrecklich, und die ziehen Millionen von Leuten an? Was bedeutet also Erfolg? Solange ich mir meine Selbstachtung erhalte, mache ich mir darüber keine Sorgen.« (80)

Allerdings änderten weder Anfeindungen noch Selbstzweifel etwas an der steilen Entwicklung von Billy Joels Karriere: Am 15. Februar 1979 erhielt er bei der Grammy-Verleihung den wichtigen Musikpreis zum ersten Mal: »Just the Way You Are« wurde mit Verspätung als Song des Jahres ausgezeichnet, die entsprechende Single als Platte des Jahres.

Seit Veröffentlichung von »52nd Street« waren Billy und seine Band schon wieder unablässig auf Tournee, insgesamt wieder mehr als neun Monate – zuerst in den USA, dann in Europa, Asien und Australien. Dazwischen gab es zwei symbolträchtige Abstecher nach Kuba und nach Israel.

Das Gastspiel in der kubanischen Hauptstadt Havanna, wo seine Familie nach der Flucht aus Deutschland vorübergehend Exil gefunden hatte, reizte Billy besonders. Er wollte sich bei dieser Gelegenheit auf die Spuren seines Vaters begeben. Und ein Auftritt amerikanischer Musiker im Land des sozialistischen Diktators Fidel Castro war an sich schon eine Sensation.

Die »Havana Jam« im März 1979 war ein Coup der Plattenfirma Columbia und präsentierte unter anderem die amerikanischen Singer/Songwriter Kris Kristofferson, Rita Coolidge und Stephen Stills sowie die Jazz-Rock-Formation »Weather Report«. Dazu kamen verschiedene kubanische Bands. Die Plattenfirma wollte das dreitägige Festival im kleinen Karl-Marx-Theater für eine Fernsehshow und für ein Livealbum mitschneiden. Doch hatte man die Rechnung ohne den eigentlichen Star des Festivals gemacht: Billy Joel fühlte sich zu spät informiert und wollte sich nicht als Zugpferd für die kommerzielle Auswertung der musikalischen Good-Will-Aktion missbrauchen lassen. Das sorgte für Ärger hinter den Kulissen und führte dazu, dass Billy Joel auf den beiden Livealben »Havana Jam« nicht vertreten ist. Dennoch war sein Auftritt der abschließende Höhepunkt des Festivals, was sogar die *New York Times* in ihrem Festivalbericht registrierte. Zur allgemeinen Überraschung kannten die jungen Kubaner die Musik von Billy Joel aus dem Radio und liebten Rock 'n' Roll.

Musik ist eine Sprache, die überall auf der Welt verstanden wird, das hatte Billy früh begriffen. Und Rock 'n' Roll war die Sprache der Jugend. Aber für politische Zwecke wollte er sich nie einspannen lassen. Weder von links noch von rechts. Feindbilder haben ihn nie interessiert. Das stellte er damals auch auf einer Pressekonferenz klar, als er nach seinen Beweggründen gefragt wurde: »›Ich spielte aus demselben Grund in Israel, aus dem ich auch in Kuba spielte – um für die Menschen dort zu spielen. Wir wollten sehen, wie die Menschen in Israel wirklich sind, im Gegensatz zu der Propaganda, die uns in diesem Land aufgetischt wird.‹ Die Leute auf der Pressekonferenz standen auf und applaudierten. Es war wieder dasselbe: Kapitalist oder Kommunist, das spielt doch keine Rolle. Du kannst in Kuba oder Israel oder Hongkong oder Russland spielen. Die Kids wollen abrocken. Auf der Pressekonferenz hätte man auch gerne abfällige Dinge über Amerika von mir gehört: ›Wie denken Sie über all die Probleme in Ihrem Land?‹ Ich sage: ›Wir haben sie besser im Griff als ihr hierzulande.‹ Und schon gelte ich als rechter Faschist. Dabei bin ich eigentlich eher ein Sozialist. Aber ich bin nicht blind. Ich mag mein Land. Ich bin in vielen Ländern herumgekommen, und auch wenn es bei uns nicht perfekt ist, gibt es kein besseres. Es ist gerade hip, Amerika runterzumachen, aber ich pfeife darauf, hip zu sein. Ich denke, es ist das tollste Land der Welt. Uns wird eingeredet, Amerika zu hassen. Doch das ist auch nur wieder Propaganda.« (81)

Wer selbst im Glashaus sitzt

Das Jahr 1980 fing gut an: Im Februar kassierte Billy Joel wieder zwei Grammys, einen für das Album des Jahres (»52nd Street«), einen als bester Popsänger. Kurz danach erschien im Februar schon das neue Album »Glass Houses« mit dem vielsagenden Coverfoto. Darauf sieht man einen Mann in schwarzer Lederjacke von hinten, der gerade mit einem Stein auf eine Glasfassade zielt. Der Mann ist Billy Joel, das Haus gehört ihm selbst. Das Foto ist keine Werbung für eine Glasversicherung, sondern ein Hinweis auf ein Imageproblem. Billy hatte seinen kommerziellen Durchbruch vor allem seinen Balladen zu verdanken und galt vielen als besserer Schlagersänger und Weichspüler. Er selbst sah sich dagegen als Rock 'n' Roller und zog daher jetzt auch im Studio härtere Saiten auf, um das Liedermacherimage des Piano Man endgültig zu zerstören. »Ich stellte mir vor: ›Zum Teufel, ich werde einen Stein in mein Fenster schmeißen, auf mich – das heißt das beschränkte Image, das die Leute von mir haben.‹ Übrigens ist mein eigenes Haus zu sehen. Die Leute denken, dass ich einen Multi-Millionen-Dollar-Besitz habe. Tatsächlich habe ich 300 000 Dollar dafür gezahlt, und das nicht in bar, sondern mithilfe einer Hypothek. Ich bin kein Multimillionär. Offen gesagt bin ich nicht sicher, wie viel ich wert bin. Ich weiß es wirklich nicht und ich frage auch nicht nach.« (82)

Die Rechnung ging auf: Mit der Singleauskoppelung »It's Still Rock and Roll to Me« schafft es Billy Joel zum ersten Mal auf Platz 1 der *Billboard* Hot 100. Der Song enthält auch einen Seitenhieb auf die Presse: »It doesn't matter what they say in the papers, 'cause it's always been the same old scene. There's a new band in town, but you can't get the sound from a story in a magazine aimed at your average teen.« Gemeint war vor allem die Musikzeitschrift *Rolling Stone* – und die revanchierte sich damit, dass der Joel-Song bei einer Kritikerumfrage über Rock 'n' Roll zum schlechtesten Song aller Zeiten gewählt wurde.

Überhaupt waren die amerikanischen Musikkritiker über das Album »Glass Houses« wieder geteilter Meinung. Während einige die neue Härte und Ehrlichkeit lobten, hielten die meisten die Platte für misslungen. Bekannt wurde der Verriss von Paul Nelson im *Rolling Stone*: »Billy Joel schreibt glatte und gerissene Melodien, und was viele seiner Verteidiger sagen, stimmt: Seine Musik ist ansteckend. Aber das ist Grippe auch.« (83)

Und der angesehene Musikkritiker Robert Palmer machte in der *New York Times* in seiner Kritik eines Konzerts im New Yorker Madison Square Garden aus seiner Abneigung keinen Hehl: Joel »hat eine große Fangemeinde gewonnen, indem er Leere als etwas Wesentliches verkauft und Holiday-Inn-Lounge-Berieselung wie etwas Besonderes klingen lässt ... Ja, Mister Joel hat einige bemerkenswerte Popmelodien geschrieben. Ja, er ist ein energiegeladener, bombastischer Entertainer. Aber nein, dieser Hörer kann ihn nicht ausstehen ... Er ist die Art populärer Künstler, der eine elitäre Haltung nicht nur entschuldbar, sondern notwendig erscheinen lässt.« (84)

Billy Joel, der trotz seines kommerziellen Erfolgs vor allem nach künstlerischer Anerkennung gierte, fühlte sich allmählich von Kritikern verfolgt und argwöhnte, die Presse habe ihm den Krieg erklärt. Bei Konzerten las er zu jener Zeit dem Publikum gerne aus Kritiken vor, um sie anschließend auf der Bühne zu zerreißen. Rückblickend sagt er: »Ich betrachtete das als Pressekrieg, obwohl ich eigentlich wusste, dass das keine organisierte Aktion war. Ich fütterte damit nur meinen eigenen Frust und verschlimmerte das Problem ... Die Wahrheit ist, dass ich in den späten 70er- und frühen 80er-Jahren die Schnauze einfach voll hatte. Ich hatte unter Fehlern, die ich in der Vergangenheit gemacht hatte, zu leiden. Und ich hatte überhaupt kein Privatleben, weil ich so viel arbeitete und emotional ausgeblutet und psychisch erschöpft war.« (85)

Jedenfalls war das Verhältnis zwischen dem Star und der Presse 1980 so angespannt, dass die Plattenfirma einen PR-Strategen einschaltete, um die Situation zu entschärfen. Denn offensichtlich hatten sich auf beiden Seiten Feindbilder festgesetzt. Mit Hilfe des im Musikgeschäft erfahrenen Anwalts Howard Bloom gelang es tatsächlich, einige wichtige Musikjournalisten mit Billy Joel persönlich bekanntzumachen und sie davon zu überzeugen, dass er mehr war als ein »angry young man«. Eine wohlwollende Titelgeschichte im *Rolling Stone* war eine Folge der PR-Aktion.

Obwohl Billy Joel es lange nicht wahrhaben wollte, begann sich der Dauerstress mit der Zeit auch auf sein Eheleben auszuwirken. Elizabeth, die wesentlichen Anteil an der Karriere ihres Mannes hat, begann die Arbeit allmählich über den Kopf zu wachsen, und sie wollte sich langsam aus dem Musikgeschäft zurückziehen. Es war der Anfang vom Ende ihrer Ehe.

Innerhalb weniger Jahre hatte sie äußerst geschickt ein kleines Imperium mit verschiedenen Tochterfirmen aufgebaut: »Home Run Systems« war für das Künstlermanagement zuständig, »Impulsive Music« kümmerte sich um die Verlagsrechte, »Billy Joel Tours« um die Tourneeproduktionen, »Home Run Agency« buchte die Konzerte und »Roots Rags Ltd.« produzierte das Merchandisingangebot wie T-Shirts, Poster oder Baseballkappen.

Elizabeth Joel brachte ihren Bruder, Frank Weber, der Erfahrung im Marketing hatte, als ihren Nachfolger ins Gespräch – eine äußerst fatale Entscheidung, wie sich im Nachhinein herausstellen sollte. Aber er gehörte zur Familie, das war auf jeden Fall ein Pluspunkt. Auch in den Augen von Billy, der ja ein gebranntes Kind im Umgang mit Managern war.

Nach einer Probephase übernahm Frank Weber Ende des Jahres 1980 den Job seiner Schwester bei der Home Run System Corporation offiziell. Bei dieser Gelegenheit traf Billy mit Elizabeth auch die Vereinbarung, im Fall einer Scheidung ihr gemeinsames Vermögen 50:50 aufzuteilen.

Genau in dieser Zeit wurde die weltweite Beatles-Fangemeinde von einer traurigen Nachricht erschüttert: John Lennon, Idol einer ganzen Generation, starb am 8. Dezember nach einem Attentat vor dem Dakota Building in New York. Erschossen von Mark David Chapman, einem geisteskranken Fan. Billy Joel, der sein musikalisches Idol nie persönlich kennengelernt hat, reagierte auf den Mord besonders betroffen. Auch deshalb, weil er sich ein paar Monate zuvor selbst vergeblich um ein Appartement im Dakota Building bemüht hatte. Die Eigentümer hatten sein Ansinnen allerdings mit dem Hinweis abgelehnt, es gäbe schon zu viele prominente Hausbewohner, die für Unruhe sorgten. Man fürchtete, dass mit einem Rockstar wie Billy Joel automatisch Drogen und Groupies im vornehmen Dakota Building einziehen würden.

Unmittelbar nachdem er die Nachricht von John Lennons Tod erhalten hatte, setzte sich Billy Joel aufgewühlt auf sein Motorrad und fuhr stundenlang ziellos durch die Gegend. Irgendwo hielt er vor einem Musikclub an, setzte sich ans Klavier und spielte den ganzen Abend Beatles-Lieder, um sich und die zufällig anwesenden Besucher zu trösten – musikalische Trauerarbeit.

Traum und Albtraum

Die 80er-Jahre brachten eine Reihe einschneidender Änderungen in Billy Joels Leben mit sich – im privaten Bereich ebenso wie im geschäftlichen und musikalischen.

Endlich schien alles optimal zu laufen: Billy schwamm auf einer Welle des Erfolgs und verdiente reichlich Geld. Die Chemie in seiner Band stimmte, die gemeinsamen Auftritte machten allen unheimlich viel Spaß. Und Partys gab es in der New Yorker Szene reichlich. Das Leben schien (wie in dem Song von Ian Dury) nur aus Sex & Drugs & Rock 'n' Roll zu bestehen. In einem großen *Playboy*-Interview gab Billy Joel 1982 zu, dass er schon mit allen Arten von Drogen Bekanntschaft gemacht hatte, auch mit Kokain und Heroin. Abhängig von harten Drogen war er nach eigener Aussage niemals, seine Lieblingsdroge blieb über viele Jahre Alkohol.

1981 lief der Sieben-Jahres-Vertrag mit Columbia Records aus und musste neu verhandelt werden. CBS-Präsident Walter Yetnikoff wollte seinen Goldesel behalten und machte Billy Joel ein verlockendes Angebot, um ihn bei der Stange zu halten. Denn immer noch kassierte Artie Ripp ein Viertel von jedem Dollar aus Billys Platteneinnahmen. Künftig sollte die Plattenfirma diesen Anteil übernehmen und Billy in den vollen Genuss seiner Urheberrechte kommen.

Die erste Plattenproduktion, bei der die neue Regelung ins Spiel kam, war »Songs in the Attic«, eine originelle Mischung aus Best-of-Sammlung und Livealbum. Billy Joel hatte schon lange davon geträumt, die Liveenergie seiner Auftritte auf Platte zu bannen. Phil Ramone produzierte das Album, das sowohl in kleinen Clubs als auch in großen Konzertarenen mitgeschnitten wurde.

Die Grundidee war, verkannte oder schlecht produzierte Songs aus der Frühphase im neuen Gewand zu präsentieren, darunter »Captain Jack«, »Highland Falls« und »Miami 2017«.

Das Album dokumentierte das Frühwerk – aufgenommen auf schier endlosen Tourneen zwischen 1971 und 1976 – endlich so, wie es den Vorstellungen von Billy Joel und seiner Band entsprach: voller Liveenergie. Das Innencover zeigte Privatfotos aus Billys Kinder- und Jugendzeit.

»Songs in the Attic«, im September 1981 veröffentlicht, war eine technische Pioniertat: Es war das erste Livealbum, das mit digitaler Technik aufgenommen wurde. Und es bekam fast durchwegs positive Kritiken, sogar im *Rolling Stone*.

Es war das letzte Joel-Album, auf dem das langjährige Bandmitglied Richie Cannata zu hören ist. Der Multi-Instrumentalist hatte den Rock-'n'-Roll-Zirkus satt und suchte nach neuen musikalischen Herausforderungen; er fand sie später als Spielgefährte so bekannter Popkünstler wie Elton John, Rita Coolidge, Phoebe Snow und Celine Dion. Der Ausstieg von Richie Cannata war allerdings ein erster Hinweis darauf, dass es in der Band kriselte. Die Musiker, die auf ihren Anteil am Erfolg stolz waren, begriffen, dass sie im Gegensatz zum Frontman austauschbar waren.

Billy Joel war zu intelligent, um seinen Ruhm und Reichtum vorbehaltlos zu genießen. »Je mehr man hat, desto mehr gibt man aus. Außerdem sind wir verantwortlich für das Einkommen einer ganzen Menge von Leuten. Das Geld, das hereinkommt, dient auch dazu, Arbeit und Jobs zu schaffen. Ich bin kein richtiger Kapitalist. Das war ich nie; das ganze Geld ist mir peinlich. Elizabeth ist eine gute Kapitalistin, aber auch feinfühlig. Sie lebt in dieser Gesellschaft und akzeptiert das. Wir geben Geld für wohltätige Zwecke aus. Ich unterstütze meine Familie. Das macht mir Freude. Wir hatten nie Geld und jetzt kann ich aushelfen. Ich habe Angst, allzu sehr auf das Geschäft zu achten. Das steht der Kreativität im Weg. Ich will damit nicht sagen, dass ich die Theorie unterstütze, nach der man hungern muss, um kreativ zu sein; ich glaube das nicht, weil ich mich schon mit vollem Bauch hingesetzt und geschrieben habe. Aber ich mache das nicht des Geldes wegen.« (86)

Andererseits konnte er sich mit dem Geld schöne Häuser und teures Spielzeug leisten. Motorräder zum Beispiel. »Es ist toll, vier Motorräder zu besitzen. Es macht Spaß. Ich gehe in die Garage und sage mir: ›Verdammt, ich habe vier Motorräder!‹ Aber irgendwo gibt's für mich eine Grenze. Ich habe eine Harley Electra Glide. Ich sah sie mir an und sagte zu mir: ›Was brauch ich sonst noch im Leben? Das ist es. Das ist alles, was ich brauche.‹« (87)

Die Ironie des Schicksals wollte es, dass wenig später ausgerechnet ein Unfall mit der geliebten Harley-Davidson fast seine Musikkarriere beendet hätte: Am 15. April 1982 wurde Billy Joel bei einer Motorradfahrt auf Long Island von einer älteren Autofahrerin gerammt, im weiten Bogen durch die Luft geschleudert und verletzt. Sie hatte wohl eine Ampel übersehen. Zum Glück trug er einen Helm und Lederkleidung. Als er sich von seinem Schock erholt und wieder aufgerappelt hatte, bemerkte er, dass seine linke Hand geschwollen wie eine Grapefruit war, blutete und höllisch schmerzte. Ein Albtraum für den Pianisten! Bei diesem Unfall war er zwar mit dem Leben davongekommen, aber es konnte das Ende seiner Konzerttätigkeit bedeuten.

Billy Joel wurde mit dem Rettungshubschrauber in eine Spezialklinik nach New York geflogen und stundenlang operiert: Der linke Daumen und einige Knochen der rechten Hand waren gebrochen. Die Operation gelang, und nach einer längeren Heilphase konnte Joel zum Glück wieder Klavier spielen. Bis heute aber funktioniert der kaputte Daumen nicht richtig. »Die wichtigste Lehre, die ich aus dem Unfall gezogen habe, lautet: Gerade wenn du denkst, dass du alles auf der Welt unter Kontrolle hast, schaltet jemand eine Ampel auf rot.« (88)

Der Unfall hatte noch ein unschönes Nachspiel: Bei dem anschließenden Gerichtsverfahren drehte die Autofahrerin den Spieß um und behauptete, Joel sei schuld an dem Unfall gewesen. Offenkundig wollte sie mit ihrer Klage aus der Prominenz des Rockstars, der negative Schlagzeilen fürchtete, Profit schlagen. Tatsächlich bekam die Frau am Ende einen Betrag in unbekannter Höhe, um den Fall möglichst schnell zu beenden.

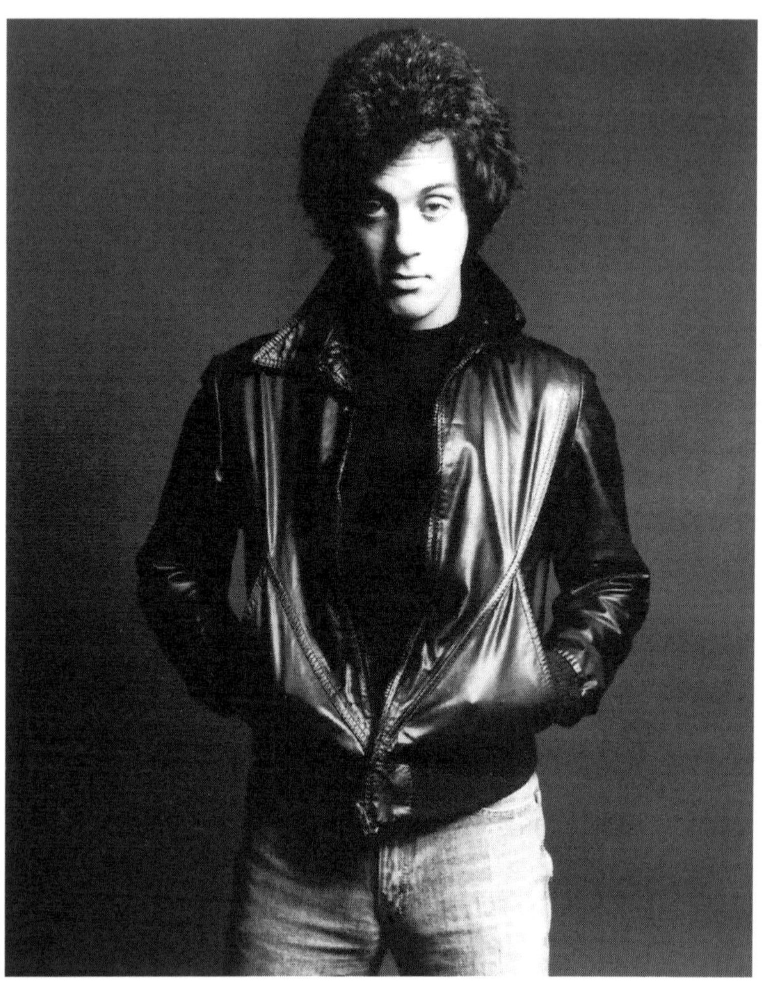

In Rocker-Pose: Billy Joel auf einem Pressefoto Anfang der 80er-Jahre

Wenige Monate nach dem Unfall, im Sommer 1982, wurde die Ehe von Billy und Elizabeth offiziell geschieden. Die beiden trennten sich in aller Freundschaft. »Es hat nicht funktioniert. Die härteste Sache für zwei Menschen, die sich lieben, ist eine Trennung. Aber manchmal muss es sein«, sagte Billy damals in einem Interview. (89)

Und er ergänzte bei anderer Gelegenheit: »Es hat mich richtig gebeutelt, als meine Ehe in die Brüche ging. Ich war einer von denen, die glauben, dass so etwas für immer halten muss – wie bei den Schwänen. Aber ich habe bemerkt, dass wir keine Schwäne, sondern Menschen sind.« (90)

Elizabeth hatte ihre Aufgabe als Billys Managerin hervorragend erfüllt: Sie hatte ihren Mann zum Rockstar gemacht. Aber in all den Jahren waren sich die beiden abhanden gekommen und hatten sich auseinandergelebt. Billys Ehe war in die Brüche gegangen, so wie die erste Ehe seines Vaters gescheitert war.

Da die beiden nicht nur Eheleute, sondern auch Geschäftspartner waren, hatte die Scheidung gravierende finanzielle Folgen: Ihr stand laut Vertrag nicht nur die Hälfte des gemeinsamen Vermögens zu, sondern auch die Hälfte aller künftigen Einkünfte aus dem geistigen Eigentum bis zum Zeitpunkt der Scheidung. Laut dem Joel-Biografen Hank Bordowitz zahlte Billy seiner Exfrau allein drei Millionen Dollar für ihre Anteile an den Songrechten.

Trotz seiner gescheiterten Ehe blieb eine eigene Familie der große Wunschtraum des gefeierten Rockstars, der aus der neu gewonnenen Freiheit das Beste zu machen suchte. Im Oktober 1982 erklärte er in einem *Rolling-Stone*-Interview: »Ich wollte Kinder haben. Ich bin 33. Wenn ich Kinder sehe, werde ich rührselig. Ich hätte gerne eine Tochter, die ihren Vater für den Größten hält. Einen kleinen Jungen, mit dem ich Fischen gehen und dem ich Radfahren oder so was beibringen könnte. In den letzten zwölf Jahren war ich so viel auf Tour, dass es nicht leicht gewesen wäre, eine Familie zu haben. Einige Probleme in meiner Ehe rührten daher. Deshalb möchte ich in Zukunft sicherstellen, dass ich ein bisschen Zeit für eine Familie zur Verfügung habe. Ich bin ohne Vater aufgewachsen und ich möchte nicht, dass meine Kinder auf dieselbe Art aufwachsen. Ich glaube, dass Kinder zu haben der beste Beweis dafür ist, dass man erwachsen ist. Meiner Meinung nach weißt du erst dann, wenn du Kinder hast, worum es wirklich geht.« (91)

Trotz des Motorradunfalls und der Scheidungsprozedur arbeitete Billy Joel bereits an seinem nächsten Album. Es sollte einerseits eine Hommage an die Beatles und andererseits eine Momentaufnahme der USA der Reagan-Ära werden. Und tatsächlich wurde

»The Nylon Curtain« bei der Veröffentlichung im September 1982 als Meilenstein und Meisterwerk gefeiert, auch von der sonst so kritischen Musikpresse. Der Rockpoet überraschte Fans und Kritiker mit einem vielschichtigen Album, das sich im Kern um aktuelle gesellschaftspolitische Themen drehte. Es war der Soundtrack der Babyboomgeneration. Joel beschrieb zum ersten Mal den Albtraum, der hinter dem amerikanischen Traum lauert: Traum und Albtraum trennt kein Eiserner Vorhang, sondern nur ein dünner Plastikvorhang, »The Nylon Curtain«.

Am Anfang stehen vier Songs über Arbeitslosigkeit, Schuld, Unterdrückung und Krieg, laut Billy Joel »die vier apokalyptischen Reiter in der amerikanischen Landschaft«.

»Allentown« ist eine Metapher für Amerika und handelt vom wirtschaftlichen Niedergang einer typischen Stadt mitten in den USA. Allentown steht stellvertretend für viele Städte, die mit den Folgen des Strukturwandels zu kämpfen haben. Joel singt aus der Perspektive der Menschen, die ihren Arbeitsplatz verloren und kaum eine Alternative haben. »Der Song entstand während der Rezession in der Stahlindustrie. Ich denke, viele Leute haben geglaubt, dass sie den gleichen Job wie ihre Väter bekommen würden, im Nordosten besonders an Orten wie Ohio oder Pennsylvania. Plötzlich gab es keine Jobs mehr. Der Horizont in Amerika ist kleiner geworden. Meiner Meinung nach wurden die Menschen zum ersten Mal seit der Depression mit der Tatsache konfrontiert, dass das Amerika, das sie kennen, Grenzen hat.« (92)

Offenbar traf Joel damit einen Nerv der Zeit, denn die 16 000 Bürger von Allentown luden den Sänger ausdrücklich zu einem Konzert ein, und der Bürgermeister übergab ihm dabei symbolisch die Stadtschlüssel.

Der Song »Laura« zitiert das Spätwerk der Beatles überdeutlich und geht um die seltsame Beziehung zwischen einer gestörten Frau und einem gelangweilten Mann, dem sie bei nächtlichen Telefonanrufen ihr Herz ausschüttet.

Um den ständig steigenden Druck, dem jeder im Privat- und Berufsleben ausgesetzt ist, geht es in »Pressure«.

Und »Goodnight Saigon« thematisiert die traumatischen Folgen des Vietnamkriegs für die amerikanischen Soldaten. Billy Joel, der selbst nicht in Vietnam war, ließ sich zu diesem melancholisch-verzweifelten Abgesang durch viele Unterhaltungen mit Kriegsveteranen aus Long Island inspirieren. Der kritische Song fand sogar den Beifall der Vereinigung der Vietnam-Veteranen gegen Agent Orange, die sich in dem Text wiedererkannten.

Produzent Phil Ramone arbeitete bei »The Nylon Curtain« viel mit Soundeffekten und Geräuschen, Billy Joel schwebte so etwas wie eine musikalische Antwort auf das »Sgt. Peppers«-Album der Beatles vor. Die Klangcollagen bauten auf der energischen Rhythmusarbeit von Liberty DeVitto am Schlagzeug, Doug Stegmeyer am Bass und Billy am Klavier auf. Dazu kamen die beiden Gitarristen Russel Javors und David Brown. Der Jazzmusiker Dave Grusin übernahm die beatlesmäßigen Arrangements der Streicher und Bläser.

Nicht zuletzt wegen der anspruchsvollen Texte fand Billy Joel, der sich nie für einen großen Dichter hielt, mit »The Nylon Curtain« die späte Anerkennung seiner schärfsten Kritiker.

Während diese Langspielplatte noch auf Vinyl veröffentlicht wurde, nahm zur gleichen Zeit eine technische Revolution ihren Lauf, die den Musikmarkt völlig veränderte: Am 17. August 1982 stellte die Plattenfirma PolyGram in Langenhagen bei Hannover die erste Compact Disc der Welt vor: »The Visitors« der schwedischen Popgruppe Abba. Kurz danach wurde als erste CD von CBS Billy Joels »52nd Street« veröffentlicht, was für die damalige Popularität des Sängers spricht.

Und noch eine zweite Revolution veränderte in diesen Jahren den Musikmarkt nachhaltig: Der amerikanische Musiksender MTV bestritt seit 1981 sein Programm vor allem mit Videoclips und hatte damit von Anfang an gigantischen Erfolg. Bald hatte fast jedes Land der Erde einen eigenen Musikkanal. Ironischerweise wurde der prophetische Song »Video Killed the Radio Star« der Buggles aus dem Jahr 1979 einer der ersten großen Hits des neuen Mediums.

Kritiker beobachteten den Erfolg von MTV mit gemischten Gefühlen. Auch Billy Joel gehörte zu den Skeptikern, die nicht zu

Unrecht befürchteten, dass visuelle Effekte künftig wichtiger sein würden als musikalische Qualität. Außerdem stand er nicht gerne vor der Kamera, wohl wissend, dass er weder cool noch sexy wirkte. Es war die Geburtsstunde neuer Megastars wie Madonna, Prince oder Michael Jackson und der Beginn einer Entwicklung, bei der die Produktion sündhaft teurer Videoclips ebenso verkaufsentscheidend für den Charterfolg wurde wie das Aussehen der Sänger.

Damals sprach der Hitlieferant in einem langen Interview mit dem *Playboy* auch über die Qualen des Songschreibens: »Schreiben ist die schlimmste Sache der Welt. Ich hasse es zu schreiben. Du ziehst dir selbst die Eingeweide heraus. Du befindest dich mitten in einer heißen, trockenen Wüste. Es gibt nichts außer diesem weißen Blatt Papier vor dir und das Klavier mit seinen 88 weißen Zähnen, die dich anstarren und nur darauf warten, dir die Hände abzubeißen. So schaut das aus. Es ist fürchterlich – bis du fertig bist.«

Im Winter 1982 gönnte sich Billy Joel, der sich an die Vorzüge des Junggesellendaseins zu gewöhnen begann, erstmals seit Jahren einen kurzen Urlaub in der Karibik. Sein Freund Paul Simon hatte ihm den Tipp mit der Insel St. Barts gegeben. Bei einer Zwischenlandung auf St. Martin bemerkte er eine gut aussehende Frau. »Ich erkannte sie sofort. Sie war noch schöner als auf den Fotos. ›Wow, das ist *Christie Brinkley*! Ob sie wohl weiß, wer ich bin?‹ Ich spielte Plattencover, das heißt ich versuchte so auszusehen, wie ich auf einem Plattencover aussehe. Ich gab mir so viel Mühe wie möglich. Sie erkannte mich nicht, ich war Luft für sie.« (93)

Der gefeierte Rockstar benahm sich wie ein aufgeregter Schuljunge, um die Aufmerksamkeit des bekannten Fotomodells zu erhaschen. Zunächst ohne Erfolg. Aber das Schicksal gönnte den beiden Stars eine zweite Chance: In einer Hotelbar auf St. Barts traf man sich eines Abends wieder. Hier bestätigte sich die alte Schlagerweisheit: »Wer Klavier spielt, hat Glück bei den Frauen.« Billy Joel setzte sich ans Piano – und drei bildschöne Frauen spitzten auf einmal die Ohren: Whitney Houston, Elle MacPherson und Christie Brinkley. »Alle genehmigten sich ein paar Drinks, keiner fühlte sich unwohl und wir begannen ein Sing-along«, erinnert sich der Piano Man. »Ich tat so, als sei ich Humphrey Bogart in Casablanca, und spielte ›As Time Goes By‹. Allmählich bildete sich ein kleiner Kreis und wir sangen zusammen. Christie saß neben mir. Whitney stand vor dem Klavier und sang. Elle war auch da. So haben wir uns kennengelernt. Ich begann, ein paar alte Rock-'n'-Roll-Songs zu spielen. Songs von den Platters, von Little Anthony & The Imperials, rührseliges Zeug.« (94)

Christie Brinkley, Jahrgang 1954, galt als Inbegriff des All-American-Girl und war als Topmodel wegen ihrer natürlichen Ausstrahlung überaus beliebt. Mit 21 nahm sie der amerikanische Konzern Cover Girl Cosmetics als Fotomodell unter Vertrag, der insgesamt 20 Jahre dauerte. Von 1973 bis 1981 war sie mit dem französischen Künstler Jean-François Allaux verheiratet, danach hatte sie eine Affäre mit Olivier Chandon de Brailles, einem reichen Erben aus der Champagnerdynastie Moët & Chandon.

Für Billy war es Liebe auf den ersten Blick, doch der um einen halben Kopf kleinere Rockstar war eigentlich gar nicht ihr Typ. »Ein Typ mit einem Harley-Davidson-T-Shirt am Klavier, der wie ein aufgedunsener, angeschwollener Hummer aussah – das war ihr erster Eindruck von mir. Ich hatte einen unglaublichen Sonnenbrand. Die Musik war der Schlüssel zu unserer Bekanntschaft. Sie setzte sich hin und begann auch zu singen. Dabei lachte sie und sagte: ›Ich habe überhaupt keine Stimme.‹ Und ich ermutigte sie: ›O doch, du hast eine großartige Stimme. Komm, sing weiter!‹ Und genau in diesem Augenblick habe ich mich in sie verknallt. Sie wirkte so bodenständig, als ob sie aus meiner Gegend käme. Gar nicht hochnäsig und sich ihres Aussehens nicht sonderlich bewusst.« (95)

Bei dieser ersten Begegnung passierte nicht viel, man unterhielt sich über dies und das und beim Abschied hieß es unverbindlich: Vielleicht sehen wir uns mal in New York.

Ein paar Wochen später, am 2. März 1983, hatte Olivier Chandon mit seinem Sportwagen in Palm Beach, Florida, einen tödlichen Unfall. Er war erst 27 Jahre alt.

Billy Joel nutzte die traurige Gelegenheit, um wieder Kontakt mit Christie Brinkley aufzunehmen: »Nach meiner Rückkehr nach New York wohnte ich im St. Moritz Hotel und sie in der 67. Straße am Central Park, also gleich um die Ecke. Eines Tages las ich in der Zeitung, dass Olivier Chandon tödlich verunglückt war. Ich rief sie an und sagte: ›Ich weiß, dass du eine schwere Zeit durchmachst. Wenn du jemanden zum Reden brauchst – ich bin da.« (96)

So begann die Liebesgeschichte zwischen der Schönen und dem Rock-Biest. Für die Regenbogenpresse war das ungleiche Paar ein gefundenes Fressen. Und Billy Joel musste sich daran gewöhnen, dass er nun nirgends mehr sicher war vor den Paparazzi. Amouröse Beziehungen zwischen Rockstars und Fotomodellen sorgten damals häufig für Schlagzeilen – Mick und Bianca Jagger, Keith Richards und Anita Pallenberg, David Bowie und Iman, Eric Clapton und Patti Boyd sowie Rod Stewart und Kelly Emberg sind dafür nur einige prominente Beispiele.

Neue Liebe, neues Glück

Billy Joel war schwer verliebt und fühlte sich wieder wie ein Teenager, so leichtsinnig und unbeschwert. In dieser Stimmung schrieb er innerhalb kürzester Zeit die Songs für ein neues Album: »An Innocent Man« wurde wieder von Phil Ramone produziert und erschien im August 1983.

Wie schon des Öfteren überraschte Joel seine Fans mit einem neuen Sound, der eigentlich ein alter war und so gar nicht zu den aktuellen Musikmoden wie Punk und Disco passte. Inspiriert von seiner neuen Muse und Geliebten erinnerte sich Joel an die Musik, die er als Teenager im Radio gehört hatte: Die Platte ist ein einziger musikalischer Spaß, eine Hommage an den gut gelaunten Doo Wop, Soul und Rock 'n' Roll der frühen 60er-Jahre.

Aber der Song »Keeping the Faith« drückte aus, dass es dem Sänger nicht um eine reine Nostalgieübung ging: Er lebte nicht in der Vergangenheit, hatte sich aber über die Jahre sein jugendliches Feuer bewahrt. »Ain't it wonderful to be alive when the rock 'n' roll plays ... when the memory stays ... I'm keeping the faith.«

Drei der zehn Songs drehten sich ganz unverhüllt um Christie Brinkley, darunter der Titelsong »Christie Lee« und der Smash-Hit »Uptown Girl«. Dazu erklärt Billy Joel: »Das ist ein Tribut an Frankie Valli & The Four Seasons. Ich habe ihren Stil gewählt. Ich habe sogar versucht, wie Frankie Valli zu singen – dieses gespannte Falsett. Es ist ein Scherz, der sich erst im musikalischen Zusammenhang des Albums erschließt ... The Four Seasons waren in der Zeit vor den Beatles wohl eine der größten Bands in Amerika. Aus dem Zusammenhang gerissen fragt man sich: ›Was soll denn diese Pop-Dummheit?‹« (97)

Für das pfiffige Video zu »Uptown Girl« mit vielen Tanzszenen standen Billy Joel und Christie Brinkley zusammen vor der Kamera: Billy Joel spielte einen einfachen Automechaniker, der den Rolls-Royce einer reichen Schönheit (Christie) reparieren soll und dabei ihr Herz gewinnt. Es wurde das erfolgreichste Joel-Video überhaupt.

An den Aufnahmen zu dem Album »An Innocent Man« waren namhafte Jazzmusiker beteiligt, darunter der belgische Mundharmonikavirtuose Toots Thielemans, der Pianist Richard Tee sowie die Saxofonisten Michael Brecker und David Sanborn.

Bei den Kritikern stieß die Gute-Laune-Platte durchwegs auf Wohlwollen, selbst der sonst so kritische *Rolling Stone* fand lobende Worte. Aber auch das Publikum liebte das Album: Es enthielt sechs Welthits und erreichte in den USA Platz 4, in England Platz 2 der Verkaufscharts.

1984 ging Billy Joel mit seiner Band sechs Monate lang auf eine ausgedehnte Welttournee, spielte drei Shows im Londoner Wembley Stadion und zum Abschluss siebenmal nacheinander im New Yorker Madison Square Garden.

Im selben Jahr wurde auch sein verunglücktes Debütalbum »Cold Spring Harbor« wieder veröffentlicht, neu abgemischt und in der richtigen Geschwindigkeit. Außerdem erschien das erste komplette Konzertvideo »Billy Joel: Live from Long Island«, das prompt eine Grammy-Nominierung erhielt.

Am 28. Januar 1985 weilte Billy Joel wie viele seiner berühmten Kollegen in Los Angeles, um an der Fernsehübertragung der Verleihung der American Music Awards teilzunehmen. Das seltene Zusammentreffen von Popstars ermöglichte in dieser Nacht auch eine außergewöhnliche Plattenproduktion: Die Gospel-Hymne »We Are the World«, geschrieben von Michael Jackson und Lionel Richie, produziert von Quincy Jones. Es war eine musikalische Hilfsaktion, gedacht für die Opfer der Hungerkatastrophen in Afrika, vor allem in Äthiopien.

Und alle wollten dabei sein und im Studio Gutes tun. Und alle ordneten ihr Künstler-Ego diesem einmaligen Gemeinschaftsprojekt unter: Harry Belafonte, Ray Charles, Bob Dylan, Cindy

Lauper, Huey Lewis, Kenny Loggins, Bette Midler, Willie Nelson, The Pointer Sisters, Smokey Robinson, Diana Ross, Paul Simon, Bruce Springsteen, Tina Turner, Dionne Warwick und Stevie Wonder. Alle mussten sich mit kurzen Solosequenzen zufriedengeben. Auch Billy Joel war mit von der Partie, als diese hochkarätige All-Star-Band ihr Lied für Afrika sang, das später viele Millionen für den guten Zweck einspielte.

Gut zwei Jahre nach ihrer ersten Begegnung heirateten Billy Joel und Christie Brinkley, beide auf der Höhe ihres Ruhms angelangt, am 23. März 1985 auf einer großen Yacht im Hafen von New York. Eine Traumhochzeit unter Ausschluss der Pressemeute, die ganz versessen auf Fotos des Paares war. Zu den wenigen persönlichen Gästen des Bräutigams zählte sein Kollege Paul Simon.

Ein Jahr danach sprach der Rockstar in einem langen *Rolling-Stone*-Interview über seine neue Ehe und zog eine persönliche Zwischenbilanz. Dabei erinnerte er sich auch an seinen Heiratsantrag: »Wir waren in einem Hotel und ich fragte: ›Willst du mich heiraten?‹ Ich glaube, sie war von meinem Antrag sehr berührt. Ein paar Wochen später – wir hatten nie mehr darüber gesprochen – waren wir zu Hause. Ich hatte einen Diamantring für sie gekauft. Eigentlich hatte ich ein Candle-Light-Dinner geplant, aber ich konnte nicht mehr warten. Es war mitten am Nachmittag. Sie malte oben in ihrem kleinen Atelier. Ich hielt den Ring, der wie Feuer in meiner Hand brannte. Ich ging die Treppe nach oben und legte den Ring auf ihren Zeichentisch. Da hörte sie auf zu malen und sagte: ›Yeah, lass uns heiraten.‹«

Das frisch verheiratete Promi-Paar, das ein normales Privatleben führen wollte, fand sich ständig in den Klatschspalten wieder und musste sich wohl oder übel vor der Öffentlichkeit abschirmen. Billys ohnehin angespanntes Verhältnis zur Presse wurde durch aufdringliche Fotografen und unseriöse Gesellschaftsreporter noch mehr belastet. »Ich musste feststellen, dass ich mich nicht verändert, Christie sich nicht verändert, aber die Reaktion der Leute uns gegenüber sich drastisch verändert hatte: ›Ach, jetzt hat er dieses berühmt-berüchtigte Model geheiratet

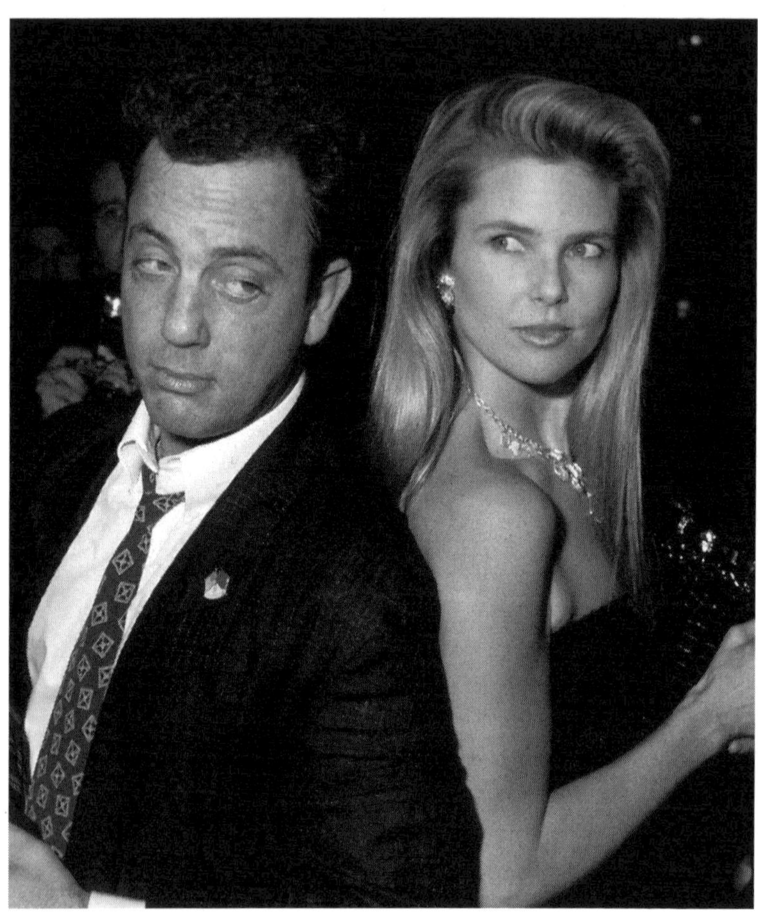

Billy Joel und seine zweite Frau Christie Brinkley

und sich total verändert.‹ Als ob ich sie geheiratet hätte, weil sie berühmt und wohlhabend war.« (98)

Nach der Hochzeit zog sich Billy Joel für einige Zeit aus dem Musikgeschäft zurück und konzentrierte sich auf sein privates Glück. Um die Zeit bis zum nächsten Studioalbum zu überbrücken und das Interesse der Kunden wachzuhalten, wählte die Plattenfirma einen beliebten Trick und veröffentlichte im Sommer 1985 das Doppelalbum »Greatest Hits, Volume One & Two«. Die Werkschau enthielt auch zwei neue Songs (»You're Only

Human [Second Wind]« und »The Night Is Still Young«), erreichte diesseits und jenseits des Atlantiks die Top Ten und entwickelte sich darüber hinaus zu einem überaus erfolgreichen Longseller.

Am 29. Dezember 1985, neun Monate nach der Hochzeit, kam Billys und Christies Tochter Alexa Ray zur Welt. Die Vornamen haben Symbolcharakter und beziehen sich auf zwei wichtige Menschen in Billys Leben: Alexa ist die weibliche Kurzform von Alexander, wie sein Halbbruder heißt, und Ray ist eine Verbeugung vor dem verehrten schwarzen Soulsänger Ray Charles.

Billy, der im Grunde immer ein Familienmensch war, nahm seine neue Rolle als Vater sehr ernst; schließlich hatte er selbst lange unter der Trennung seiner Eltern gelitten. »Ich habe meinen Vater immer sehr vermisst. Ich trieb mich herum und tat verrückte Dinge, um meine Männlichkeit zu beweisen. Dabei geriet ich in Schwierigkeiten und Streitigkeiten. Ich lernte Boxen, um zu zeigen, dass ich ein Mann war. Dummes Zeug. Als wir unsere Tochter bekamen, wusste ich, dass ich in ihrem Leben präsent sein wollte. Nicht nur als Mann, sondern auch als Vater. Und ich meine das nicht im Sinne eines Besserwisser-Vaters mit Pfeife und Pantoffeln.« (99)

Der Mittdreißiger, der schon seit 20 Jahren im Geschäft und ständig auf Achse war, machte sich auch über seine Karriere Gedanken und sprach über Zukunftspläne. Der langersehnte Starruhm hatte längst seinen Glanz verloren: »Also ich will nicht bis in alle Ewigkeit den Entertainer spielen. Ich sehe meine Zukunft auch nicht unbedingt als Künstler, der Platten aufnimmt. Ich kann mir vorstellen, dass ich künftig Musik machen und komponieren und vielleicht auch Songs schreiben werde, aber nicht mehr in der vordersten Linie der Berühmtheiten. Ich glaube, man muss wissen, welche Prioritäten man setzt. Wenn ich mich zwischen meiner Frau und meiner Arbeit entscheiden müsste, würde ich ohne zu zögern meine Rock-'n'-Roll-Star-Existenz aufgeben. Ich weiß, was wichtig ist. Und sie weiß es auch. Eine erfolgreiche Modelkarriere um jeden Preis anzustreben war nie ihr Ziel. Sie kam per Zufall dazu und hat das nie als Selbstzweck betrachtet. Sie ist Künstlerin aus Überzeugung, sie ist eine sehr gute Malerin und Illustratorin, außerdem hat sie komisches Talent als Schauspielerin. Wir haben viele andere Interessen neben den Aktivitäten, die uns im Augenblick beschäftigen.« (100)

Das Ende des Kalten Krieges

Von der kreativen Pause Billy Joels waren seine Musiker, die ja kein regelmäßiges Einkommen hatten, nicht gerade begeistert. Als die Band im Frühling 1986 wieder für Studioaufnahmen zusammengetrommelt wurde, war die Stimmung nicht die allerbeste. »The Bridge« wurde erneut von Phil Ramone produziert und erschien im Juli 1986. Billy Joel erklärte damals in einem Interview mit der *New York Times*: »Die einzige Prämisse bei ›The Bridge‹ war anfangs, dass es kein Konzeptalbum werden sollte. Nach ›52nd Street‹ fühlte ich mich etikettiert als jemand, der handwerklich gut gearbeitete Schlager schrieb und spielte. Meine Füße waren wie in Beton gegossen. Weil ich eine Rockband hatte und in großen Arenen spielte, musste ich mich mehr in Richtung Rock 'n' Roll bewegen. Die Songs auf ›Glass Houses‹ waren eigens für die Livedarbietung im Konzert geschrieben. Das folgende Album, ›The Nylon Curtain‹, war das genaue Gegenteil – ein ausgetüfteltes Studioalbum, an dem wir ein Jahr lang arbeiteten und das sehr schwer live zu spielen war. Ich betrachtete es als mein ›Sgt. Pepper's Lonely Hearts Club Band‹, obwohl ich nicht vorhatte, die Beatles zu kopieren. Das letzte Album, ›An Innocent Man‹, war eine direkte Reaktion auf die aufwändige Produktion von ›The Nylon Curtain‹. Es war ein romantischer Verweis auf meine Rhythm-and-Blues-Wurzeln und die Entdeckung der Liebe als Teenager.« (101)

An den Aufnahmen zu »The Bridge« waren auch wieder prominente Studiocracks beteiligt, darunter die viel gefragten Jazzmusiker Ron Carter und Michael Brecker. Außerdem wirkten drei besondere Stargäste mit: Steve Winwood spielte Keyboards bei »Getting Closer«, Cyndi Lauper steuerte das Duett »Code of Silence« bei und Ray Charles sang bei »Baby Grand« mit.

Im Wesentlichen drehte sich »The Bridge« um menschliche Beziehungen in allen möglichen Variationen. Die Ballade »This is the Time« empfiehlt wie eine düstere Vorahnung, gute Zeiten bewusst zu genießen und in Erinnerung zu behalten, damit man in schlechten Zeiten davon zehren kann. Billy Joel sagte dazu durchaus selbstkritisch: »Ich bin der festen Überzeugung, dass Beziehungen andauern können, wenn ich mir alte Leute anschaue, die zusammen die 80 erreichen und immer noch Händchen halten. Ich finde das toll. Vermutlich gehört das zu den schwierigsten Dingen auf der Welt: ein anständiger Mensch zu bleiben und eine Beziehung zu pflegen. Man spricht immer über die Schwierigkeiten, ein Künstler zu sein und in diesem Geschäft erfolgreich zu bleiben. Aber das sind Dinge, mit denen man umgehen kann. Am schwierigsten ist es, menschlich zu handeln und zu bleiben, weil meistens alles dagegen spricht. Es gibt sehr viele Versuchungen, sehr viel Druck in andere Richtungen. Bin ich fähig, wie ein ganz gewöhnlicher Mensch zu leben? Werde ich immer eine Berühmtheit sein? Ich mache mir nicht groß Gedanken darüber, ob ich im Alter eine berühmte Persönlichkeit bin. Hoffentlich gelingt es mir, mich rechtzeitig zurückzuziehen.« (102)

Der mitreißende Rocksong »A Matter of Trust« plädiert für gegenseitiges Vertrauen in modernen Liebesbeziehungen, die vielfältigen Gefährdungen ausgesetzt sind. »Modern Woman« wurde für den Soundtrack des Films »Ruthless People« mit Bette Midler und Danny DeVito geschrieben und wurde ein Hit, obwohl der Song Billy Joel selbst nicht besonders gefiel. »Big Man on Mulberry Street« beschreibt eine Alltagsszene in Little Italy.

Bei »Code of Silence« half die Rocksängerin Cyndi Lauper (»Girls just wanna have fun«) ihrem Kollegen aus einer hartnäckigen Schreibblockade und wurde daher auf dem Cover auch als Koautorin genannt.

Mit »Baby Grand« erfüllte sich für den Rockpoeten ein alter Wunschtraum: Er konnte als Duettpartner sein Gesangsidol Ray Charles gewinnen. Es ist ein Song über eine musikalische Liebesbeziehung, die alle Zumutungen des Lebens überdauert: eine Liebeserklärung an das schwarze Tier mit den 88 weißen Zähnen.

Bei »Baby Grand« handelt es sich nämlich um einen großen Konzertflügel. Klar, dass sich der Sänger und Pianist Ray Charles, der von Quincy Jones erfahren hatte, dass Billy seine Tochter nach ihm genannt hatte, für diesen Song begeistern konnte.

Billy schilderte seine Überlegungen folgendermaßen: »Was zum Teufel habe ich mit Ray Charles gemeinsam? Er ist ein afroamerikanischer Bluessänger, der ein hartes Leben hatte. Er stammt aus Georgia und steht schon ewig auf der Bühne. Und ich bin dieser weiße Schnösel aus Levittown, Long Island. Was verbindet uns schon? Dann fiel es mir ein: Natürlich. Das Piano. Wir spielten beide Piano. Meine Tochter war gerade geboren, daher drehten sich meine Gedanken auch um ein Baby. Ich dachte, ›Baby Grand‹ wäre eine interessante Idee, die weiterzuverfolgen sich lohnte. Ich wollte einen allgemeingültigen Song und schrieb ein Liebeslied für ein Klavier. Ray könnte damit etwas anfangen, dachte ich, denn er hatte ständig wechselnde Freundschaften und Liebesgeschichten, das Geld zerrann ihm zwischen den Fingern, er war übers Ohr gehauen worden – genauso wie ich. Das Einzige, das in unser beider Leben Bestand hatte, war das Klavier.« (103)

Folgerichtig standen bei der Plattenaufnahme dann zwei Konzertflügel im Studio, als Billy Joel die Soulphrasierung seines Vorbilds imitierte und Ray Charles gleich darauf das Original lieferte.

Das Album »The Bridge« erhielt überwiegend positive Kritiken und konnte sich in den USA und in Großbritannien in den Hitparaden platzieren.

In verschiedenen Interviews äußerte sich Billy Joel, der sich über die allgemeine Anerkennung freute, damals über die Kunst des Songschreibens. Immer wieder betonte er, dass für ihn an erster Stelle die Musik stehe und die Texte zweitrangig seien. Seine wahre Stärke bildeten Melodien, die im Ohr hängen bleiben. Dabei konnte er Songs nie aus dem Ärmel schütteln, oft erwies sich die Produktion eines neuen Albums als schwere Geburt.

»Manche Leute schreiben 100 Songs im Jahr und suchen sich die besten aus. Dazu gehöre ich nicht. Wenn ich an einem Album arbeite, schreibe ich nur zehn oder elf Songs. Wenn mir etwas nicht gefällt, was ich geschrieben habe, mühe ich mich nicht lange damit ab, sondern werfe es in die Mülltonne. Es gibt keinen geheimen Vorrat an Billy-Joel-Songs. Man wird von mir nie Basement Tapes zu hören bekommen, weil es keine gibt. Ich habe zwar ständig Songideen, aber ich musste feststellen, dass die Hauptmotivation, etwas zu vollenden, durch den Druck, eine Platte aufzunehmen, ausgelöst wird. Wenn ich einen Einfall habe, halte ich ihn in einem Notizbuch fest. Sechs Monate später, wenn es sich gesetzt hat, schau ich es mir noch einmal an, und meistens fällt mir etwas Besseres ein. Ich genieße es, wenn sich etwas in mir aufbaut. Wenn ich dann ins Studio gehe, besteht der Aufnahmeprozess zu 80 Prozent darin, Dinge herauszunehmen, zu verändern, neu zu betrachten und rauszubringen.« (104)

Nach zwei Jahren Pause ging Billy Joel mit seiner Band im September 1986 wieder auf eine Welttournee. Zeitgleich erschien die Singleauskoppelung »A Matter of Trust«, die von einem Videoclip begleitet wurde. In dem Video, das die Band bei einer Probe in Manhattan zeigt, sieht man auch Christie Brinkley und Alexa Ray.

Seine grundsätzlichen Vorbehalte gegen Musikvideos, die vor allem auch Werbezwecken dienten, hatte Billy Joel nicht aufgegeben. Bei Videoclips wackelt seiner Meinung nach der Schwanz mit dem Hund. Eine fatale Entwicklung, weil eine ganze Generation es gewohnt sei, Musik mit vorgeprägten Bildern zu verbinden. »Ich hoffe, dass die Leute meine Musik nicht nach den Videos beurteilen. Einer der Gründe, warum ich Musiker wurde, besteht darin, dass das überhaupt nichts mit Visuellem zu tun hatte. Es hatte mit der Vorstellungskraft des Zuhörers zu tun. Wenn ich im Studio etwas Schönes herstelle, bin ich 1,90 Meter groß und sehe aus wie Cary Grant. Und dann sehe ich das Ergebnis reduziert auf diesen unansehnlichen kleinen Typen mit dem Doppelkinn. Mannomann. Das hat doch mit Musik nichts zu tun. Können Sie sich vorstellen, dass Beethoven so etwas getan hätte?« (105)

Die Tournee 1986/87 dauerte fast ein Jahr und führte durch ganz Nordamerika, nach Europa, Asien und zweimal nach Australien. Mit dabei waren die langjährigen Bandmitglieder Doug Stegmeyer und Liberty DeVitto, außerdem Russel Javors, David LeBolt, Mark Rivera, Kevin Dukes sowie Peter Hewlett und George Simms.

Da Billy Joel seine Familie um sich haben wollte, begleiteten Christie und Alexa den Tourtross die meiste Zeit. Hinter der Bühne stießen zwei Welten aufeinander: Familienleben und Showbusiness. Auch ein paar der Musiker hatten ihre Frauen und Kinder dabei. Man hatte extra Spielzonen für die Kleinen eingerichtet, die mit dicken Ohrenschützern ihre Väter bei der Arbeit auf der Bühne beobachten konnten. Während die Kinder ihren Spaß an diesem Zirkusleben hatten, brachten sich die Musiker auf andere Weise in Stimmung. Alkohol und Drogen, vor allem Kokain, gehörten gewissermaßen zum Reisegepäck.

Zwei Ereignisse ragten aus der Konzertroutine heraus: 1986 nahm Billy Joel neben US-Musikgrößen wie Bob Dylan, Randy Newman, Tom Petty und Johnny Cash an dem Wohltätigkeitskonzert »Farm Aid« teil. Countrystar Willie Nelson organisierte das Event zugunsten notleidender amerikanischer Bauern.

1987 kam es dann zu einer historischen Konzertserie in der Sowjetunion: Billy Joel präsentierte als erster Rockstar aus dem Westen seine aktuelle Show in dem kommunistischen Riesenreich.

Ermöglicht wurde dieses Ereignis durch das politische Tauwetter zwischen den USA und der Sowjetunion. US-Präsident Ronald Reagan und der sowjetische Staatschef Michail Gorbatschow vereinbarten einen gegenseitigen Kulturaustausch. Die Schlagworte »Glasnost« und »Perestroika« bedeuteten wenig später den Anfang vom Ende des kommunistischen Systems.

Billy Joel, der zur Zeit des Kalten Krieges und des Eisernen Vorhangs aufgewachsen war, begriff sofort die Einmaligkeit der Situation und plante auf eigene Rechnung je drei Konzerte in Moskau und in Leningrad. Die Kosten von über zwei Millionen US-Dollar wollte er über eine TV-Dokumentation und ein Livealbum wieder hereinholen. Nicht alle seiner Musiker, die für die sechs Konzerte keine Gage, sondern nur Spesen erhielten, waren von der Idee begeistert.

Begleitet von seinem Tross sowie von Frau und Tochter reiste Billy Joel im August in die Sowjetunion. Es gibt ein Schwarz-Weiß-Foto, auf dem Michail Gorbatschow die kleine Alexa auf dem Arm trägt. »Die Tatsache, dass ich meine kleine Tochter mitbrachte, war für mich ein symbolischer Akt, ein Vertrauensbeweis. Ich wollte den Russen zeigen, dass ich ihnen traute«, sagt Billy Joel heute im Rückblick. Das Gastspiel in der Sowjetunion bezeichnet er als das wichtigste Konzertereignis seines Lebens: »Für mich war damit der Kalte Krieg endgültig vorbei. Und das war zwei Jahre, bevor die Berliner Mauer gefallen ist.«

Er gefiel sich in der Rolle des amerikanischen Kulturbotschafters und brachte das Publikum im Moskauer Olympiastadion zum Toben. Allerdings hatten die Scheinwerfer des Kamerateams, welches das Konzert aufzeichnete, die Zuhörer bei einem Konzert derart eingeschüchtert, dass sie keinen Mucks machten. Außerdem saßen in den ersten Reihen die Offiziellen, die mit Rock 'n' Roll nichts am Hut hatten. Erst nachdem Billy bei dem Song »Just a Fantasy« voll Wut ein E-Piano umgeschmissen, einen Mikrofonständer über seinem Kopf geschwungen und auf den Boden geschmettert hatte, war das Eis gebrochen. Der harmlose Vorfall in Moskau sorgte damals international für Schlagzeilen.

Obwohl man ihm Zugaben verboten hatte, brachte Joel die russischen Verhältnisse zum Tanzen und hängte sieben Songs an den offiziellen Konzertteil an. Er widmete »Honesty« dem russischen Volkssänger und Regimekritiker Wladimir Wisotzki und versetzte das Publikum mit dem Beatles-Song »Back in the U.S.S.R.« in Euphorie. In diesem Fall war Rock 'n' Roll die Fortsetzung der Entspannungspolitik mit anderen Mitteln. Billy Joel war sich dessen bewusst. »Nach einem Konzert kam ein russischer Teenager zu mir und sagte: ›Das war das wichtigste Ereignis in Russland seit der Oktober-Revolution.‹ Auch wenn ich dem Jungen das damals nicht geglaubt habe, war es doch ein schmeichelhafter und bewegender Moment für mich.«

Die Konzertreise wurde ein internationales Medienspektakel, etliche Presseagenturen hatten dazu ihre Reporter entsandt, es gab eine Liveübertragung in amerikanischen Radiostationen und am 24. Oktober 1987 sendete der amerikanische TV-Sender HBO die Dokumentation »Billy Joel from Leningrad, USSR«, die auch als Videokassette (»The Russia Collection«) veröffentlicht wurde.

Ebenfalls im Oktober erschien das Livealbum »Kohuept«, das

in Russland aufgenommen worden war. Neben etlichen Joel-Hits enthielt es das russische Volkslied »Odoya«, gesungen von einem georgischen Chor, und zwei mit Bedacht gewählte, vielsagende Coverversionen: »Back in the U.S.S.R.« von den Beatles und »The Times They Are A-Changing« von Bob Dylan.

Allerdings wurden die hochgesteckten Erwartungen enttäuscht: Das Russland-Album verkaufte sich (außer in Australien) seltsamerweise nur schlecht.

Stürmische Zeiten

In einem Interview äußerte Billy Joel zu jener Zeit: »Es überrascht mich immer noch selbst, dass ich so eine naive Person, das Gegenteil eines Kapitalisten, geblieben bin, die sich ständig mit dem amerikanischen Traum auseinandersetzt. Es jagt mir eine Heidenangst ein, weil ich nicht kapiere, was abläuft. Ich weiß nicht mal, wie man Geld anlegt. Seit zehn Jahren habe ich keine Bank mehr betreten. Keine Ahnung, was das alles zu bedeuten hat. Wenn ich in eine Bar in Manhattan gehe, sehe ich manchmal diese Wall-Street-Broker, die sich ernsthaft im Detail darüber unterhalten, wie sie genau das erreichen können, was ich erreicht habe. Da sitze ich dann und denke mir: ›Ich habe mehr Geld als alle anderen an diesem Tisch, aber ich verstehe nicht, wovon sie reden.‹ Es macht mir Angst. Aber ich bin froh, dass ich mir so viel von meiner Unschuld bewahrt habe.« (106) Diese (nur teilweise gespielte) Naivität sollte Billy Joel noch einmal teuer zu stehen kommen.

Bereits 1986 war der Künstler ins Visier der US-Steuerbehörden geraten. Der International Revenue Service stellte Nachforderungen von 5,5 Millionen Dollar an Einkommensteuer, die bis in die Zeit von Billys erster Ehe zurückreichten. Damals war Elizabeth seine Managerin gewesen, die nach der Scheidung die Hälfte seiner Tantiemen kassierte. Nach Billys Meinung sollte sie daher nun auch die Hälfte seiner Steuerschulden übernehmen.

Doch das war nur der Auftakt einer weiteren Reihe finanzieller Ungereimtheiten, die im Lauf der Zeit aufgedeckt wurden. Ins Rollen gebracht wurde die Geschichte 1988 von Billys Vertrautem, CBS-Präsident Walter Yetnikoff. Er wurde stutzig, als ihm Billy von einem finanziellen Engpass erzählte: Er habe sein Appartement in Manhattan an Sting verkaufen müssen, um mit dem Geld ein größeres Haus für Christie in East Hampton erwerben zu können.

Da Yetnikoff die immensen Plattenumsätze von Billy Joel kannte und sich dessen Einkünfte ausrechnen konnte, empfahl er seinem Schützling, seine Einkommensverhältnisse von einem unabhängigen Berater überprüfen zu lassen. Sein Verdacht wurde erhärtet, als sich Billys Anwalt Alan Grubman weigerte, diesem Ansinnen nachzukommen.

Die New Yorker Kanzlei Grubman, Indursky, Schindler & Goldstein betreute auch prominente Musikerkollegen wie Bruce Springsteen, Michael Jackson und Madonna. Misstrauisch geworden löste Joel seinen Vertrag mit Grubman und wandte sich an seinen Bekannten John Eastman, den Schwager von Paul McCartney. Dieser schaltete sogleich die renommierten New Yorker Rechnungsprüfer Ernst & Young ein, um Joels finanzielle Verhältnisse klären zu lassen.

Sehr schnell stellte sich dabei heraus, dass Billy Joels Vermögen alles andere als gut verwaltet wurde. Und es wurde Billy klar, dass sein Manager und Exschwager, Frank Weber, über Jahre hinweg in die eigene Tasche gewirtschaftet hatte. Unregelmäßigkeiten hatten dazu geführt, dass Weber zeitweise mehr Geld mit Joels Musikimperium verdiente als Billy selbst.

Nach dem Ärger mit Artie Ripp und den finanziellen Querelen mit seiner Exfrau Elizabeth Weber fühlte sich Billy Joel zum dritten Mal von einem Menschen, dem er restlos vertraut hatte, betrogen. Frank Weber war sogar der Patenonkel von Alexa Ray. Die menschliche Enttäuschung belastete Billy Joel fast noch mehr als der finanzielle Verlust. Das mag das zunehmende Misstrauen erklären, mit dem er seither seiner Umwelt begegnete.

Am 30. August 1988 trennte sich Joel endgültig von Frank Weber, der ihn jahrelang hintergangen hatte. Die ganze Angelegenheit kam vor Gericht, schließlich ging es nicht um Kleingeld: Joels Anwalt Leonard Marks reichte 1989 eine 90-Millionen-Dollar-Klage gegen Weber ein. Ein jahrelanger Rechtsstreit nahm seinen Verlauf, denn natürlich witterten jetzt die Anwälte beider Seiten ein großes Geschäft.

Billy Joel hatte wieder eine bittere Lektion lernen müssen. Wie vielen Rockstars, die sich mehr für ihre Musik als für ihre Finanzen interessieren, wurde ihm die eigene Sorglosigkeit zum Verhängnis – das Showbusiness entpuppte sich wieder einmal als Haifischbranche.

Obwohl die Umstände überhaupt nicht zu vergleichen sind, erscheint es als Ironie des Schicksals, dass Billy Joel jahrelang vor Gericht um sein Vermögen kämpfen musste, so wie einst sein Großvater. Beiden ging es dabei nicht nur um Geld, sondern auch um Gerechtigkeit.

Auch im privaten Bereich änderte sich in dieser Zeit einiges für Billy Joel und Christie Brinkley. Nach dem Verkauf seines New Yorker Appartements zog das Ehepaar, das die Liebe zum Meer verband, nach East Hampton auf Long Island. Hier hatten sich wohlhabende New Yorker ihre prächtigen Sommerresidenzen gebaut, deren Wert stieg, je näher sie am Strand lagen. In dieser Gegend hatte schon F. Scott Fitzgerald 1925 seinen gesellschaftskritischen Roman »Der große Gatsby« angesiedelt, und der Schweizer Schriftsteller Max Frisch schrieb hier 1974 seine autobiografische Erzählung *Montauk*. Außerdem lebten dort aber auch noch einfache Leute, die ihr Geld zum großen Teil mit Tätigkeiten für die reichen Mitbürger verdienten. Und es gab noch den alten Berufsstand der Baymen: Seit Jahrhunderten fuhren die Fischer von Long Island mit ihren Booten hinaus, um Jakobsmuscheln und Barsch zu fangen. Aber ihr Geschäft wurde immer schwieriger, mittlerweile waren sie in ihrer Existenz bedroht.

Billy Joel und Christie Brinkley kannten die Gegend von Sommerurlauben und hatten dort Freunde und Bekannte. In East Hampton fanden sie ein riesiges Anwesen am Meer, das sie nach ihren Vorstellungen umbauen ließen (mit Tonstudio und Bibliothek); im großzügigen Park war genügend Platz für ein eigenes Gästehaus.

Billy Joel hatte Peter Matthiesens Buch über das harte Leben der Fischer von Long Island gelesen und war von deren Schicksal fasziniert. Er knüpfte Kontakt zur East Hampton Baymen's Association und bot seine Hilfe an. In der Lokalzeitung *Newsday* erklärte der 40-jährige Rockstar damals seine Motive: »Ich habe den Verdacht, dass die Fischer von Politikern, Immobilienhändlern, industriellen Umweltverschmutzern, landwirtschaftlichen Insektizid-Versprühern und der Sportfischerlobby aus dem Geschäft gedrängt werden. Ich glaube, dass Long Island einen großen Teil ihrer Identität verliert, wenn diese Burschen verschwinden. Man muss nur auf die Geschichte und Kultur von Long Island zurückblicken: Herman Melville hat Geschichten über sie geschrieben. Winslow Homer hat sie gemalt. Walt Whitman hat Gedichte über sie geschrieben ... Die kulturelle Identität von Long Island hängt eng mit diesen Menschen zusammen. Wenn sie verschwinden, ist das hier nur noch ein Vorort und keine Insel mehr.« (107)

Billy Joel engagierte sich mit öffentlichen Aktionen für die Interessen der existenzbedrohten Fischer, seine Wohltätigkeitsorganisation »Charity Begins at Home«, die sozial Bedürftigen direkt vor Ort zugutekommt, verteilte Spenden, und nicht zuletzt machte sein Song über das Fischerboot »Downeaster Alexa« eine große Öffentlichkeit auf die Probleme der Baymen aufmerksam. Viel Erfolg hatten diese Aktivitäten allerdings nicht. Die negative Entwicklung ließ sich kaum aufhalten.

Unabhängig davon machte Billy Joel, der selbst keinen ordentlichen Schulabschluss hatte, im Juli 1989 eine ganz neue Erfahrung als Musiklehrer am Performing Arts Center der Universität Southampton auf Long Island. Der Erfolg der Veranstaltung führte dazu, dass er diesen ungewöhnlichen Musikunterricht in späteren Jahren an vielen amerikanischen Universitäten anbot.

Die Mischung aus Fragestunde und Talkshow, aus musikalischer Demonstration und Diskussion machte dem Künstler ebenso viel Spaß wie dem überwiegend studentischen Publikum: Die Abende mit »Questions & Answers« gewährten ebenso unterhaltsame wie erstaunliche Einblicke in das Leben und Werk von Billy Joel. Sie sollten angehenden Musikern Informationen aus erster Hand über ihren künftigen Beruf geben. (Einen Eindruck davon vermittelt die Auswahl-CD der »Complete Hits Collection 1973–1997«.)

Kurz vor der Veröffentlichung seines vierzehnten Albums musste Joel eine geplante Europareise kurzfristig absagen, nachdem er auf dem Weg zum Flughafen eine Kolik erlitten hatte. In der New Yorker Universitätsklinik wurden ihm bei einer Notoperation Nierensteine entfernt.

Während sich Billy von der Operation erholte und im Gerichtssaal die juristische Schlacht um seine Finanzen begann, erschien sein neues Album: »Storm Front« lautete der treffende Titel in diesen Zeiten, auf dem Cover warnte eine rote Sturmflagge. Tatsächlich hatte es stürmische Veränderungen in Joels engstem Umfeld gegeben und weitere Turbulenzen standen bevor.

Überraschenderweise war am Entstehungsprozess von »Storm Front« nicht mehr der langjährige Partner und Erfolgsproduzent Phil Ramone beteiligt. An seiner Stelle hatte Joel den früheren Gitarristen der weltbekannten Rockband Foreigner, Mick Jones, ins Studio geholt. Er versprach sich davon frischen Wind und musikalische Anregungen. Und auch ein paar vertraute Bandmitglieder waren nicht mehr mit von der Partie. Doug Stegmeyer und Russell Javors erfuhren erst aus den Medien, dass sie ersetzt worden waren. (Stegmeyer, der große Drogenprobleme hatte, beging 1995 Selbstmord.) Vor allem die Art und Weise der Umbesetzungen sorgte für Ärger und Verdruss: Die Betroffenen hätten sich eine Erklärung gewünscht. Angeblich ist diese Vorgehensweise typisch für Billy Joel, der offene Konflikte scheut. Er gilt zwar als äußerst loyal, aber nur bis zu einem gewissen Punkt: Dann schafft er Tatsachen und bricht einfach den Kontakt ab.

Joel versuchte die Sache damals herunterzuspielen: »Wir hatten einen Punkt erreicht, an dem es nur noch ums Geschäft ging. Wir machten eine Stadiontournee nach der anderen, und wir hatten uns von Freunden, die wir einmal waren, zu Geschäftspartnern entwickelt. Es ging immer mehr ums Geld, um Verträge, und wir entfernten uns voneinander. Jeder hat nur noch auf die Geldtasche des anderen geschaut. Beim Bridge-Album sind die Dinge eskaliert. Wir hatten keinen Spaß mehr miteinander; es war einfach kein Spaß. Bevor ich dieses Album gemacht habe, wurde mir bewusst, dass man sich nicht nur selbst neu erfinden muss, sondern dass man sich wieder klar darüber werden muss, warum man tut, was man tut … Ich wollte einfach mal etwas Neues ausprobieren. Als Songschreiber hat man die Verpflichtung, andere Ausdrucksmittel zu testen.« (108)

In der neuen Billy-Joel-Band blieb nur noch der Schlagzeuger Liberty DeVitto von der Originalbesetzung der 70er-Jahre übrig. Außerdem spielten David Brown (Gitarre), Mark Rivera (Saxofon), Schuyler Deale (Bass), Jeff Jacobs (Tasteninstrumente) und – als erste Frau in der Band – Crystal Taliefero (Saxofon, Percussion).

»Mein Plan war einfach, eine bessere Platte zu machen, eine, die mir gefällt. Ich war unglücklich mit ›The Bridge‹. Man kann die Nahtstellen auf dem Album heraushören – es war schlecht zusammengeflickt. Christie und ich hatten gerade Alexa bekommen, und man merkt dem Album an, dass ich lieber mit dem Baby zu Hause gewesen wäre, als mit der Band im Studio zu sein. Davon handelt übrigens der Song ›Temptation‹ – die Versuchung war ein Baby, nicht eine andere Frau.« (109)

Das Album »Storm Front« zeigte den Rockpoeten energiegeladen wie selten und enthielt eine ganze Reihe bemerkenswerter Hits. Allen voran »We Didn't Start the Fire«. In knapp fünf Minuten hakt Billy Joel stichwortartig 40 Jahre Nachkriegsgeschichte ab – eine Kurzchronik der laufenden Ereignisse von seinem Geburtsjahr 1949 bis 1989. Es ist einer der wenigen Joel-Songs, bei denen zuerst der Text entstand. Die musikalische Geschichtslektion im Schnelldurchlauf wurde nicht nur einer der größten Joel-Hits, sondern auch gerne von Lehrern beim Geschichtsunterricht eingesetzt. Ja, die Plattenfirma brachte sogar eine Sonderedition (als Kassette mit Erklärungen von Billy Joel, der sich sehr für Geschichte interessiert) extra für den Schulgebrauch heraus.

Das Album enthielt auch einige Songs, die auf mehr oder minder direkte Weise Billys Beziehung zu Christie thematisierten. »That's Not Her Style«, »When in Rome«, »State of Grace«, »Shameless«, »And So It Goes« und nicht zuletzt auch der Titelsong »Storm Front«. Auch wenn es offiziell noch dementiert wurde, hatte es in der Ehe des Traumpaares zu kriseln angefangen.

Wenn man genau hinhörte, lieferte die Platte deutliche Hinweise trotz der leidenschaftlichen Liebeserklärungen in »That's Not Her Style« und »Shameless«. Dass es Probleme gab wie in jeder Ehe, deuteten andere Songs an: »When in Rome« beschreibt die mitunter schwierige Situation eines berufstätigen Paares, die Ballade »State of Grace« behandelt die ewigen Missverständnisse und Kommunikationsprobleme zwischen Mann und Frau. Offenbar geriet die Promi-Ehe in unruhige Gewässer, wie es der Rocksong »Storm Front« andeutete.

Als eine Art Selbstporträt lässt sich »I Go To Extremes« verstehen: Wie viele Künstler neigt Billy Joel zu extremen Gefühlsschwankungen, ist er mal himmelhoch jauchzend, mal zu Tode betrübt. Die Beschreibung einer manisch-depressiven Persönlichkeit, die keine Kompromisse kennt, bleibt in dem Lied jedoch ohne Konsequenz: Es ist so, wie es ist – »Darling, I don't know, why I go to extremes / too high or too low, there ain't no in-betweens«.

Ein musikalisches Ergebnis der Russland-Tournee ist der Song »Leningrad«: Billy Joel verarbeitet darin die Begegnung mit dem russischen Clown Viktor, der seine Tochter Alexa in einem Vergnügungspark amüsiert hatte. Der Song skizziert (mit autobiografischen Bezügen) das Leben eines Russen und eines Amerikaners, die während des Kalten Krieges mit gegenseitigen Feindbildern groß geworden sind. Er endet als Plädoyer für gegenseitiges Verständnis. Joels optimistisches Stimmungsbild der weltpolitischen Wende Ende der 80er-, Anfang der 90er-Jahre drückt die Hoffnung jener Zeit auf eine friedliche Zukunft aus.

»Storm Front« eroberte auf Anhieb die Hitparaden und kletterte bis auf Platz 1 der *Billboard*-Charts, selbst das *Time Magazine* konstatierte anerkennend: »A monster hit album«.

Auf die finanziellen Probleme, die durch Frank Webers Misswirtschaft und Gaunereien verursacht worden waren, reagierte Billy Joel auf bewährte Weise: Im November 1989 begann er mit seiner neuen Band die Proben für eine weitere Welttournee: Sie begann im Dezember 1989 in Worcester, Massachusetts, und endete im März 1991 in Mexico City. Dazwischen lagen rund 170 Konzerte in 16 verschiedenen Ländern und 3,5 Millionen verkaufte

Tickets. Sie spülten wieder reichlich Geld in Joels angeschlagenes Musikunternehmen.

Doch trotz des immensen Erfolgs hatte Joel das ewige Tourneeleben ziemlich satt. »Ich hasse Hotels. Ich hasse hässliche Möbel. Ich hasse Flughäfen. Ich hasse es, zu fliegen. Ich hasse es, ohne meine Familie zu sein«, erklärte er damals dem *Rolling Stone*. Und auf die Frage, warum er dann überhaupt noch auf Tournee gehe, antwortete er: »Mir gefällt es zu spielen. Das war schon so, als ich noch keine Platten aufgenommen habe und kein Rockstar war. Ich war immer ein Spieler. Das macht mir Spaß. Es kommt Sex ziemlich nahe. Bei dieser Tour haben wir einen Zeitplan, bei dem nach sechs Wochen Spielen zwei Wochen Pause eingeplant sind – was ich für zivilisiert halte. Das hätte ich immer schon gerne so gehabt, aber mit den Leuten, mit denen ich in meiner Karriere bis jetzt zu tun hatte, hat das aus verschiedenen Gründen nie geklappt ... Glücklicherweise ist mein Kind noch im Kindergarten, und wenn sie mich auf der Tour begleitet, ist das nicht so, als wenn sie einen Englisch-Leistungskurs versäumen würde.« (110)

Während die Tournee gerade angelaufen war, kam es am 22. Januar 1990 zu einer ersten Gerichtsentscheidung im Prozess gegen Frank Weber: Der New York State Supreme Court verurteilte Weber zu einer Zahlung von zwei Millionen Dollar an Billy Joel. Der Fall wurde immer komplizierter, weil der Exmanager seinerseits (allerdings vergeblich) eine Gegenklage gegen seinen früheren Chef angestrengt hatte. Und im Mai 1990 musste Weber schließlich Bankrott anmelden und hinterließ einen Riesenberg an Schulden. Die Gerichtsstreitigkeiten waren damit noch lange nicht zu Ende, wie sich später zeigen sollte.

Als erste Konsequenz aus dem Desaster mit Frank Weber hatte Billy Joel beschlossen, überhaupt keinen Manager mehr zu beschäftigen, sondern die wichtigsten Entscheidungen künftig selbst zu treffen. Er gründete die Firma Maritime Music, die sich nun um seine geschäftlichen Angelegenheiten kümmerte.

Joel steckte in einer Zwickmühle: Als Musiker wollte er sich möglichst wenig mit finanziellen und juristischen Dingen herumschlagen. Aber er wollte sich auch nie mehr so übers Ohr hauen lassen wie bisher. Ausgerechnet er, dem Kritiker immer wieder vorgehalten hatten, er sei ein kühl kalkulierender Kommerzkünstler, ausgerechnet er hatte sich wiederholt um Millionen bringen lassen.

»Was soll ich tun? Künstler denken nicht wie Geschäftsleute. Wir denken wie Künstler. Wir sollen doch die andere Seite repräsentieren. In geschäftlichen Dingen sind wir Tölpel. Was ich in meinem Leben getan habe, habe ich nie wegen des Geldes gemacht. Ich tat es, weil es mich glücklich machte. Aber ich bin es leid, mir die Früchte meiner Arbeit von Leuten wegnehmen zu lassen, die es nicht verdient haben. Ich mache die Arbeit – sollte mir nicht auch das Geld zustehen? Und was ist mit der Zukunft meines Kindes? Es gibt da draußen jede Menge Haie. Sie wird den bestmöglichen Schutz brauchen. Ich glaube nicht, dass Geld Probleme löst. Geld schafft meiner Meinung nach mehr Probleme als alles andere.« (111)

Neben all dem Ärger und Tourstress gab es auch einige angenehmere Ereignisse, welche die wachsende Anerkennung für Joels Werk deutlich machten. Im Dezember 1990 wurde er – neben Johnny Cash, Quincy Jones und Aretha Franklin – offiziell zur lebenden Legende erklärt: Der 41-Jährige erhielt im Rahmen einer TV-Gala den »Grammy Living Legend Award« für sein Lebenswerk, eine Ehrung, die der Künstler, der sich auf dem Höhepunkt seiner Karriere dafür noch viel zu jung fand, mit gemischten Gefühlen entgegennahm. Joel hatte außerdem eine grundsätzliche Abneigung gegen solche Fernsehauftritte. »Der Unterschied zwischen dem Musikgeschäft und dem Fernsehen ist folgender: Im Musikgeschäft wirst du ständig angelogen, aber niemand erwartet, dass du ihm glaubst. Beim Fernsehen belügen sie dich und erwarten, dass du ihnen glaubst, weil sie Anzüge tragen.« (112)

Der weltberühmte Musiker, der immer ein überzeugter Long-Island-Lokalmatador geblieben war, durfte sich auch über eine besondere Auszeichnung durch die Gemeinde Huntington freuen: Im Juli 1991 wurde eine Grünanlage ihm zu Ehren in »Billy Joel Cold Spring Harbor Park« umbenannt.

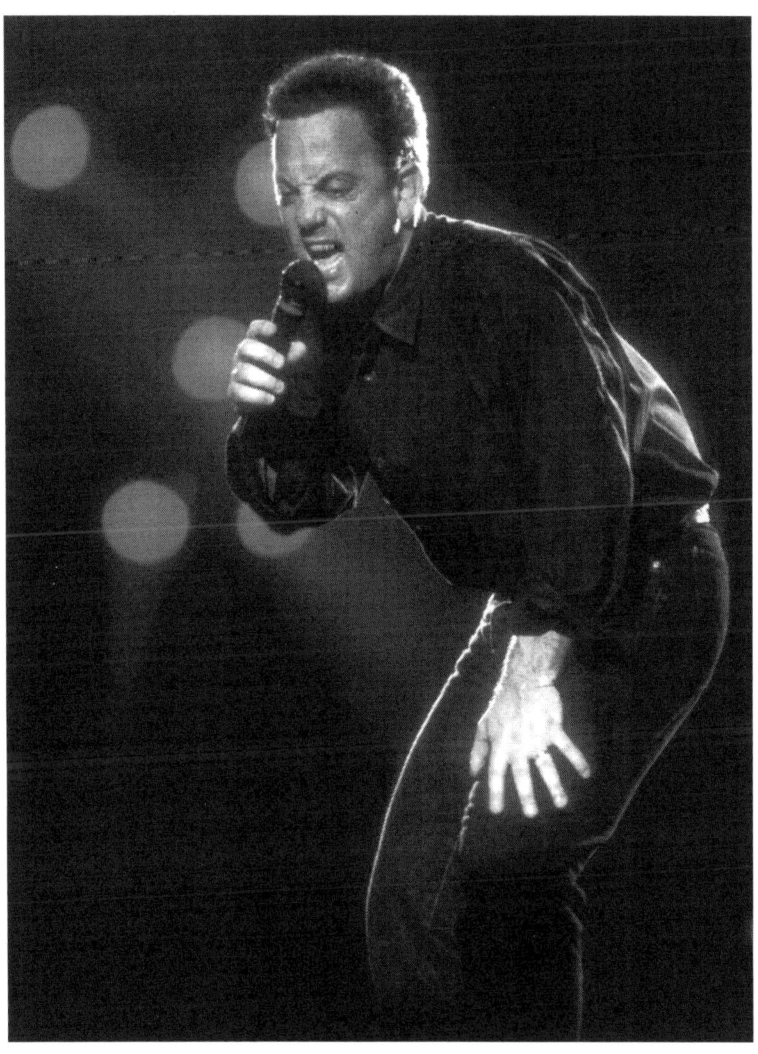

Billy Joel bei einem Konzert in der Münchner Olympiahalle, 1990

Große persönliche Genugtuung empfand er schließlich im Juni 1992, als er an der Hicksville High School mit 25 Jahren Verspätung endlich sein Abschlusszeugnis bekam. Der Ruf eines Schulversagers hatte immer an seinem Ego genagt. Bei der regulären Abschlussfeier war auch seine Mutter Rosalind anwesend, der

Schulchor sang den Joel-Song »Summer, Highland Falls«. Schuldirektor war inzwischen Richard Hogan, Joels ehemaliger Englischlehrer. Wegen einer fehlenden Englisch-Note hatte Billy damals kein Zeugnis bekommen. Inzwischen hatten die Lehrer Billy Joels Songtexte geprüft und waren von seinen Englischkenntnissen überzeugt. Der Musiker selbst kommentierte die späte Anerkennung selbstironisch: »Mutti, geschafft! Ich bekomme mein Highschooldiplom – nur 25 Jahre, nachdem alle anderen es bekommen haben. Aber keine Sorge, Mutti! Schließlich kann ich jederzeit meinen aussichtslosen Job hinschmeißen und an einer Berufskarriere mit Zukunft arbeiten ...« (113)

Wiener Blut

Inzwischen arbeitete auch Alexander Joel an seiner Berufskarriere als Musiker und hatte sein Jurastudium in London abgebrochen: Er wollte unbedingt Dirigent werden. Was anfangs nicht gerade Begeisterung bei seinem auf Sicherheit bedachten Vater auslöste, der sich ja seine Musikträume hatte abschminken müssen. Es gab zu Hause lange Auseinandersetzungen über dieses Thema, bevor man einen Kompromiss aushandelte: Alexander durfte sein Studium ein Jahr unterbrechen, um sich in dieser Zeit auf die Aufnahmeprüfung am Wiener Konservatorium vorzubereiten.

Auch bei Alexander hatte sich die musikalische Begabung schon frühzeitig gezeigt, auch er klimperte als Kleinkind begeistert mit seinem Vater am Piano und bekam mit sieben Jahren Klavierunterricht. Später nahm er auch Violinstunden. Er war ein sensibles, verträumtes Einzelkind, das unter den häufigen Umzügen der Familie litt. Am 5. August 1971 in London geboren, kam er als Baby nach Paris und Amsterdam. Es folgten ein paar schwierige Jahre in Bad Homburg. Audrey Joel erinnert sich, dass ihr Sohn in dieser Zeit extrem wenig geschlafen und sie bis zur Erschöpfung auf Trab gehalten hat. Erst in Wien kam die kleine Familie wieder zur Ruhe: Erstmals lebten die Joels von 1976 bis 1980 in der österreichischen Musikmetropole und wussten damals sofort: »Das ist genau die richtige Stadt für uns!«

Alexander verbindet seine schönsten Kindheitserinnerungen mit Wien, mit der schönen Wohnung und der fröhlichen Stimmung im Heurigen-Viertel. Er konnte damals kaum Deutsch sprechen und kam in die französische Schule, wo er Kinder aus der ganzen Welt kennenlernte. Eine jüdische Erziehung hat er nie bekommen. »Religion hat bei uns zu Haus überhaupt keine Rolle gespielt«, erzählt er heute und ergänzt, dass seine Lebensphilosophie vor allem durch Literatur, Kunst und Musik geprägt wurde. »Wichtiger, als ein gläubiger Mensch zu sein, ist es meiner Meinung nach, ein anständiger Mensch zu bleiben.«

Helmut Joel war wie immer im Auftrag von General Electric viel auf Reisen, vor allem in Osteuropa, doch wenn er zu Hause war, setzte er sich abends an sein Klavier und spielte – am liebsten Chopin. Über die Nazizeit sprach er so gut wie nie.

Regelmäßig besuchten die Joels Opern und Operetten. »Ich erinnere mich besonders an ›Carmen‹, die ›Fledermaus‹ und den ›Zigeunerbaron‹«, erzählt Alexander Joel. »Ich durfte in der Loge immer vorne sitzen und dem Dirigenten zusehen. Mein Vater hat mich lange im Voraus auf den Besuch vorbereitet, indem er mir die Musik auf dem Klavier vorspielte und die Geschichte erzählte. Das hat mir viel Spaß gemacht.«

Der Junge hatte Blut geleckt und daheim oft vor dem Plattenspieler mit einer Stricknadel Opernaufnahmen dirigiert. Den Eltern sagte er schon damals, dass er später einmal Orchesterchef werden wollte. Ein ungewöhnliches Berufsziel in einem Alter, in dem die meisten Jungen davon träumen, Polizist oder Pilot zu werden. Es gibt aus dieser Zeit ein gemaltes Selbstporträt: Alex als Dirigent. Und als 1980 wieder einmal ein Umzug anstand, machte Helmut Joel seinem neunjährigen Sohn ein ungewöhnliches Geschenk, um ihm den Abschied zu versüßen: einen Klavierauszug der »Fledermaus« – und einen echten Taktstock. Alexander, der nicht aus Wien wegziehen wollte, musste seinen Eltern nach London folgen, wo er wieder eine französische Schule besuchte. »Wir haben gespürt, dass etwas Besonderes in Alex steckt, aber wir wussten lange nicht genau, was es ist«, sagt Audrey Joel, »dabei habe ich immer gehofft, dass es mit klassischer Musik zu tun hätte.«

England war zwar die Heimat seiner Mutter, doch Alexander kam mit der neuen Umgebung nicht besonders gut zurecht. Das Klavierspielen machte ihm immer weniger Spaß, er hatte keine Lust zu üben und auch in der Schule ließen seine Leistungen mit der beginnenden Pubertät nach. »Ich war eine Zeit lang stinkfaul, denn ich hatte eine neue Leidenschaft entdeckt: Fußball.« Nun verbrachte Alex jede freie Minute auf dem Fußballplatz und träumte von einer Sportlerkarriere. Die Musik war jahrelang nur noch Nebensache, selbst Pop- und Rockmusik hat ihn selbst als Teenager nie besonders interessiert.

1985, nachdem Helmut Joel in Rente gegangen war, folgte wieder ein Umzug: diesmal in ein Haus in der Nähe von Genf. Die besorgten Eltern steckten Alexander, nicht zuletzt wegen seiner Schulprobleme, in das international renommierte Schweizer Internat »Le Rosey« in Rolle im Kanton Waadt, bekannt als teure Eliteschule der Berühmten und Betuchten. Hier sollte er kosmopolitisch erzogen und auf das internationale Parkett vorbereitet werden. Zu den ehemaligen Schülern des Internats zählen unter anderem König Albert II. von Belgien, Fürst Rainier von Monaco, der persische Schah Mohammad Reza Pahlavi und der amerikanische Unternehmer Paul Rockefeller. Disziplin, Leistung und gutes Benehmen galten in der strengen Schulwelt von »Le Rosey« als unerlässliche Tugenden.

Der Tagesablauf war wie in jedem Internat von morgens bis abends streng reglementiert und ließ wenig Raum für persönliche Freiheiten. Helmut Joel kannte das aus seiner eigenen Erfahrung in einem Schweizer Internat.

Alexander wechselte vom französischen ins englische Schulsystem, das ihm offensichtlich mehr entsprach. Denn auf einmal zählte er zu den Klassenbesten. »So richtig wohl habe ich mich unter all den Kindern von Neureichen und Prominenten aber nie gefühlt.« Unter seinen Mitschülern waren die Töchter der Souldiva Diana Ross und Alvaro, der Sohn des Opernstars Placido Domingo. Gut befreundet ist er bis heute mit Sean Lennon. Der Sohn von John Lennon und Yoko Ono ist zwar ein paar Jahre jünger als Alexander, kannte aber Billy Joel aus New York besser als sein eigener Bruder. »Ich habe Sean immer gefragt: Na, wie ist denn Billy so?«

Dank eines mexikanischen Mitschülers, der ein ausgezeichneter Pianist war, erwachte im Internat Alexanders Musikleidenschaft wieder. »Ich bemerkte, wie leicht man als Pianist Aufmerksamkeit

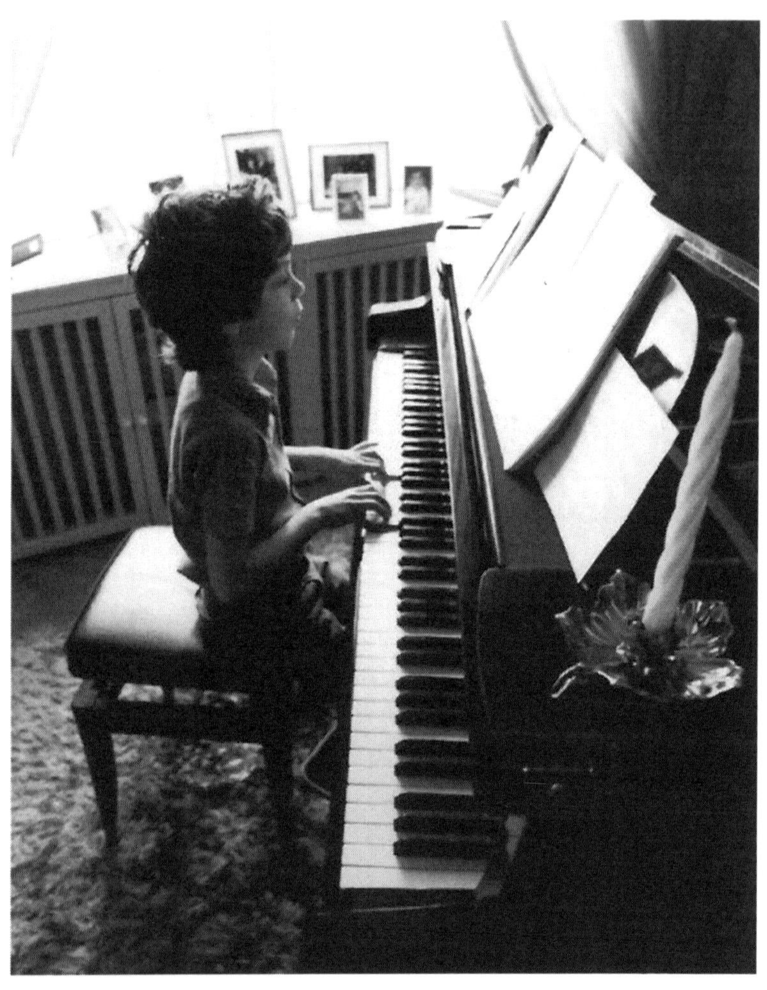

Alexander Joel am Klavier in der Wiener Wohnung, 1979

erregen kann – gerade auch bei den Mädchen. Und ich habe begonnen, in jeder freien Minute wie ein Verrückter zu üben. Allerdings wurde mir bald bewusst, dass es für eine professionelle Karriere als Pianist zu spät war. Aber den Traumberuf eines Dirigenten verlor ich nie aus den Augen.«

Bis heute ist er mit seiner ehemaligen Deutschlehrerin, Claudia Fischer, befreundet, die seine künstlerischen Ambitionen stets förderte: »Alex war ein ausgezeichneter, aber kein braver, angepasster Schüler. Er hat dauernd etwas angestellt. Seine musische Begabung war nicht zu übersehen, doch er war in allen Fächern gut. Er hatte schon immer seinen eigenen Kopf.«

In den Sommerferien bekam er in Wien Klavierunterricht bei Michael Hruby, Professor an der dortigen Musikhochschule. Die musikalischen Fortschritte Alexanders hatten zur Folge, dass sich sein Vater überhaupt nicht mehr ans Klavier traute. »Als Alex immer besser wurde, hörte ich mit dem Klavierspielen auf. Da konnte ich nicht mehr mithalten. Ich war deswegen ziemlich frustriert«, erklärt Helmut Joel, der sich erst Jahre später wieder an seinen Flügel setzte.

Seit 1988 wohnen die Joels wieder in Wien, nicht nur der Musik wegen. Audrey Joel arbeitete dort bis zu ihrer Pensionierung bei der Internationalen Atomenergiebehörde, auch um die teure Ausbildung ihres Sohnes mitzufinanzieren. Ende der 80er-Jahre begannen auch die gesundheitlichen Probleme von Helmut Joel, die im Lauf der Zeit – auch aufgrund ärztlicher Fehler – immer gravierender wurden.

Nach dem Abitur entschied sich Alexander auf Anraten seines Vaters für ein Jurastudium, vor allem wegen der vielen Berufsmöglichkeiten. Die meisten seiner Klassenkameraden im Internat stammten aus reichen Familien und gingen anschließend auf eine Businessschool. Die »Roséens«, wie sich die Internatsschüler nennen, haben beste Voraussetzungen für eine erfolgreiche Karriere.

Alexander bewarb sich am exklusiven King's College in London und bekam einen der 24 begehrten Studienplätze, um die sich knapp 1000 Bewerber bemüht hatten. 1989 nahm er einen Spezialstudiengang auf, der sowohl englisches als auch französisches Recht umfasste. Doch schon bald wurde ihm klar, dass er mit Jura nichts anfangen konnte. »Beim Studium habe ich sehr schnell gemerkt, dass Recht und Gerechtigkeit zwei paar Stiefel sind. Ich war total unglücklich und habe in meiner Freizeit nur Musik gespielt.«

Ein Schlüsselerlebnis war damals für ihn *Der Club der toten Dichter*: Er schaute sich den Film von Peter Weir mit seiner ehemaligen Deutschlehrerin Claudia Fischer in London an – und sah auf der Leinwand seinen eigenen Fall verhandelt.

Die tragikomische Geschichte spielt in einem erzkonservativen Internat in den USA. Es geht um die Schwierigkeit, erwachsen zu werden und einen eigenen Weg im Leben zu finden. Der schüchterne Todd ist neu an der Schule und steht im Schatten seines großen, erfolgreichen Bruders, der stets zu den Besten zählte. Eine wichtige Rolle spielt der unkonventionelle Englischlehrer, der die Jungs zu Selbstvertrauen ermuntert und ihnen die Liebe zur Poesie und den schönen Dingen des Lebens nahebringen will. Dadurch angeregt, entdeckt einer der Schüler seine Leidenschaft für das Theater und spielt in einer Shakespeare-Amateurproduktion mit. Allerdings widersetzt er sich dabei den Weisungen seines gebieterischen Vaters, der von der Schauspielerei nicht gerade begeistert ist. Kein Wunder, dass sich Alexander in dem Club wiedererkannte.

Claudia Fischer erinnert sich: »Das war ein Zufall, der keiner war. Ich besuchte Alex damals in London, weil ich merkte, dass es ihm nicht gutging. Er war total deprimiert und sagte mir: ›Ich will nicht reich, sondern Musiker werden.‹ Da ich spürte, dass er es ernst meinte, ermutigte ich ihn, seinen eigenen Weg zu wählen. Und ich redete auch mit seinem Vater über das Problem.«

In dieser schwierigen Zeit entwickelte sich ein engerer Kontakt zwischen Alexander und seinem berühmten Halbbruder, der vom Alter her sein Vater sein könnte und den er bis dahin kaum kannte. Der Altersunterschied und die große Entfernung hatten bis dahin eine nähere Beziehung verhindert. »Wir waren beide an einem Wendepunkt angelangt, also in einem entscheidenden Alter – ich war 18, er um die 40. Billy war damals häufig in London und hat mich zu meiner Musikerkarriere ermuntert. Wir haben stundenlang miteinander geredet und dabei überrascht festgestellt, dass wir uns im Grunde sehr ähnlich sind. Nicht nur äußerlich. Wir sind beide Kämpfernaturen – anders als unser Vater, eher wie unser Großvater.« Als Einzelkind genoss Alexander das Gefühl, endlich einen großen Bruder zu haben, und bewunderte ihn grenzenlos. Denn die Familie Joel ist sehr klein: Helmut hat keine

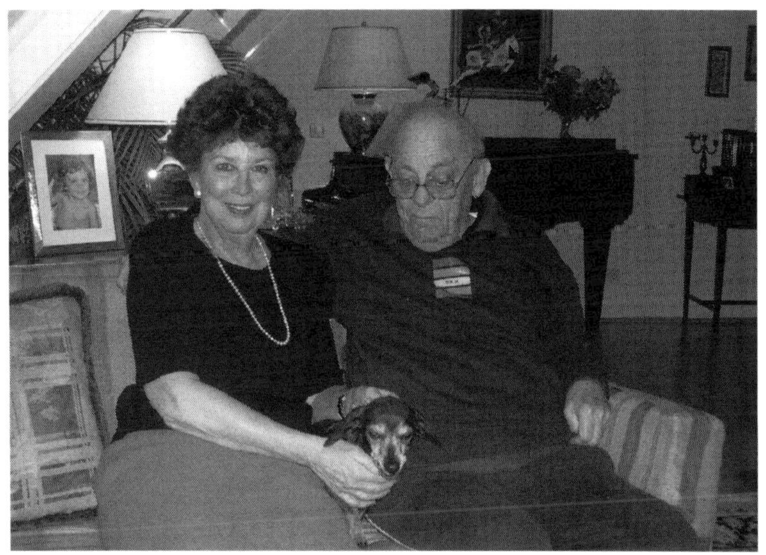

Audrey und Helmut Joel in ihrer Wiener Wohnung, 2006

Geschwister, Audrey nur einen Bruder, es gibt also nicht viele enge Verwandte.

Billy Joel erinnert sich: »Ja, ich habe Alex Mut gemacht und ihm gesagt: Wenn du wirklich begabt bist, hast du gar keine Wahl. Man kann nicht beschließen, Musiker zu werden. Man kann ja auch nicht entscheiden, ob man hetero- oder homosexuell wird. Man wird als Musiker geboren, dagegen kannst du nichts machen. Aber ich habe ihm zu einem Kompromiss geraten, der alle zufriedenstellte.«

Nach vielen Diskussionen konnte Alexander den Vater mit Unterstützung seiner Mutter überzeugen – und sein Jurastudium für ein Jahr unterbrechen, um sich auf die Aufnahmeprüfung als Dirigent vorzubereiten. Aber nur unter der Bedingung, dass er wieder ans King's College zurückkehren würde, falls es mit dem Musikstudium nicht klappen sollte.

Wie ein Wilder stürzte er sich in die Vorbereitungen. Und wenn schon, dann an einer der ersten Adressen. Ab 1990 studierte er an der Wiener Musikhochschule Klavier (und später Komposition) und konnte 1991 dann tatsächlich sein Dirigentenstudium am

Wiener Konservatorium beginnen. Vorsichtshalber hatte sich Alexander sowohl an der Musikhochschule als auch am Konservatorium beworben, um seine Chancen zu erhöhen. Zum Glück, denn bei der Aufnahmeprüfung für das Dirigentenstudium an der Musikhochschule fiel er durch. Kurz danach – der frustrierte Bewerber hatte bereits das Ticket für den Rückflug nach London in der Tasche – nahm ihn das Konservatorium. Eine wichtige Hürde war überwunden. »Ich habe mir immer gedacht: ›Wenn du die Aufnahmeprüfung schaffst, geht's schon irgendwie weiter.‹«

Trennung und Abschied

1992 eskalierte der Justizkrieg mit Billy Joels ehemaligen Anwälten und Vertrauten. Einen großen Teil des Jahres war der Künstler, der erst aus Schaden klug wurde, mit juristischen Dingen wie Gerichtsverhandlungen, Beratungsgesprächen, Aussagen und Gegenaussagen beschäftigt. Die Sache war reichlich kompliziert geworden.

Frank Webers krumme Geschäfte waren nur die Spitze eines Eisbergs, der durch weitere Nachforschungen sichtbar wurde. Joels Anwalt Leonard Marks fand immer mehr Unregelmäßigkeiten heraus, die Klageschrift wurde immer länger und richtete sich nicht nur gegen Weber. Offensichtlich hatten viele Schmarotzer von Joels Millionenverdiensten profitiert. Eine Klage richtete sich nun auch gegen Rick London, den Ehemann der Schwester von Frank und Elizabeth Weber. Er hatte in verschiedenen Funktionen für Billy gearbeitet – als Road-Manager, Berater und schließlich als Videoproduzent.

Frank Weber ging nach seiner Bankrotterklärung zum Gegenangriff über und verklagte Billy Joel wegen Vertragsbruch auf 33 Millionen Dollar. Die Klage, die in Virginia eingereicht war, wurde allerdings ebenso abgeschmettert wie seine Klage gegen Christie Brinkley, die angeblich das Vertrauensverhältnis zwischen Weber und Joel untergraben hatte.

In der Zwischenzeit forderte auch Elizabeth Weber per Gericht drei Millionen Dollar von ihrem Exmann, es handelte sich um Geld, das ihr aus ihrem Scheidungsvertrag, Urheberrechten und Rentenansprüchen zustand. Man konnte sich rasch einigen. Dann verklagte Frank Weber seine Schwester, da sie ihm noch Geld schulde. Worauf sich Elizabeth mit einer Millionenklage gegen ihren bankrotten Bruder revanchierte.

Der Streit um Billy Joels Geld wuchs sich zu einer unappetitlichen Schlammschlacht aus, die bald auch öffentlich ausgetragen wurde.

Kein Wunder, dass Billy Joel später angewidert feststellte: »Die Situation hat mich dermaßen fertiggemacht, dass ich daran zweifelte, ob ich jemals wieder imstande sein würde zu schreiben. Ich meine, worüber kannst du schreiben, wenn du das Vertrauen in die Menschheit verloren hast? Soll man alle Menschen hassen? Das Leben als Jauchegrube betrachten? Ich möchte das nicht.« (114)

Zu allem Überfluss schaltete sich nun auch noch das FBI in die Ermittlungen gegen Frank Weber ein, der unter dem Verdacht stand, unlautere Finanzgeschäfte mit Billys ehemaligem Anwaltsbüro Grubman, Indursky, Schindler & Goldstein gemacht zu haben. Das führte dazu, dass Billy Joel und Leonard Marks im September 1992 gegen Alan Grubman ebenfalls eine 90-Millionen-Dollar-Klage einreichten. Ihm wurde unter anderem Veruntreuung, Vertragsbruch und ein Interessenskonflikt vorgeworfen. Denn Grubmans Kanzlei, eine der mächtigsten in der US-Musikbranche, betreute nicht nur prominente Künstler wie Billy Joel, sondern gleichzeitig – ohne dass dieser davon wusste – auch seine Plattenfirma Sony Music. Wenn die Plattenfirma regelmäßig Zahlungen an eine Anwaltskanzlei überweist, was zählen dann noch die Belange des Künstlers? Musste es bei der Vertretung beider Parteien nicht zwangsläufig zu Interessensüberschneidungen kommen? Das war die Frage, welche die Branche an diesem Präzedenzfall interessierte.

Der schwer durchschaubare Justizkrimi wurde zunehmend vor den Augen der Öffentlichkeit ausgetragen und war ein gefundenes Fressen für die Medien. Leonard Marks äußerte sich in Fernseh-Talkshows zu dem Fall, Alan Grubman wiederum schaltete eine PR-Agentur ein, um seine Sicht der Dinge zu verbreiten. Inszeniert wurde der alte Kampf zwischen David und Goliath in einer zeitgemäßen Variante: ein Künstler gegen die Musikindustrie.

Einen eindeutigen Sieger gab es am Ende allerdings nicht: Weber wurde zu einer Zahlung von rund 700 000 Dollar zuzüglich Zinsen an Billy Joel verurteilt. Mit Grubman einigte sich Joel außergerichtlich: Er bekam Ende 1993 drei Millionen Dollar als Abfindung. Allerdings nicht direkt von Grubman, sondern von Sony Music. Über die Details wurde Stillschweigen vereinbart, beide Seiten durften sich als Gewinner fühlen. Doch hatte die Sache noch ein öffentliches Nachspiel, als Grubman klarstellen ließ, dass er sich nie auf den Drei-Millionen-Dollar-Deal mit Joel eingelassen habe. Angeblich war es ein seltsamer Zufall, dass Sony Music die entsprechende Summe just zu dem Zeitpunkt überwies, als Billy Joel seine Klage gegen Grubman zurückzog.

Wie auch immer: Der jahrelange Rechtsstreit, der die Nerven der Beteiligten so sehr strapaziert hatte, war endlich vorbei. Laut Stan Soocher, Autor des Buches *They Fought the Law*, brachten all die Prozesse Billy Joel unterm Strich acht Millionen Dollar ein, also nur einen Bruchteil des ursprünglichen Streitwerts.

An dem Mittvierziger, der es als Musiker zum Multimillionär gebracht hatte, ging die Angelegenheit natürlich nicht spurlos vorbei. Dazu kamen die nicht mehr zu übersehenden Spannungen in seiner Ehe. Erstaunlicherweise fand er trotz all der Unannehmlichkeiten die Kraft, ein neues Album in Angriff zu nehmen: »River of Dreams«, im Sommer 1993 veröffentlicht, wurde eines der persönlichsten und erfolgreichsten Alben in der langen Karriere von Billy Joel. Außerdem ist es sein bisher letztes Pop-Rock-Album und damit auch eine Art musikalisches Vermächtnis – was damals kaum zu ahnen war. Das Porträt auf dem Albumcover hat übrigens Christie Brinkley gemalt.

Auf der Platte verarbeitete Joel seine frustrierenden Erfahrungen in jener Zeit musikalisch so vielfältig wie selten. Vertrauensverlust, Enttäuschung, Verzweiflung, aber auch Glaube, Liebe, Hoffnung. Es ist das Selbstporträt eines Mannes, der in einer tiefen Sinnkrise steckt. »Anfangs habe ich nach Gerechtigkeit gesucht. Am Ende habe ich kapiert, dass niemand Gerechtigkeit findet; alles, was uns bleibt, ist der Glaube an etwas – an uns selbst, an die Liebe, an die Menschlichkeit. Aber die Platte beginnt sehr bitter, zornig und pessimistisch. Ich bin mir bewusst, dass ich für mein Publikum ein höchst erfolgreicher Rockstar bin, der mit Christie Brinkley verheiratet ist. Darf so jemand wie ich überhaupt den Blues bekommen? Aber ich hatte schon immer den Blues. Ich bin ein Mensch wie alle anderen – auch wenn ich mehr Glück gehabt habe.« (115)

An der Platte hatte Joel ungewöhnlich lange gearbeitet, alles in allem fast ein ganzes Jahr. Diesmal wirkte als Produzent Danny Kortchmar mit, ein erfahrener Gitarrist, der unter anderem schon mit James Taylor, Carole King und Neil Young gearbeitet hatte. Mit dabei war nach jahrelanger Pause auch wieder der Saxofonist Richie Cannata, der inzwischen ein gutgehendes Tonstudio auf Long Island betrieb. Dort entstanden auch einige abschließende Aufnahmen für »River of Dreams«; die ersten Sessions hatten Billy und die Band zuvor in einem umgebauten Bootshaus im Osten von Long Island aufgenommen.

»River of Dreams« war ein großer Wurf: Der Titelsong mit den starken Gospelelementen kreist wie ein Bewusstseinsstrom um den kreativen Schaffensprozess und die Macht der Träume, hat aber auch eine spirituelle Ebene. »Ich fühle mich immer noch wie ein Atheist im Hinblick auf die religiösen Aspekte der Dinge. Aber ich bin mir bewusst, dass es spirituelle Ebenen gibt, von denen ich nichts weiß und die ich nicht erklären kann. Deshalb werden Musiker auch so verehrt und sind so wichtig in unserer Kultur: Wir sind die Hexenmeister, wir hüten das Geheimnis dieses außerordentlich mächtigen Kommunikationsmittels. Ich habe mich erst kürzlich wieder daran erinnert, dass ich als kleines Kind deswegen so begeistert von Musik und Kunst war, weil ich dachte, sie hätten etwas Alchemistisches.« (116)

Aber auch Billy Joels Eheprobleme waren aus einigen Songs herauszuhören: »Blonde Over Blue«, »A Minor Variation«, »All About Soul« und nicht zuletzt »Lullabye (Goodnight, My Angel)«. Letzteres, ein anrührendes Schlaflied für Alexa, ist wie ein klassisches Klavierstück komponiert. Darin versichert ein Vater seinem kleinen Kind, dass er immer für es da sein wird, egal was auch geschehen wird. Es gehört nicht viel Fantasie dazu, dieses Lied auf die damalige Familiensituation der Joels zu übertragen: Es beschreibt die Ängste der Tochter, die nicht will, dass ihre Eltern sich trennen. Und das schlechte Gewissen des Vaters, der seiner

Tochter immer die traumatische Erfahrung eines Scheidungskindes ersparen wollte.

»No Man's Land« beschreibt die Zersiedelung der Landschaft und Umweltzerstörung am Beispiel von Long Island, »The Great Wall of China« den Vertrauensbruch eines Freundes (Frank Weber?) und »Two Thousand Years« ist zugleich geschichtlicher Rückblick und ein Vorgriff auf die Jahrtausendwende.

»Famous Last Words« setzt einen ironischen und prophetischen Schlusspunkt unter das Album: Der Rockpoet bekennt, dass er nichts mehr zu sagen hat. Damit ging ein entscheidendes Kapitel im Leben von Billy Joel zu Ende. Im Alter von 44 Jahren zog er Bilanz als Komponist und Songschreiber – Popmusik interessierte ihn in den folgenden Jahren nicht mehr sonderlich. Er suchte als Komponist nach neuen Herausforderungen, nahm in unregelmäßigen Abständen nur noch eine Handvoll neuer Songs auf und begnügte sich im Wesentlichen mit seiner Rolle als sein eigener Nachlassverwalter und erfolgreicher Interpret seines Best-of-Programms.

Auch im Privatleben endete damals ein wichtiger Lebensabschnitt. Was sich schon lange angedeutet hatte, wurde Ende 1993 offiziell: Billy Joel und Christie Brinkley gingen nach acht gemeinsamen Jahren wieder getrennte Wege. Über die Gründe der Trennung darf spekuliert werden: Sicherlich hat das anstrengende, aber verlockende Tourneeleben letztlich ebenso dazu beigetragen wie die juristischen Auseinandersetzungen Anfang der 90er-Jahre. Nicht zu vergessen der zunehmende Alkoholkonsum Billy Joels, der damit auf Ärger und Anflüge von Depressionen reagierte. Seine Mutter sagte damals besorgt: »Wenn Billy sich selbst so lieben könnte, wie ihn andere Menschen lieben, dann wäre alles mit ihm in Ordnung.«

Über den Ehealltag eines sogenannten Traumpaares mache sich die Öffentlichkeit völlig falsche Vorstellungen, so der Sänger in einem Interview: »Die Leute reden über Billy Joel und seine Supermodel-Ehefrau, so als würden Christie und ich nicht die gleichen Dinge lieben, fürchten oder fühlen wie ganz gewöhnliche Leute. Denken die, dass wir zu Hause wie die Elfen herumschweben? Kapieren die Leute denn nicht, dass sich in dem Moment, in dem sich die Tür schließt, das ganze Rockstar/Supermodel-Gehabe in Luft auflöst? Dann gibt es nur noch mich und sie, also die ganz normale Mann-Frau-Beziehung.« (117)

Die Ehe wurde im August 1994 geschieden. »Ich befand mich in einer schwierigen Situation. Weniger deshalb, weil ich nicht mehr mit Christie zusammen war, sondern vielmehr, weil sie das Sorgerecht für meine Tochter hatte. Ich war ständig auf Reisen – so wie mein Vater, ich hatte eine Scheidung hinter mir – so wie mein Vater, meine Exfrau hat das Sorgerecht für meine Tochter – so wie es mein Vater erlebt hatte. Was sollte ich tun? Ich war mir der Schwierigkeiten bewusst. Weil ich keinen Vater hatte, musste ich ein guter Vater sein. Ich wollte nicht, dass meine Tochter ohne Vater durchs Leben geht, so wie ich. Ich tat alles Mögliche dafür, dass ich meine Tochter so oft wie möglich sehen konnte, sogar als ich auf Tour war und sie in Colorado lebte. Ich glaube, das war gut für sie. Sie versteht meine Schwierigkeiten und ist dankbar für unsere gemeinsame Zeit. Wir haben darüber gesprochen. Sie weiß, wie wichtig es für mich ist, ein guter Vater zu sein, vielleicht das Wichtigste in meinem Leben.«

Immerhin schafften es Billy und Christie (auch aus Rücksicht auf ihr Kind), Freunde zu bleiben – bis zum heutigen Tag. Kurz nach ihrer Scheidung heiratete Christie Brinkley den reichen Geschäftsmann Rick Taubman, mit dem sie einen Sohn hat. Allerdings dauerte diese Ehe nicht einmal ein Jahr.

Wenige Monate nach seiner Scheidung wurde Billy Joel vom amerikanischen Fachblatt *Billboard* mit der höchsten Auszeichnung bedacht: Er bekam als einer der erfolgreichsten Popkünstler des Jahrhunderts den Century Award. Die Dezemberausgabe der Zeitschrift widmete ihm ein umfangreiches Künstlerporträt, in dem er bekannte: »Mit mehr als der Hälfte meiner Plattenaufnahmen bin ich zufrieden. Mit dem Songschreiber bin ich zufrieden, mit dem Sänger niemals. Er deprimiert mich, weil meine Helden immer schwarze Sänger waren – und ich bin kein Schwarzer. Ich bin nur ein kleiner Judenlümmel aus Levittown, der versucht, schwarz zu klingen.«

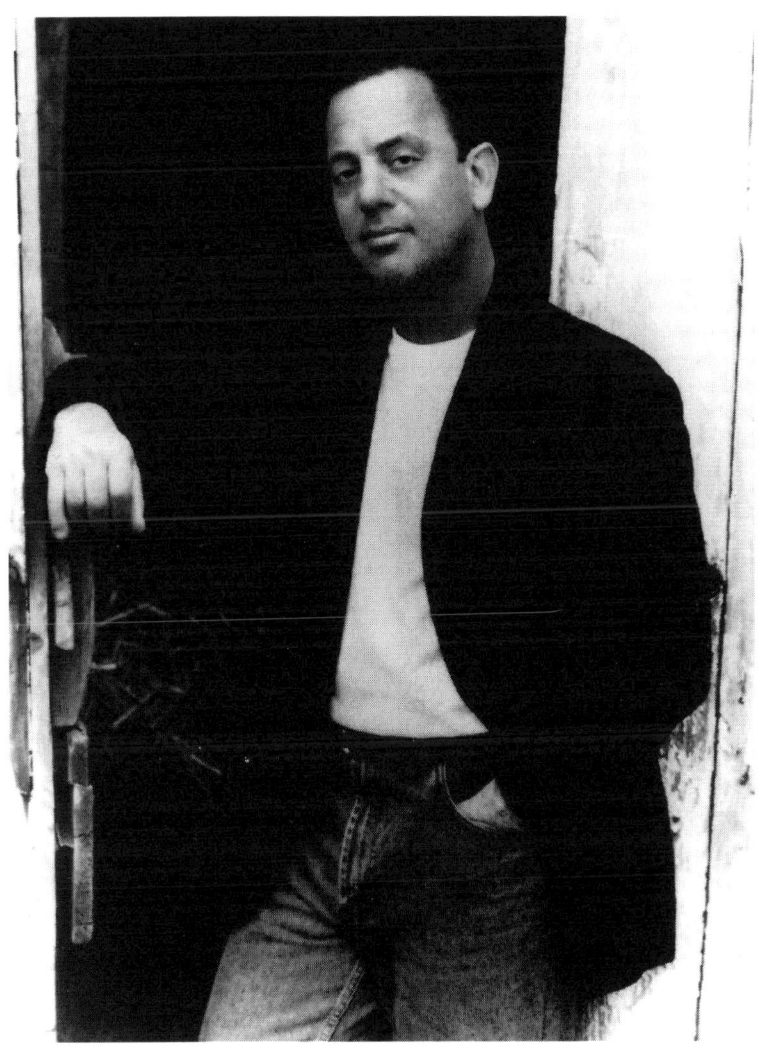

Billy Joel auf dem offiziellen Pressefoto zu »River of Dreams«, 1993

Beruflich lief alles bestens für Billy: Er flüchtete sich in Arbeit und scheffelte massenhaft Geld. »River of Dreams« erreichte als erstes seiner Alben in kürzester Zeit Platz 1 der *Billboard*-Charts. Die begleitende Welttournee hatte im Herbst 1993 begonnen und dauerte mit Unterbrechungen bis Anfang 1995.

Außerdem war Billy Joel mit seinem Kollegen Elton John im Sommer 1994 ein besonderer Coup gelungen: Ihre gemeinsamen USA-Konzerte unter dem Motto »Face to Face« sorgten nicht nur für Schlagzeilen, sondern auch für volle Kassen. Alle Auftritte der beiden Superstars in den größten Sportarenen waren blitzschnell ausverkauft.

Die Idee zu diesen gemeinsamen Konzerten war bereits in den 70er-Jahren in Amsterdam entstanden, aber aus Termingründen nie realisiert worden. Captain Fantastic und Piano Man, der exzentrische Brite und der kumpelhafte Amerikaner, verstanden sich gut und hatten vieles gemeinsam. Sogar so viel, dass man sie anfangs zu ihrem Ärger oft miteinander verwechselt hatte. Beide spielten ausgezeichnet Klavier und schrieben großartige Popsongs, hatten jede Menge internationaler Hits und liebten Liveauftritte. Außerdem hatte auch Elton John die Höhen und Tiefen des Showgeschäfts erlebt und eigene Erfahrungen mit Drogen- und Alkoholproblemen.

»Face to Face« war ein musikalisches Gipfeltreffen und Kräftemessen unter Freunden: Die Konzerte dauerten bis zu vier Stunden und machten dem Publikum ebenso viel Spaß wie den Musikern. Billy Joel und Elton John spielten im ersten Teil jeweils ihre großen Hits mit ihren Bands, um dann im zweiten Teil gemeinsame Sache zu machen. Beide saßen sich an Konzertflügeln gegenüber, die während der Show mit hydraulischen Podien auf die Bühne gehoben wurden. Das Duell war stets eine künstlerische Herausforderung und beflügelte die ebenbürtigen Entertainer.

Über das erste von fünf ausverkauften Konzerten im Giants Stadium schrieb die *New York Times* am 25. Juli 1994 unter der Überschrift: »So ähnlich, so verschieden«: »Schon bevor Mr Joel, der 45 Jahre alt ist, Mr John, der 47 Jahre alt ist, für die Idee der ›Face to Face‹-Tour begeistern konnte, lagen die Ähnlichkeiten zwischen den beiden Musikern auf der Hand. Abgesehen davon, dass sie beide Vornamen als Nachnamen haben, wuchsen die zwei Pianisten der Babyboomgeneration in genormten Vorstadt-Fertighaussiedlungen auf, und ihre Väter waren meistens abwesend. Musikalisch bewegen sich die beiden begabten, eigenwilligen Künstler im

Niemandsland zwischen Pop und Rock, wo sich Broadway-Show-Melodien, klassische Kompositionen, Ragtime, Gospel und Rock 'n' Roll frei miteinander vermischen. In ihren Texten (wobei Bernie Taupin viele von Mr Johns Songs schrieb) beschäftigen sich beide mit Vergänglichkeit und Geschichte, der Reinheit des Rock 'n' Roll und der Verderbtheit der Menschen ... Wie vorauszusehen endete das Konzert mit ›Piano Man‹. Und gerade hier wurden die wesentlichen Unterschiede zwischen Mr John und Mr Joel deutlich. Der Song enthält Mr Joels Sicht eines Pianisten: ein unterbezahlter, unterschätzter Musikhandwerker in einer verräucherten Bar, der die Außenseiter der Gesellschaft von ihrem täglichen Elend ablenkt. Für Mr John ist der Klavierspieler ein großartiger Entertainer mit Juwelen an den Fingern, der sich nicht zweimal bitten lässt, vor einem königlichen Publikum aufzutreten.«

Wegen des großen Erfolgs gab es 1998 sowie 2001/02 triumphale Neuauflagen von »Face to Face«: Laut *Billboard* wurde es das erfolgreichste Tour-Package aller Zeiten.

Im März 2010 gaben Joel und John ihr letztes gemeinsames Konzert. Kaum ein Jahr später, im Februar 2011, sorgte Elton John mit einem Interview im *Rolling Stone* für Aufregung. Der britische Popstar machte sich Sorgen wegen Billys Alkoholkonsum. Außerdem äußerte er sich kritisch darüber, dass Billy keine neuen Popsongs mehr schreiben wollte. »Letzten Endes ist er im Leerlauf«, sagte John. »Ich sage immer wieder zu ihm: ›Billy, kannst Du nicht einen neuen Song schreiben?‹ Es ist entweder Angst oder Faulheit. Das ärgert mich. Billy ist mir ein Rätsel. Wir mussten so viele Tourneen wegen Krankheit absagen, aber auch aus anderen Gründen wie Alkoholsucht. Er wird mich dafür hassen, was ich jetzt sage, aber immer wenn er eine Entziehungskur gemacht hat, war das eine Entziehungskur light. Ich habe während meiner Entziehung Fußböden putzen müssen. Er sucht sich die Klinik danach aus, ob es dort Fernsehen gibt. Ich liebe Dich, Billy, und das ist eine echte Liebe. Billy Du bist von Dämonen gejagt, aber Du wirst sie durch eine Entziehung light nicht los. Du musst endlich ernst machen. Die Leute bewundern, lieben und respektieren Dich. Du solltest Dir mehr Mühe geben als bisher.« (118)

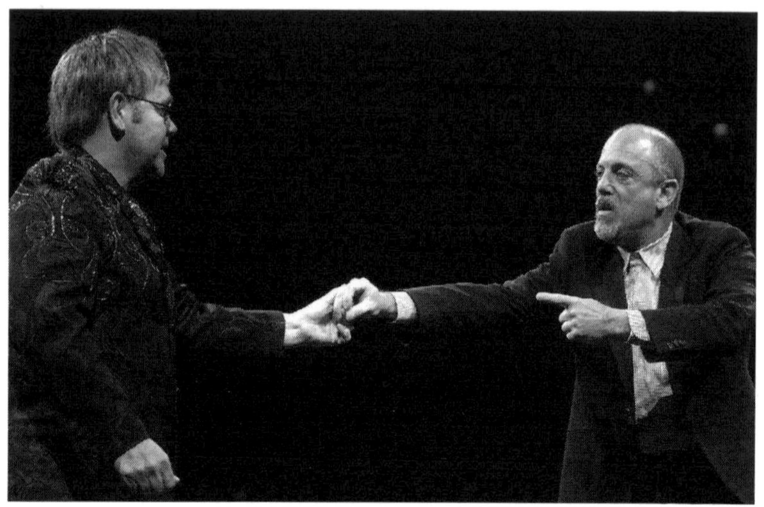

»Face to Face«: Elton John und Billy Joel, 2002

Billy Joel reagierte ganz gelassen. »Ich arbeite so lange mit Elton zusammen und schätze unsere Beziehung viel zu sehr, als dass dieser unbedachte Kommentar daran etwas ändern könnte. Elton ist halt Elton.«

Obwohl die beiden Kumpel auf der Bühne so gut harmonierten, hatten sie oft Auseinandersetzungen, wie Billy zugab. »Ich hatte regelmäßig Streit mit Elton. ›Warum bringst Du nicht mehr Alben raus?‹ Worauf ich erwiderte: ›Warum bringst Du nicht weniger Alben raus?‹ Wenn ich nicht wirklich etwas Substanzielles äußern kann, brauche ich auch nicht am laufenden Band Käse produzieren. Manchmal ist es besser, den Mund zu halten, wenn du nichts zu sagen hast. Das ist noch so eine Lektion, die viele Leute lernen müssten.« (119)

Vater und Söhne

50 Jahre nach dem Ende des Zweiten Weltkriegs und des Dritten Reiches kam es am Pfingstwochenende 1995 in Nürnberg zu einem Familientreffen der besonderen Art: Auf Einladung der Stadt und durch Vermittlung seines Vaters trat Billy Joel zwei Mal in der ausverkauften Meistersingerhalle auf. An diesen beiden bewegenden Abenden unter dem Motto »Questions and Answers«, die vom Bayerischen Rundfunk aufgezeichnet wurden, standen auch sein Vater und sein Bruder mit auf der Bühne, im Saal saßen Helmut Joels zweite Frau, seine alten Schulkameraden Arno Hamburger und Rudi Weber sowie ein paar weißhaarige Damen, die in den 30er-Jahren in der Wäschemanufaktur von Karl Joel gearbeitet hatten.

Es wurde keine der üblichen Betroffenheitsveranstaltungen und auch kein gewöhnliches Konzert. In einer Mischung aus intelligenter Talkshow und persönlichem Werkstattgespräch präsentierte sich Billy Joel als schlagfertiger, humorvoller Entertainer und Geschichtenerzähler, der noch den seltsamsten Fragen aus dem Publikum eine witzige Seite abgewinnen konnte. Und nebenbei wurden die Verbindungslinien zwischen seiner Familiengeschichte und der Weltgeschichte des 20. Jahrhunderts deutlich. Er sprach über seine Nürnberger Wurzeln, über sein Verhältnis zu Deutschland und zur jüdischen Religion, aber auch über seine Arbeit als Musiker.

Vor dem Auftritt hatte Billy Joel erklärt, dass er jedes Mal mit gemischten Gefühlen nach Deutschland komme: »Das ist ein schwieriges Kapitel. Als ich jung war, liefen im Fernsehen viele Filme über den Zweiten Weltkrieg. Man hat uns beigebracht, dass wir Amerikaner die Guten und die anderen die Bösen sind. Im

Lauf der Zeit hat sich das geändert: Amerika galt nicht mehr als der einzige ideale Platz auf der Welt. In den 60er-Jahren begann dann meine Generation, kritische Fragen zu stellen, und erkannte, dass auch die Amerikaner nicht perfekt sind. Als ich in den 70er-Jahren erstmals hierherkam, hatte ich schon ein komisches Gefühl. Das also war das Land, aus dem meine Familie stammt. Aber das war auch das Land, aus dem meine Familie von den Nationalsozialisten vertrieben worden war. Dann jedoch traf ich hier Leute, die genauso dachten wie die Menschen in den USA und die nichts mit den Nazitypen, wie ich sie aus Filmen kannte, gemein hatten. Ich sehe die Dinge heute nicht mehr schwarzweiß. Seit dem Krieg sind 50 Jahre vergangen. Wir dürfen zwar nie vergessen, was in der Vergangenheit geschehen ist, aber wir müssen auch in die Zukunft schauen und reparieren, was kaputtgegangen ist. Die einzige Möglichkeit ist, darüber zu sprechen, aber vielleicht kann ja auch die Musik dazu ihren Beitrag leisten.«

Auch über sein Verhältnis zur deutschen Kultur äußerte sich der amerikanische Rockstar, der nicht nur Bier und Bratwürste mag, sondern auch Bach und Beethoven. Für ein typisch deutsches Phänomen hält er »Sturm und Drang«, ein Begriffspaar, das er gerne benutzt, um dunkle Romantik und geistige Tiefe zu umschreiben. In diesem Zusammenhang interessiert ihn weniger die literarische Bewegung des ausgehenden 18. Jahrhunderts als vielmehr der Typ des freiheitsliebenden Original-Genies – vielleicht auch deshalb, weil er sich damit ein wenig identifiziert.

In den *Nürnberger Nachrichten* vom 6. Juni 1995 schrieb ich über den Abend: »Souverän und sympathisch plaudert Billy Joel aus dem Nähkästchen; erstaunlicherweise überwinden die Besucher Hemmschwellen und Sprachhürden und stellen alle möglichen und unmöglichen Fragen. Als lässiger Entertainer antwortet der Mann mit dem Faible für Jeans und Designerklamotten. Amüsante und nachdenkliche Anekdoten gibt es in dieser One-Man-Show am laufenden Band. Ob es um das langweilige Leben auf Tournee geht (›da bist du kein Mensch mehr‹) oder um seine jüdische Abstammung (›als Hippies sahen wir in den 60er-Jahren doch alle wie orthodoxe Juden aus‹), Probleme mit dem

Älterwerden (›bis jetzt noch keine‹), Erfahrungen als Musiker (›Fehlermachen ist eine Kunst‹), Religion (›jeder soll das glauben, was er will‹) oder Videos (›gute Musik braucht keine visuelle Unterstützung‹) – Billy Joel ist um keine Antwort verlegen, und das Publikum restlos begeistert.«

Zwischendrin setzte sich der Sänger immer wieder an den Flügel und gab ein paar Kostproben zum Besten. Natürlich durfte dabei auch »Vienna« nicht fehlen, der Song, den er für seinen Vater geschrieben hatte. Der emotionale Höhepunkt des Abends war der gemeinsame Auftritt von Helmut Joel mit seinen beiden Söhnen. Auf zwei Klavieren hämmerten Helmut und Billy Gershwins »I Got Rhythm« in die Tasten, und Alexander spielte gemeinsam mit Billy den ersten Satz aus Beethovens 6. Symphonie. Bei den Auftritten überraschte Billy Joel das Publikum auch mit seinen »Famous Last Words« und der Ankündigung, dass er sich aus dem aufreibenden Tourneegeschäft zurückziehen und seine Karriere als Rocksänger beenden wolle.

Tagsüber nutzten die Joels die Gelegenheit, sich im längst wieder aufgebauten Nürnberg, das sich nun Stadt der Menschenrechte nennt, umzusehen und den Jüdischen Friedhof zu besuchen, wo ein Teil ihrer nächsten Verwandten begraben ist.

Sie übernachteten im *Grand Hotel*, wo sich der alte Karl Joel früher hin und wieder einen Martini gegönnt hatte. Nachts setzte sich Billy zur Überraschung der Gäste in der Hotelbar ans Klavier und spielte neben ein paar seiner Songs auch einige Stücke von den Beatles. Den Erlös seines Gastspiels in Höhe von 50000 Mark spendete der Künstler der Israelitischen Kultusgemeinde sowie für den neu geschaffenen Menschenrechtspreis der Stadt Nürnberg. Eine großzügige Geste der Versöhnung mit der Vergangenheit.

Heute fragt sich Billy Joel, wie es sein kann, dass er seine Existenz ausgerechnet den großen Katastrophen des 20. Jahrhunderts verdankt: »Meine Großeltern mütterlicherseits sind vor den Schrecken des Ersten Weltkriegs nach Amerika geflohen, meine Großeltern väterlicherseits vor dem Terror der Nazis. Sonst wäre ich nicht hier.«

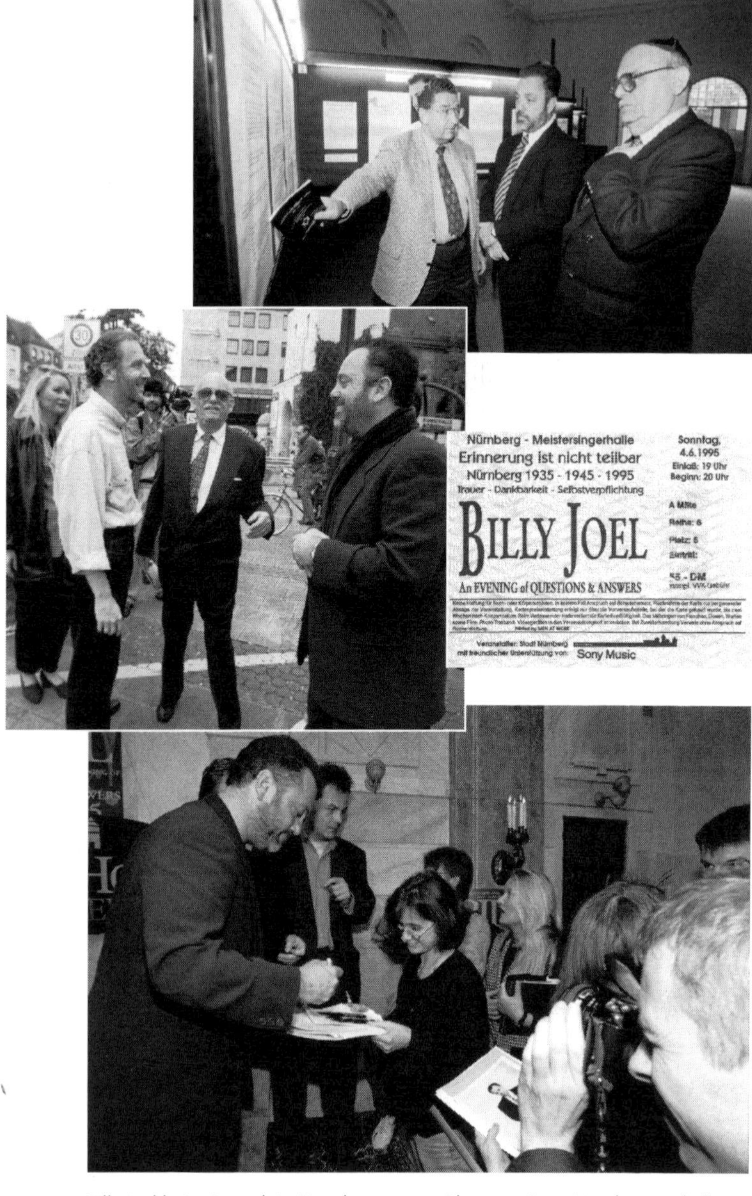

Billy Joel beim Besuch in Nürnberg, 1995: Oben mit Arno Hamburger (links) und Helmut Joel (rechts), in der Mitte mit Steffen Radlmaier und Helmut Joel, unten bei der Pressekonferenz im *Grand Hotel*

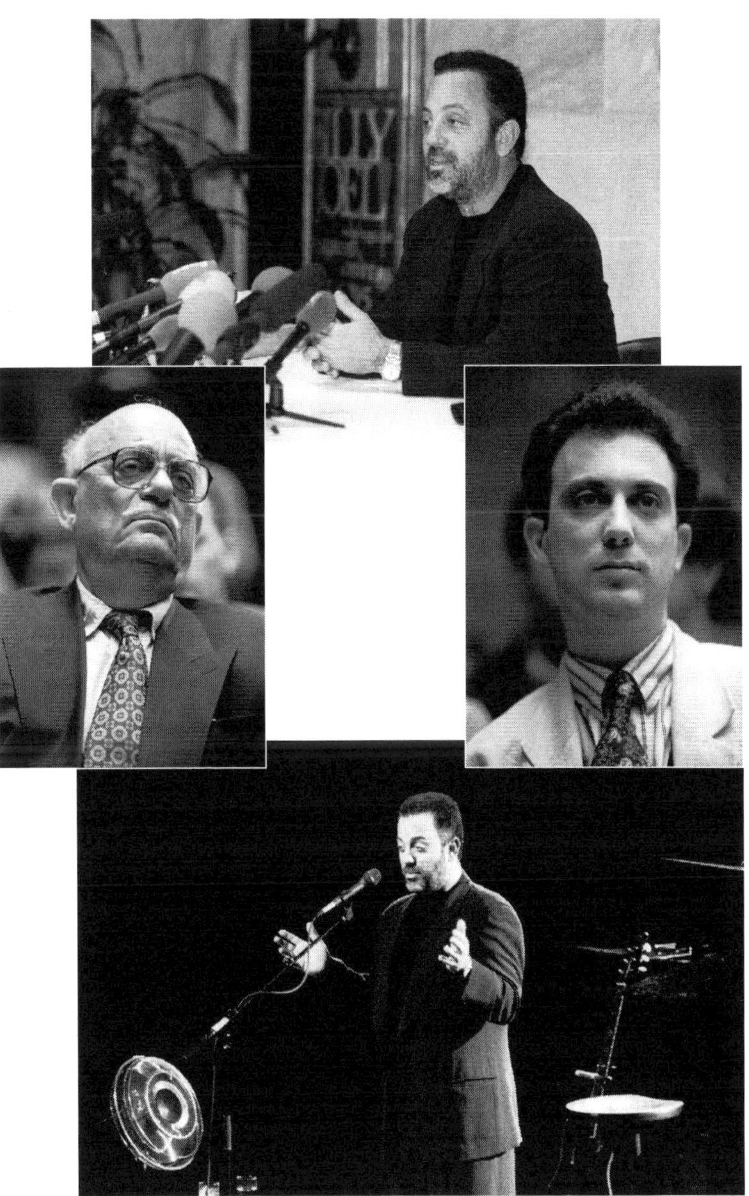

Familientreffen in Nürnberg, 1995: »Questions & Answers« mit Billy Joel, seinem Vater Helmut und seinem Bruder Alexander

Das Thema griff ein paar Jahre später die österreichische Filmemacherin Beate Thalberg auf: In ihrem preisgekrönten Fernsehfilm *Die Akte Joel* dokumentierte sie die verhängnisvolle Geschichte der Unternehmer Karl Amson Joel und Josef Neckermann und ihre Folgen. Dabei hatte sie die reizvolle Idee, die Enkelgeneration miteinander zu konfrontieren. Julia, Markus und Lukas Neckermann wuchsen wie Billy Joel in den USA auf und kannten seine Hits.

Die arrangierte Begegnung der Enkel in einem Wiener Kaffeehaus verlief seltsam steif und war doch äußerst aufschlussreich. Sichtlich unwohl sitzen sich die fünf gegenüber und haben sich wenig zu sagen. Die Kategorien von Opfern und Tätern passen ebenso wenig wie die von Klägern und Angeklagten. Ihre Familiengeschichten haben sie sich nicht ausgesucht, aber auffallend ist, wie die Neckermanns nach Erklärungen und Entschuldigungen für das Verhalten ihres Großvaters suchen. »Hat es ihm leidgetan, was er damals gemacht hat?«, fragt Alexander Joel. »Ja«, antworten die Neckermann-Enkel. »Fühlte er sich schuldig?«, fragt Alexander nach. »Nein, nein. Sie wussten nicht, was sie taten. Alle machten mit«, antwortet Julia Neckermann. Und ihr Bruder Lukas ergänzt: »Wir haben in der Familie immer über die Gegenwart gesprochen. Und was in Zukunft passiert. Was in der Vergangenheit war, haben meine Geschwister und ich Büchern entnommen.«

Billy Joel zieht folgende Lehre aus der Geschichte: Man muss sich damit auseinandersetzen, aber ohne Groll und Verbitterung, denn man darf dem Hass keine Chance geben. In jeder Geschichte gibt es Verlierer und Gewinner. Auf welcher Seite man steht, ist letztlich eine Frage der Macht und der Moral.

Wie wird man Dirigent?

Während Billy Joel auf dem Höhepunkt seiner Karriere über seinen Rückzug aus dem Musikgeschäft nachdachte, versuchte Alexander Joel verzweifelt, als Dirigent Fuß zu fassen. »Der Anfang ist am schwersten«, sagt er im Rückblick. »Die Konkurrenz ist riesengroß und die Auswahl gnadenlos. Als junger Dirigent ein Engagement zu finden stellt eine schier unlösbare Aufgabe dar. Denn wer nimmt schon einen unbekannten, unerfahrenen Kapellmeister? Doch ohne Orchester kann man kein Dirigent sein. Es ist ein Teufelskreis.«

Einer, der von Anfang an an Alexander Joel glaubte, ist Georg Mark, sein Professor am Wiener Konservatorium: »Alexander war einer meiner begabtesten Schüler, sicher aber der fleißigste, den ich je hatte. Wie ein Besessener hat er sich in die Arbeit gestürzt. Er ist ein ungeheuer kommunikativer Mensch und eine ausgesprochene Führungspersönlichkeit – beides unabdingbare Eigenschaften für einen Dirigenten.« Mark beschreibt diesen Beruf mit einem Paradoxon: »Voraussetzung für das Dirigieren ist, dass man in der Musik alles kann – außer Dirigieren. Das Instrument des Dirigenten ist sein Orchester.« Bei der Ausbildung – pro Jahrgang nimmt er nur vier Schüler – legt er auf Persönlichkeitsbildung ebenso viel Wert wie auf die Vermittlung des musikalischen Handwerkszeugs.

Das Familientreffen der Joels in Nürnberg zahlte sich für Alexander aus: Dank der neu geschlossenen Kontakte konnte er 1995 sein offizielles Debüt als Dirigent in der Stadt seiner Vorväter geben. Die Eltern saßen stolz im Opernhaus, als ihr Sohn zum ersten Mal eine Repertoireaufführung dirigierte: »Die Fledermaus« von Johann Strauß, die hier einst schon Helmut Joel mit seinen Eltern gesehen hatte.

Im Jahr darauf bestand Alexander seine Abschlussprüfung am Wiener Konservatorium mit Auszeichnung – und war erst einmal monatelang arbeitslos. Nichts wollte klappen. Der ehrgeizige Musiker erlebte eine Pechsträhne und schrieb Bewerbung um Bewerbung. »Es gibt im deutschsprachigen Raum ungefähr 80 Opernhäuser, bei der Hälfte davon habe ich mich beworben – ohne Erfolg.«

Die entscheidende Wende brachte 1996 ein internationaler Dirigentenwettbewerb im italienischen Spoleto: Alexander Joel gewann den zweiten Preis sowie den Preis der Jury und erfuhr nach seiner Rückkehr, dass in dem Kurort Baden bei Wien eine Stelle als Dirigent frei war. Der 25-Jährige konnte sich gegen 30 Mitbewerber durchsetzen und im Mai 1997 seine erste Stelle antreten. »Das war einer der glücklichsten Momente in meinem Leben.«

Allerdings wäre die Karriere des jungen Dirigenten um ein Haar ganz anders, wenn nicht gar im Sande verlaufen. Und das kam so: Alexander musste am Tag vor dem Wettbewerb in Spoleto noch bei einer Amateurproduktion in Madrid mitwirken. Der Zeitplan war äußerst knapp kalkuliert, obwohl die italienischen Veranstalter ihm großzügigerweise zugesichert hatten, dass er erst bei der zweiten Dirigier-Runde am Nachmittag an die Reihe käme. Nach dem Flug von Madrid nach Rom nahm Alexander die Eisenbahn nach Spoleto, wo der Wettbewerb bereits begonnen hatte. Doch auf einmal hielt der Zug in irgendeinem Kaff und fuhr nicht mehr weiter: Bahnstreik! In Italien kann das dauern. Alexander saß wie auf Kohlen und sah seine große Chance dahinschwinden, je länger der unfreiwillige Aufenthalt dauerte. Verzweifelt saß er auf dem Bahnsteig und haderte mit seinem Schicksal: »Gütiger Himmel, hat sich denn alles gegen mich verschworen?«

Wie auf göttliches Geheiß setzte sich der Zug wenig später unerwartet wieder in Bewegung und erreichte sein Ziel gerade noch rechtzeitig genug, dass Alexander buchstäblich in letzter Minute ans Dirigentenpult hetzen konnte. »Wenn ich das nicht geschafft hätte, wäre alles anders gekommen. Denn ich hätte zwei entscheidende Menschen, die mir später viel weitergeholfen haben, nicht kennengelernt: Heide Rabal, damals Künstlerische

Betriebsdirektorin am Stadttheater Klagenfurt, und Vincenzo de Vivo, heute Geschäftsführer der Oper von Valencia.« Solche folgenreichen Begegnungen spielten im Leben des aufstrebenden Dirigenten, der die Musik zu seinem Lebensinhalt gemacht hat, bis heute eine wichtige Rolle.

Es störte den Anfänger überhaupt nicht, dass in Baden ausschließlich Operetten gespielt wurden und er außerdem weit über 100 Kurkonzerte dirigieren musste. »Ich bin ja mit Operetten und Wiener Liedern groß geworden und mag die Mischung aus Schmäh, Charme und Sentimentalität. Baden hat ein wunderbares kleines Haus, an dem ich viel gelernt habe, besonders von dem Dirigenten und Operettenspezialisten Franz Bauer-Theussl.«

Jahre später, als er schon etabliert war, machte Alexander Joel dem alten Dirigenten Bauer-Theussl ein Geständnis: »Herr Professor, ich muss Ihnen etwas beichten: Ich habe viel von Ihren Dirigaten gestohlen.« Der Herr Professor antwortete gönnerhaft: »Mein junger Freund, das heißt nicht stehlen, sondern lernen ...«

Nach der Feuertaufe in Baden ging es Schlag auf Schlag: Schon ein gutes Jahr später bekam Alexander – auf Vermittlung von Heide Rabal – eine Stelle als Kapellmeister am Theater in Klagenfurt. Seine musikalische Visitenkarte gab er Ende 1998 mit der Verdi-Oper »La Traviata« ab. Die Kritiker waren begeistert und sprachen von einem sensationellen Debüt am Pult. Die Fachzeitschrift *Orpheus Oper International* schrieb im Februar 1999 über die Klagenfurter »Traviata« (Inszenierung: Dietmar Pflegerl): »Wir hatten jedoch auch noch das Glück, die Aufführung unter dem erst 27-jährigen Alexander Joel zu erleben. Wie anders erklang das Orchester unter seiner Leitung! Er schaffte es mit klarer, präziser Zeichengebung und faszinierender Interpretationsfähigkeit, all jene vermissten Gefühle und Spannungen im Orchester zu wecken. Es gelang ihm, Wärme und Berührtheit zu vermitteln, und das Kärntner Sinfonieorchester folgte seinen Intentionen bedingungslos. Zudem bewies er bei seiner Interpretation und Wahl der Tempi die Fähigkeit, einfühlsam auf die Sänger eingehen zu können – ein großartiges Debüt eines hochbegabten jungen Dirigenten.«

Die »Traviata« erwies sich als Glücksfall, der Alexander Joel weitere Türen öffnete: Er wurde zum stellvertretenden Chefdirigenten in Klagenfurt befördert. In der ersten »Traviata«-Vorstellung, die Joel dirigierte, saß zufällig Hans Landesmann, unter Gérard Mortier Konzertchef der Salzburger Festspiele. Der war so angetan, dass er den Anfänger gleich an Dominique Mentha, den neuen Chef der Wiener Volksoper, empfahl. Dort dirigierte er zum Saisonauftakt als Gast die Operette »Wiener Blut« und wurde prompt für die darauffolgende Spielzeit als fixer Kapellmeister engagiert.

Trotz des Anfangserfolgs an der Volksoper beschreibt er das rückblickend als »schreckliche Zeit«. Denn auf einmal geriet Mentha in die öffentliche Kritik und im Zusammenhang damit auch Joel. Eine missglückte »Vogelhändler«-Inszenierung brachte das Fass zum Überlaufen. Und das österreichische Nachrichtenmagazin *News* druckte eine hämische Kritik unter dem Motto »Billy Joels kleiner Bruder scheitert an der Volksoper«. Das stimmte so zwar nicht, traf aber genau den wunden Punkt. »Man hat mir damals übel mitgespielt. Mein Selbstbewusstsein wurde ziemlich angeknackst und ich war froh, den Wiener Intrigantenstadel verlassen zu können.«

Doch es ging wieder aufwärts. Im Jahr 2001 wechselte der 30-Jährige als Kapellmeister an die Deutsche Oper am Rhein in Düsseldorf, wo er sechs Jahre lang arbeitete. Während dieser Zeit war er auch immer wieder als Gastdirigent im In- und Ausland unterwegs. Fast durchwegs positive Kritiken begleiten diese Stationen von Anfang an:

Begeistert nahm die österreichische Presse Joels Gastdirigat von Puccinis »Tosca« am Stadttheater Klagenfurt im Dezember 2001 auf: »Es ist eine Interpretation, die niemanden kaltlässt: Farbig und ausdrucksvoll, spannungsgeladen, ohne dass die Dramatik einmal nachlässt, mit gewaltigen eruptiven Steigerungen, aber auch zart gefühlvoll mit strahlendem Wohlklang spielt das Kärntner Sinfonieorchester unter seiner Stabführung.« (*Kleine Zeitung*) »Das Orchester spielt unter der Leitung Alexander Joels beherzt, mit laszivem Piano und nie zu laut an jenen Stellen, wo

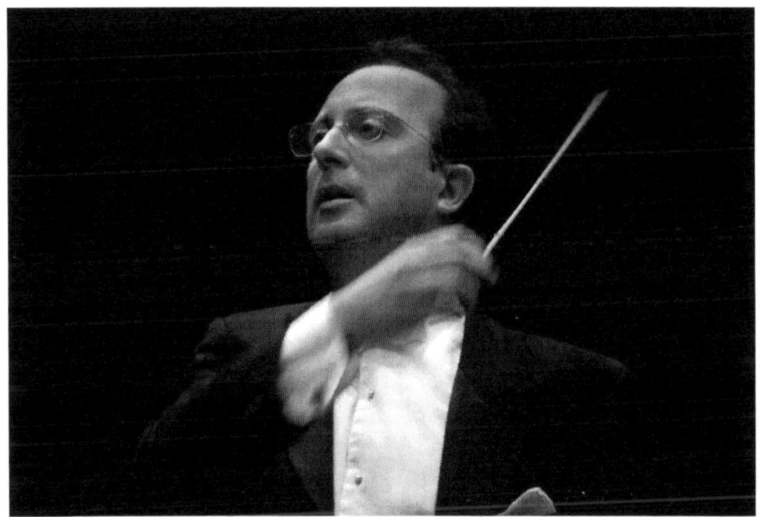

Karriere als Dirigent: Alexander Joel, 2008

in größeren Theatern die Hölle los ist.« (*Salzburger Nachrichten*) »Dirigent Alexander Joel holt mit Feuer und Dramatik aus dem Orchester, was dieses an satten Puccini-Klangfarben herzugeben imstande ist.« (*Wiener Kurier*)

Über seine Interpretation von Verdis Oper »Macbeth« in Düsseldorf schrieb die *Rheinische Post*: »Wie Luft von einem anderen Planeten wirkt dagegen die Musik. Alexander Joel hat die Partitur mit den Düsseldorfer Symphonikern ungewöhnlich genau realisiert: geradezu feinsinnig in den dynamischen Abstufungen, duftig in den rhythmischen Verästelungen, dräuend in den Verdüsterungen und immer spannungsvoll.« (21. Juli 2003)

Über eine »Italienische Nacht« auf dem Duisburger Burgplatz berichtete die *Neue Ruhr Zeitung*: »Betörend dazu der Klang der Philharmoniker, die mit Alexander Joel einen Dirigenten hatten, der mit Witz, Verve und Können überzeugte.« (2. August 2004)

Für seine umwerfende Interpretation des Operettenklassikers »Die lustige Witwe« im Staatstheater Nürnberg verlieh die *Abendzeitung* dem Hoffnungsträger 2005 einen »Stern des Jahres«.

Und über Joels Version von Igor Strawinskys Ballett »Le Sacre du Printemps« beim Düsseldorfer Symphoniekonzert (mit der

Klarinettistin Sabine Meyer als Stargast) hieß es am 3. April 2006 in der *Rheinischen Post*: »In der Tat war es bewundernswert, wie Dirigent Alexander Joel dem Werk alles vordergründig Haifischhafte nahm. Nicht dass er dem ›Sacre‹ die Zähne zog; aber er setzte sehr stark auf die großen Bögen und auch auf die gesangliche Dimension. Das ist klug, die Musikwissenschaft hat längst einen Katalog russischer Volkslieder in der Partitur identifiziert.«

Jeder Dirigent hat seine eigene Art, mit dem Orchester umzugehen. Es gibt strenge und charmante, nüchterne und emotionale Pultchefs. Ohne Kompetenz, Einfühlungsvermögen und Autorität geht es nicht. Alexander Joel versucht die Orchestermusiker freundlich, aber bestimmt zu überzeugen. »Ich bin kein Macho und mag keinen autoritären Stil. In dieser Beziehung hat mich mein Professor Georg Mark geprägt, der mir auch viel vom Idealismus für diesen Beruf vermittelt hat, in dem es so viele Scharlatane gibt.«

Alexander hat Meisterkurse bei renommierten Dirigenten wie Hans Graf, Gustav Kuhn oder Sergiu Celibidache besucht – und von allen gelernt. Auch von Fabio Luisi, den er einmal nach dessen Erfolgsgeheimnis gefragt hat. »Luisi hat geantwortet: ›Wenn mir etwas nicht gefällt, frage ich höflich, ob man das nicht noch einmal versuchen kann. Und wenn es dann immer noch nicht klappt, frage ich noch einmal, und zwar so lange, bis es klappt.‹ So mache ich das auch: Ich frage höflich, aber gebe nicht nach.«

Nach seiner Überzeugung sind Dirigent und Orchester Partner, die ihr musikalisches Ziel nur gemeinsam erreichen können. Wie aber schafft man es, dass ein Orchester so spielt, wie sich der Dirigent das vorstellt? »Das ist die große Herausforderung. Auf jeden Fall muss die Chemie stimmen. Mit Orchestern ist es ähnlich wie mit Frauen: Bei manchen funkt's, bei manchen nicht. Das kann man – wie erotische Anziehung – nicht erklären. Ideal ist es, wenn Orchester, Chor, Dirigent, Solisten und die Musik miteinander verschmelzen.«

In den vergangenen Jahren hat Alexander Joel viel erreicht und sich ein großes Repertoire erarbeitet, in der Oper ebenso wie auf der Konzertbühne: Er debütierte bei der Staatskapelle Dresden, dem Deutschen Symphonie-Orchester Berlin und dem Tokyo Symphony Orchestra, eröffnete die 150. Spielzeit des Teatro Municipal de Santiago de Chile mit einer Neuproduktion von »Don Carlos«, dirigierte die Neuproduktion von Gounods »Faust« an der Deutschen Oper am Rhein, die Wiederaufnahme von Verdis »Macbeth« in Dresden, »La Bohème« in Hamburg und »Tosca« in Berlin. An der Bayerischen Staatsoper München übernahm er im Mozart-Jahr sämtliche Aufführungen der »Entführung aus dem Serail«, darunter auch die Vorstellungen an Mozarts 250. Geburtstag sowie bei den Münchner Opernfestspielen. Zuvor gastierte er unter anderem an der Finnish National Opera in Helsinki, der Oper Köln, der Komischen Oper Berlin und dem Teatro Regio di Parma.

Die Kritiker loben seinen lockeren, lustvollen, leidenschaftlichen und doch präzisen Stil. Und bei Orchestermusikern ist er durch seine liebenswürdige, aber bestimmte Art sehr beliebt. Alexander Joel arbeitet meist mit vollem Körpereinsatz, tänzelt und springt auf dem Podium, macht mit großer Geste die musikalische Linie deutlich, lockt und leitet die Orchester mit Eleganz und Charisma, geht – wenn's gut läuft – völlig in der Musik auf. Georg Mark sagt über seinen Schüler, den er Sascha nennt: »Er ist ein Perfektionist. Und er hat eine unwahrscheinliche Beobachtungsgabe: Er übernimmt die besten Fertigkeiten von den Dirigenten, die er bewundert, und macht seinen eigenen Stil daraus.« Ein Eklektizist also auch er.

Neue Herausforderungen

Auch Billy Joel begann sich Mitte der 90er-Jahre wieder stärker mit klassischer Musik zu beschäftigen, die er schon als Kind kennengelernt hatte. Eine Zeit persönlicher Krisen und die Begegnung mit seinem Bruder, der sich intensiv mit Orchestermusik und Oper beschäftigte, mögen dabei eine gewisse Rolle gespielt haben.

»Als vierjähriges Kind habe ich schließlich mit klassischer Musik angefangen. Als ich 13 Jahre alt war, bin ich dann dieser Schlampe mit den zerrissenen Netzstrümpfen in die Finger gefallen: Ich hatte eine heiße Affäre mit dem Rock 'n' Roll. Inzwischen bin ich 48 – und unsere Beziehung ist abgekühlt. Obwohl die Musik, die ich heute schreibe, gar nicht mal so sehr anders ist als die, die ich schon immer geschrieben habe. Die Pianoeinleitung von ›The Stranger‹ ist klassische Musik, ›She's Always A Woman‹ nichts anderes als eine barocke Pianoetüde. Ich habe immer so etwas gemacht.« (120)

Tatsächlich sind klassische Einflüsse beziehungsweise Zitate in vielen Joel-Songs, die ja immer am Klavier entstanden, zu hören: »The Longest Time« erinnert an Haydn, die Orchestrierung in »Ballad of Billy the Kid« an Copeland und Morricone. Und der Refrain in »This Night« ist ein längeres musikalisches Zitat aus der Beethoven-Sonate »Pathetique«. Wie er selbst anführt, klingt »I've Loved These Days« nach Chopin, »Storm Front« nach Schumann und »Lullabye« nach Beethoven.

Anstelle von Popsongs galt sein Interesse jetzt der Instrumentalmusik. »In meiner Bibliothek steht eine alte, analoge Stereoanlage. Eines Tages habe ich mir die Beethoven-Symphonien angehört – und war wie erschlagen. Ich dachte mir, dass ich im Vergleich dazu nichts geleistet habe, und fühlte mich so minderwertig. Ein ähnliches Gefühl der Ohnmacht hatte ich schon früher einmal gehabt, als ich zum ersten Mal Led Zeppelin hörte. Immerhin brachte mich dieses Erlebnis dazu, mich selbst an instrumentaler Musik zu versuchen.«

Mit zunehmendem Alter ließ Joels Rock-'n'-Roll-Fieber nach. Schon immer hatte er sich für alle möglichen Genres, Stile und Spielarten interessiert, Schubladendenken war ihm völlig fremd. In seiner Rolle als Rockstar fühlte er sich trotz seines Riesenerfolgs nie so richtig wohl – er wollte einfach nur Musiker sein.

Ausschlaggebend für den kreativen Wandlungsprozess waren auch persönliche Erfahrungen nach der Scheidung von Christie Brinkley. Am meisten machte dem passionierten Vater die Tatsache zu schaffen, dass seine Tochter Alexa nicht mehr bei ihm aufwachsen würde. Den Trennungsschmerz und seine traurige Stimmung versuchte er musikalisch zu verarbeiten.

»Ich begann mit ›Soliloquy (On A Separation)‹, das später auf meinem Pianoalbum erschienen ist. Es basiert auf dem lyrischen Thema ›We say good-bye‹ und drückt meine Gefühle beim Abschied von Alexa aus. Ich sah überhaupt keine Notwendigkeit, dazu noch einen Text zu schreiben. Die Musik spricht für sich.«

Billy Joel betont, dass er im Gegensatz zu den meisten seiner Kollegen schon immer zuerst die Musik und dann den Text geschrieben habe. »Instrumentalmusik zu komponieren ist für mich ganz natürlich. Außerdem fühlte ich mich durch das Dreieinhalb-Minuten-Format bei Popsongs zunehmend eingezwängt wie in einer Schachtel. Und aus dieser Schachtel musste ich raus.«

Seine Gedanken über Songschreiben und Komponieren, über Rock 'n' Roll und Instrumentalmusik, über das Verhältnis von Text und Melodie, kurz: über das musikalische Handwerkszeug standen im Mittelpunkt einer Serie von Gesprächskonzerten, die er – wie schon erwähnt – seit Ende der 80er-Jahre an vielen amerikanischen Universitäten anbot. Billy Joel wollte seine Erfahrungen im Musikgeschäft an die nächste Generation weitergeben und gab bei diesen Veranstaltungen jungen Leuten, die Musik im weitesten Sinne zu ihrem Beruf machen wollten, wertvolle

Insidertipps. Sein pädagogisches Anliegen war durch schlechte Erfahrungen motiviert: Als Anfänger hatte der Junge aus Hicksville ziemlich viel Lehrgeld zahlen müssen. »Damals gab es niemanden, den ich hätte fragen können. Ich habe einmal sogar die Beatles angeschrieben, aber statt konkreter Ratschläge bekam ich nur ein paar Autogrammkarten. Das war natürlich nicht das, was ich gewollt hatte.«

»Evenings of Questions & Answers ... and a little Music« nannten sich diese praxisnahen und unterhaltsamen Lehrstunden. »Ich spreche gerne vor Studenten, weil sie gute Fragen stellen. Und was man sagt, ist wichtig für ihr Leben. Man kann nicht einfach mal schnell eine Antwort geben, die wichtig für die Plattenverkäufe oder selbstbezogen ist. Man kann total uneigennützig und zurückhaltend sein, das heißt man muss im pädagogischen Sinne geben. Ich habe all die Informationen in meinem Kopf, die ich mit anderen teilen kann. Schließlich habe ich jeden Fehler, den man in diesem Geschäft machen kann, ein paar Mal gemacht, und ich habe das überstanden, um diese Geschichte zu erzählen. Warum sollte ich nicht jungen Mädchen oder Burschen, die ganz am Anfang stehen, dabei helfen, die Fehler zu vermeiden, die ich gemacht habe? Ich will einfach helfen, weil ich selbst am Anfang so manchen Ratschlag gebraucht hätte.« (121) Tatsächlich gibt es wohl keinen anderen Rockstar, der (auch seinen Fans) bis heute so bereitwillig und kontinuierlich Auskunft über sich und seine Arbeit gibt wie Billy Joel – und dabei trotzdem sein Privatleben so gut abschottet.

Die Plattenfirma war natürlich weniger begeistert über Joels neue Prioritäten, sie wollte ein neues Rockalbum. In Ermangelung neuer Songs brachte sie 1997 den dritten Teil seiner Greatest Hits heraus. Immerhin enthielt das Album als Kaufanreiz erstmals drei neue Coverversionen, darunter »To Make You Feel My Love«, ein bis dato unveröffentlichtes Liebeslied von Bob Dylan. Außerdem »Hey Girl«, eine alte Soulnummer von Carole King und Jerry Goffin, sowie »Light as a Breeze«, ein Song von Leonard Cohen, den Joel für das Tribute-Album »Tower of Songs« aufgenommen hatte.

Ansonsten machte Joel in diesen Jahren nur noch, was ihm Spaß machte: Er konzentrierte sich auf sein Privatleben, komponierte zu Hause auf Long Island vor sich hin, gab ab und zu Konzerte und ging wieder mit seinem Freund Elton John auf Tournee. Dem *Rolling Stone* sagte Joel damals: »Ich habe einen Heidenrespekt vor ihm. Er hat das Herz auf dem rechten Fleck. Als ich damals den Ärger mit der Scheidung hatte, sollten wir schon mal ein gemeinsames Konzert in New York geben; aber da an diesem Tag ein unglaubliches Unwetter über der Stadt niederging, war ich davon ausgegangen, dass der Gig abgesagt würde. Also habe ich mir zu Hause in East Hampton ein paar Flaschen Wein reingepfiffen – nur um in letzter Minute zu erfahren, dass das Konzert nicht abgesagt war! Mann, was war ich betrunken! Ich bin rumgetorkelt und hingeknallt, ich habe Eltons Schuhriemen gebunden und mich aufs Klavier gelegt wie Michelle Pfeiffer in ›The Fabulous Baker Boys‹ – und fand mich furchtbar witzig. Am Tag darauf nahm er mich in den Arm: ›Bist du okay? Kann ich irgendwas für dich tun? Ich mache mir Sorgen um dich.‹ Das werde ich nie vergessen. Egal, was man ihm immer wieder an absonderlichen Marotten andichtet: Elton hat ein großes Herz.« (122)

Im selben Interview äußerte er sich auch über die Probleme alternder Rockstars im Tourneezirkus: »Wir haben keine Lust, fahrende Vertreter zu sein. Ich will nicht wie Willy Lohman [in Arthur Millers Theaterstück »Tod eines Handlungsreisenden«, Anm. des Autors] enden. Ich habe die Schnauze voll. Das hat nichts mehr mit Musik zu tun. Ich will kein Rockstar sein, sondern Künstler. Die Alternative-Bands, die heute proklamieren, dass sie Antistars sein wollen, können wohl nicht kapieren, dass uns das genauso gegangen ist; wir haben auch den alten Käse gehasst. Aber heute versucht sich ein Elton John eben an Disney-Musicals, Paul Simon arbeitet an einem Musical und Bruce Springsteen macht einen auf John Steinbeck mit Gitarre. Wir alle versuchen, Ausdrucksformen zu finden, die unserem Alter angemessen sind.«

In dieser Zeit hatte Joel eine neue Geschäftsidee, die aus seiner lebenslangen Leidenschaft für Boote und das Meer entstanden

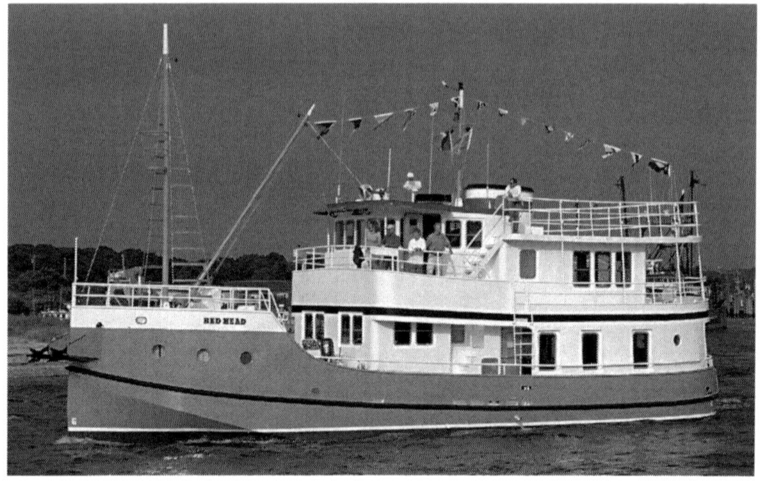

Billy Joels Boot »Red Head« im Hafen von Montauk, 1999

war. Er war seit Jahrzehnten ein begeisterter Freizeitkapitän und Sportfischer und besaß mehrere Motorboote. Lieber als mit dem Auto fuhr er mit dem eigenen Boot von Long Island nach New York City.

Auf dem College hatte er technisches Zeichnen gelernt und er fand irgendwann Gefallen daran, Schiffe im klassischen Design der 20er- bis 40er-Jahre zu entwerfen. Die ersten Entwürfe entstanden auf Tourneen, eilig hingekritzelt auf Speisekarten und Hotelbriefpapier. Vorbilder dieser kleinen Retro-Motorboote namens Shelter Island Roundabout waren alte Yachten und Schiffe der Austernfischer auf Long Island, allerdings ausgestattet mit moderner Technik und leistungsstarken Motoren. »Ich wollte, dass es wie ein Boot aussieht, nicht wie ein aerodynamisches Hotelzimmer.«

Die kleine Bootsbaufirma Coecles Harbor Marina and Boatyard, die sich auf traditionelles Handwerk versteht, setzte Joels Pläne in die Tat um, erst für seinen Privatgebrauch, später auch für andere betuchte Interessenten. Inzwischen gibt es mehrere schnelle Bootsmodelle nach dem (patentierten) Design von Billy Joel. Sie sehen seiner Meinung nach nicht nur gut aus, sondern sie lassen sich auch gut und bequem steuern. »Es ist wie mit dem 56er Buick meines Vaters. Die Leute sagten damals immer, die GM-Autos der 40er- und 50er-Jahre würden sich wie ein Schiff fahren. Jetzt weiß ich, was sie meinten.« (123)

Der Rockstar ist außerdem stolz darauf, dass er mit seinem erfolgreichen Shelter Island Roundabout (450 PS) einen alten Handwerksberuf auf Long Island unterstützt. Seit 1996 sind rund 50 solcher Yachten (zum Stückpreis ab 350 000 Dollar) verkauft worden. Billy Joel selbst hat sich noch das Fischerboot »Alexa« und das Schnellboot »Vendetta« bauen lassen.

Obwohl er seinen Abschied aus dem Rockgeschäft mehrfach angekündigt und sich auf das Komponieren instrumentaler Musik verlegt hatte, gab Billy Joel auch Ende der 90er-Jahre immer wieder Rockkonzerte. Darunter auch zwei Auftritte mit anderen Prominenten in der Carnegie Hall für Stings Umweltprojekt Rainforest Foundation.

Und am Ende des Jahrhunderts, in dem der Rock 'n' Roll erfunden worden war, häuften sich auch die Ehrungen für das Lebenswerk des Rockkünstlers: 1999 wurde der 50-Jährige mit dem American Music Award und dem Preis der amerikanischen Schallplattenindustrie (RIAA) ausgezeichnet und in die Rock 'n' Roll Hall of Fame aufgenommen. Gleichzeitig mit Paul McCartney und dem Beatles-Produzenten George Martin, Bruce Springsteen, Curtis Mayfield und Dusty Springfield. Bei der Galashow im New Yorker *Waldorf-Astoria-Hotel* wurde Billy Joel von seinem Idol Ray Charles vorgestellt und bei der anschließenden Jam-Session sang Billy zusammen mit Paul McCartney im Duett »Let It Be«. Auch das hätte sich 1964 keiner träumen lassen.

Das Ende des Jahrtausends (und seiner Tournee) feierte Billy Joel, wie könnte es anders sein, mit seiner Band auf der Bühne: »2000 Years – The Millennium Concert« fand am Silvesterabend im ausverkauften Madison Square Garden in New York statt. Das Heimspiel wurde ein rauschendes Fest. Neben der Tourband (Liberty DeVitto, Crystal Taliefero, Mark Rivera, Tommy Byrnes, David Rosenthal, David Santos) hatte man drei Bläser (darunter Richie Cannata) und einen Background-Chor eingeladen. Zu Beginn des Rockkonzerts ertönte »Freude, schöner Götterfunken«

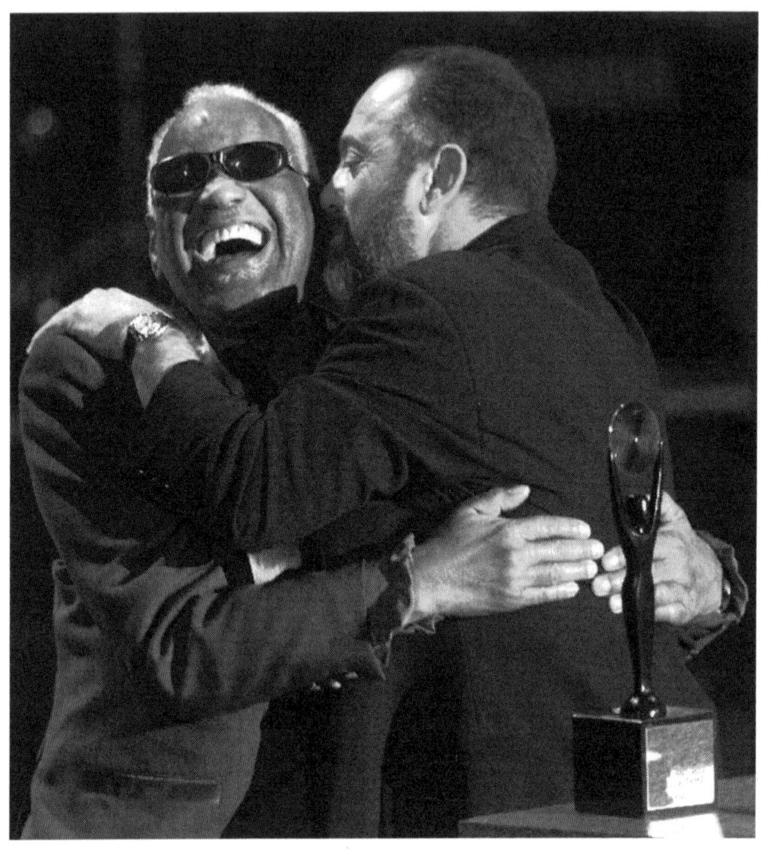

Mit Ray Charles bei der Zeremonie zur Aufnahme in die »Rock 'n' Roll Hall of Fame«, 1999

aus Beethovens neunter Symphonie per Playback, und natürlich durfte auch der titelgebende Song »2000 Years« nicht fehlen. Das Konzert dauerte noch länger als üblich, und der bestens disponierte Entertainer servierte neben seinen bekannten Hits auch weniger bekannte Songs und ein paar Coverversionen, darunter »Honky Tonk Woman« von den Rolling Stones. Nachzuhören ist das auf dem Live-Doppelalbum »2000 Years«, das von den Kritikern fast einhellig gelobt wurde.

Das neue Jahrtausend zeigte Billy Joel gleich zu Beginn von seiner neuen musikalischen Seite. Im Februar 2001 erschien das Benefizalbum »Music of Hope« zugunsten der amerikanischen

Krebshilfe. Es enthielt Orchestermusik von Paul McCartney, Ray Charles und Billy Joel. »Elegy: The Great Peconic« hieß sein Beitrag, gespielt vom London Symphony Orchestra unter der Leitung von David Snell. Das Stück war ein Teil aus der 40-minütigen Orchestersuite »The Scrimshaw Pieces«, die inspiriert ist von der Geschichte des Walfangs auf Long Island. »Scrimshaw« nennt man ein traditionelles Kunsthandwerk: Die Walfänger des 18. und 19. Jahrhunderts entwickelten zum Zeitvertreib eine Gravurtechnik, mit der sie Miniaturen auf Walknochen oder Zähne von Walrössern ritzten.

Im selben Jahr erschien dann auch das erste »Klassik«-Album von Billy Joel: »Fantasies & Delusions« ist der Titel dieser Sammlung von zwölf Klavierstücken. Sie zeigt den Rockstar a. D. als ausgesprochenen Spätromantiker und späten Geistesverwandten von Chopin und Rachmaninow.

Billy Joel war klar, dass diese Kunst-Stücke seine Fähigkeiten als Pianist überstiegen. Eingespielt wurden sie daher von dem jungen Virtuosen Richard Joo im Juni 2001 im Mozartsaal in Wien, wo sein Vater und sein Bruder lebten. Kennengelernt hatten sich die beiden durch Vermittlung von Alexander Joel. »Ich hörte auf den Rat meines Bruders. Ich musste eine Menge lernen und hatte viele Fragen. Zudem wollte ich die richtigen Leute fragen und brauchte Anleitung und Ratschläge. Nicht, dass irgendjemand für mich die Noten geschrieben hätte, aber oft wurde mir klargemacht: ›Das kannst du nicht machen, da zitierst du Chopin.‹ Und ich wusste nicht einmal, ob ich unbewusst Ravel zitierte. Ein Teil von mir sagte: ›Hey, es ist toll, wenn ich wie Ravel schreibe.‹ Aber sie halfen mir, allzu viele Zitate zu vermeiden. Es gibt auch Bezüge zu anderen Komponisten. Das ist normal. Aber die Noten sind von mir, die Themen sind von mir und die Melodien sind von mir.« (124)

Billy Joel gibt zu, dass er trotz seines Klavierunterrichts nur schlecht Noten lesen kann und meist nach Gehör spielt. Er komponierte die Stücke am Flügel und nahm sie auf. Dann spielte er die Kompositionen am Synthesizer nach, wo sie digital aufbereitet und in einen Computer übertragen wurden, der die fertigen Notenblätter ausdruckte. Danach setzte er sich für die Feinarbeit mit einem Arrangeur zusammen.

Das Album »Fantasies & Delusions« erreichte auf Anhieb Platz 1 der *Billboard*-Klassik-Charts, was sogar den Komponisten, der in fremden Gefilden wilderte, verblüffte und etwas beschämte. Deshalb definierte er seine Rolle als die eines musikalischen Türöffners für die Rockgeneration, deren Interesse für klassische Musik es zu wecken galt.

Überlagert wurde dieses späte Klassikdebüt durch ein Ereignis in New York, das die ganze Welt schockierte und veränderte: Am 11. September 2001 gelang es arabischen Terroristen, vier Verkehrsflugzeuge zu entführen und zwei davon in die Türme des World Trade Centers zu lenken. Durch die verheerende Explosion wurde nicht nur ein Wahrzeichen der Stadt zerstört, sondern auch das amerikanische Selbstbewusstsein nachhaltig erschüttert. Bei den Terroranschlägen kamen insgesamt über 3000 Menschen ums Leben.

Für Billy Joel, den leidenschaftlichen New Yorker, gehört 9/11 zu den drei größten Katastrophen seines Lebens – neben der Scheidung seiner Eltern und dem Scheitern seiner eigenen Ehe mit Christie Brinkley. Seine Bilanz klingt bitter: »Das war das Schlimmste, was ich in meinem Leben gesehen habe. Das deprimiert mich immer noch. Es ist sehr schwer für mich, damit klarzukommen. Ich habe keinen Krieg erlebt, Ereignisse wie Pearl Harbor, Dinge, die mein Vater gesehen hat oder meine Freunde in Vietnam getan haben. Ground Zero kommt diesen Abscheulichkeiten am nächsten. Ich meine die Unmenschlichkeit, das, was Menschen anderen Menschen antun können.

Das Ende des Kalten Krieges, das Ende der atomaren Bedrohung war für mich eine wunderbare Sache. Am 11. September 2001 wurde mir klar: Der Teufel ist wieder da, das Böse, die Bedrohung sind zurückgekehrt. Alles fängt wieder an: die Ermordung Unschuldiger, die Unmenschlichkeit.

Die New Yorker sind sehr stolz auf ihre Stadt, und New York ist meine Stadt. Für uns Kinder war das wie ein Wunderland, wir wollten nicht in den langweiligen Vorstädten leben. In New York ging die Post ab. Der 11. September hat eine offene Wunde in New York hinterlassen. Zu den schrecklichen Folgen gehört auch der Krieg im Irak. Viele Menschen empfinden das so wie ich. Wir sind deprimiert, weil der Terroranschlag nicht verhindert werden konnte.

Ich hoffe, Präsident Obama kann etwas ändern. Vielleicht finden wir einen neuen Weg, mit dieser Geschichte umzugehen. Vielleicht können wir es besser machen. Nicht auf die alte Weise, indem wir Soldaten senden, die töten und getötet werden. Ich hoffe, dass die Menschen eines Tages wieder miteinander reden können. Dabei weiß ich auch, dass es manchmal keine andere Möglichkeit gibt, auf das Böse zu reagieren, als selbst böse zu sein. Der einzige Weg, nicht getötet zu werden, bleibt dann, selbst zu töten. Das ist mir bewusst.

Das Ende des Kalten Krieges fiel fast mit dem Ende des Jahrtausends zusammen. Im Jahr 2000 nach Christi Geburt glaubten fast alle an eine bessere Zukunft, wir hatten scheinbar aus den schrecklichen Fehlern der Vergangenheit gelernt. Eine goldene Ära der Wissenschaften und der Poesie schien vor uns zu liegen. Und dann passierte der 11. September. Das war das Ende vieler Illusionen. Doch ich möchte nicht als Zyniker wie mein Vater enden, der behauptete, das Leben sei eine Jauchegrube. Dagegen muss ich mich wehren, auch wenn es mir schwerfällt.«

Billy Joel gehörte zu den ersten Prominenten, die sich nach der Katastrophe vor Ort informierten und mit Helfern sprachen. Und selbstverständlich nahm er am 20. Oktober an einem Benefizkonzert teil, dessen Erlös den Opfern zugutekam. Im Madison Square Garden trat er neben berühmten Kollegen wie Elton John und Eric Clapton sowie Rockbands wie The Who, Bon Jovi und U2 auf. Auf seinem Flügel lag als sichtbares Symbol ein Polizeischutzhelm, während er aus gegebenem Anlass »New York State of Mind« und »Miami 2017 (Seen the Lights Go Out On Broadway)« anstimmte. Im Saal saßen viele Angehörige der Opfer, aber auch Überlebende sowie Feuerwehrleute und Polizisten mit ihren Familien. Das außergewöhnliche Konzert dauerte sechs Stunden und spielte viele Millionen Dollar ein.

Zeit der Krisen

Im Jahr darauf kam Billy Joel wegen seiner Alkoholprobleme ins Gerede. Für viele schon seit Längerem ein offenes Geheimnis. Die Familie, aber auch Freunde und Fans begannen, sich Sorgen zu machen. Bei der »Face to Face«-Tour mit Elton John spitzte sich die Situation zu. Billy Joel sagte die laufende Tournee nach dem New Yorker Auftritt mit Elton John im März 2002 ab. Als offizieller Grund wurde eine schwere Atemwegserkrankung genannt, die sich auf die Stimme schlug und ein halbes Jahr lang hinzog. Entgegen anders lautenden Presseberichten beteuert Billy Joel heute, dass er auf der Bühne noch niemals betrunken war, auch nicht bei dem erwähnten New Yorker Konzert. Schuld an seinem Ausfall sei der Medikamentencocktail gewesen, den ihm zwei Ärzte verabreichten.

Allerdings erzählte mir Billy Joel, dass es sein Freund Elton John war, der das Tabuthema als Erster ansprach. »Er kam zu mir und sagte: ›Du hast ein Problem, du solltest mit dem Trinken aufhören.‹ Ich antwortete: ›Du hast recht, ich geb's zu.‹ Er hatte auch eine Entziehungskur hinter sich. Wenn dir Elton John sagt, dass du ein Alkoholproblem hast, solltest du die Ohren aufmachen. Er weiß, wovon er spricht. Ich habe so großen Respekt vor ihm. Das war ein weiterer Grund für meine Entscheidung, einen Entzug zu machen.«

Der Sänger ließ sich kurz nach einem Autounfall im Juni, bei dem er seinen Mercedes zu Schrott fuhr, in die »Silver Hill«-Klinik einweisen. Das Hospital in Connecticut ist eine exklusive Adresse für Suchtkranke aus dem Showgeschäft. Unter anderem wurden dort Michael Jackson, Liza Minnelli und Gregg Allman behandelt. Lange hielt es Joel jedoch nicht in der Klinik aus: Der

Medienrummel, der Ansturm der Paparazzi und Reporter der Klatschpresse machten einen normalen Klinikbetrieb unmöglich. Nach wenigen Tagen wurde die Therapie abgebrochen.

Im September veröffentlichte das *New York Times Magazine* eine lange, aufschlussreiche Geschichte von Chuck Klosterman über Billy Joels Krise. Der vielsagende Titel lautete wie eines seiner bekanntesten Alben: »The Stranger«, der Fremde. Darin bekannte der Sänger, dass er sich trotz all seiner Erfolge oft unglücklich und einsam fühlte: »Ich wünsche mir, was sich jeder wünscht: lieben und geliebt zu werden und eine Familie zu haben. Liebe war immer das Wichtigste in meinem Leben.« Hinter der Banalität dieser Aussage verbirgt sich die Tragödie eines extrem erfolgreichen Künstlers, der im Privatleben wenig Glück hatte. »Er spricht wie ein Mann, der jedes Ziel, von dem er als Teenager träumte, erreicht hat, nur um festzustellen, dass diese Triumphe absolut nichts mit persönlicher Befriedigung zu tun haben«, schrieb Klosterman.

Nach seinen zwei Ehen war in den 90er-Jahren auch die langjährige Beziehung mit der Malerin Carolyn Beegan und zuletzt die mit der TV-Journalistin Trish Bergin zerbrochen. Anders als in früheren Zeiten inspirierten ihn persönliche Krisen und Liebesgeschichten nicht mehr zu Popsongs, sondern verstärkten nur seine kreative Blockade. Die zunehmenden Alkoholprobleme hingen mit all dem zusammen.

»Der schwierigste Teil meines Jobs besteht im Schreiben«, sagte mir Billy Joel. »Das fiel mir immer schwer. Es war jedes Mal wie eine Geburt, wie wenn man Kinder bekommt. Einige Zeit gehst du mit einem Song schwanger, und irgendwann muss er raus. Der Schreibprozess ist eine richtige Qual, sehr schmerzhaft. Du musst dich ganz und gar öffnen und alles auf dem Tisch ausbreiten, um es niederzuschreiben. Es ist wirklich wie bei einer Geburt. Ich spreche vom Songschreiben, also von Musik und Text. Und weil das so schwierig und schmerzhaft für mich war, begann ich zu trinken. Wenn ich blockiert war oder eine schwierige Periode hatte, habe ich getrunken. Es ist ein Wiederholungsprozess, so wie Rauchen. Wenn du vom Schreiben frustriert bist, greifst du zum Glas. Mit der Zeit wird ein großes Problem daraus. Du gerätst in einen Teufelskreis. Viele Künstler haben dieses Problem.«

In den Jahren zwischen 2002 und Anfang 2006 trat Billy Joel nur noch sehr selten auf. Er wollte sich nicht mehr unter Druck setzen lassen und ein ruhiges Leben führen. In Vergessenheit geriet er dennoch nicht. Im Oktober 2002 hatte das Musical »Movin' Out« am Broadway Premiere, das dann drei Jahre lang erfolgreich dort lief und nach 1300 Vorstellungen auf Tournee ging. Die Choreografin Twyla Tharp strickte eine Geschichte um bekannte Joel-Songs. Es ist die Geschichte von fünf Freunden aus Hicksville, Long Island, die in den 60er-Jahren die erste Liebe und den Wahnsinn des Vietnamkrieges erleben. Das Musical wurde von den Kritikern überwiegend positiv aufgenommen. In der *New York Times* etwa hieß es: »Das schimmernde Porträt einer amerikanischen Generation! ›Movin' Out‹ ist brillant – und wird beim zweiten Besuch noch besser.« In der *Variety* war zu lesen: »Die tollsten Broadway-Tanzszenen aller Zeiten.« Und *The New Yorker* stellte fest: »Wenn Sie Billy Joel mögen, wird Ihnen bestimmt auch ›Movin' Out‹ gefallen.« Das Musical wurde für zehn Tony Awards nominiert und schließlich zweimal ausgezeichnet: Für die beste Choreografie (Twyla Tharp) und für die beste Orchestrierung (Billy Joel). Ein schöner Erfolg für den Komponisten, der immer wieder über ein eigenes Musical nachgedacht, es aber nie in die Tat umgesetzt hatte.

Billy Joel war 53 Jahre alt, als er im November 2003 die 22-jährige Studentin Katherine Lee kennenlernte – und sich wieder einmal heftig verliebte. Die beiden begegneten sich zufällig in der Bar eines New Yorker Hotels. Die bildhübsche junge Frau aus einer Kleinstadt in West Virginia, die nur vier Jahre älter als Billys Tochter ist, studierte in Ohio Englisch und Journalismus. Sie wusste nicht viel über den einsamen Rockstar, außer dass er mit »Uptown Girl« und »Piano Man« vor ewigen Zeiten ein paar Hits gehabt hatte. Er lud sie zum Essen und in das Musical »Movin' Out« ein und sang die letzten beiden Songs auf der Bühne mit, nur um Katie Lee zu beeindrucken. Die aber dachte, das gehöre immer zur Show.

Schon nach einem knappen Jahr heiratete das ungleiche Paar: Zu der rauschenden Hochzeitsfeier mit vielen prominenten Gästen am 2. Oktober 2004 in Billys Anwesen auf Long Island waren nicht nur Rosalind, Alexa und Christie Brinkley eingeladen, sondern auch Audrey und Alexander Joel aus Wien. Sein Vater konnte wegen seines schlechten Gesundheitszustandes nicht kommen. Während sich Alexa als Brautjungfer um ihre neue Stiefmutter Katie kümmerte, hatte Billy seinen Bruder zum »Best Man« bestimmt. Dass der Bräutigam als wichtigste Vertrauensperson Alexander wählte, macht ihr freundschaftliches Verhältnis deutlich.

Auf den Altersunterschied angesprochen, antwortete Katie einmal lachend: »Er ist so unreif für sein Alter, sein Beruf erlaubt ihm das. Und ich bin ziemlich reif für mein Alter. Wir treffen uns irgendwo in der Mitte.« Und Billy sagte: »Ich hätte sie auch geheiratet, wenn sie 30 Jahre älter wäre.«

Doch schon bald nach den Flitterwochen gewannen die Dämonen wieder die Überhand im Leben des Musikers und Multimillionärs, der alles zu haben schien, was sich ein Mensch nur träumen kann. Der dritte schwere Autounfall und vor allem eine lebensgefährliche Bauchspeicheldrüsenentzündung deuteten auf Billy Joels übermäßigen Alkoholkonsum hin. Die Alarmzeichen waren nicht mehr zu übersehen. Nicht zuletzt auf Drängen seiner jungen Frau begab er sich am 10. März 2005 in die Betty-Ford-Klinik in Kalifornien, wo er sich einer vierwöchigen Therapie unterzog. Offenbar mit Erfolg.

Billy Joel erzählte mir: »Dort haben sie so ein Zwölf-Punkte-Programm und holen den Scheiß aus dir raus. Das ist so eine Art Gehirnwäsche. Wenn du Alkoholiker bist, hast du das nötig. Du musst dir bewusst werden, wie gefährlich die Sauferei ist. Als es rauskam, wusste ich, dass ich am besten irgendwohin gehen würde, wo es überhaupt nichts zu trinken gibt. Zur Not eingeschlossen in einer Gefängniszelle. Das hatte ich in meinem ganzen Leben nie gemacht: Einen ganzen Monat ohne Alkohol. Das war eine gute Erfahrung für mich. Ich habe gelernt, dass ich nicht immer einen Drink nötig habe. Ich brauche es nicht und kann ohne es leben.

Wenn du Alkoholiker bist, musst du erkennen, dass du dein Problem nicht unter Kontrolle hast. Aber ich will mich nie mehr in meinem Leben betrinken. Ich kann mich selbst nicht ausstehen, wenn ich betrunken bin. Ab und zu genieße ich einen guten Wein beim Essen, und das ist alles. Ich kann jetzt nach einem Glas aufhören.«

Billy Joel hat später auch an Sitzungen der Anonymen Alkoholiker teilgenommen. »Doch ehrlich gesagt haben mich diese Treffen, wo Leute über ihre Alkoholprobleme geredet haben, sehr deprimiert. Ich fand das gar nicht hilfreich. Es war so tragisch, dass ich am liebsten gleich wieder getrunken hätte, um all die schrecklichen Geschichten wieder zu vergessen. Das war nichts für mich. Viele glauben an eine höhere Macht, in dem Programm ist viel von Gott die Rede. Aber ich glaube nicht an solche Sachen.

Ich habe eingesehen, dass mich nur mein eigener Wille retten kann. Mein ganzes Leben hat mein eigener Wille mein Schicksal und meine Sehnsüchte bestimmt. Ich habe einen sehr starken Willen. Den muss ich benutzen: Nur ich bin in der Lage, mein Handeln zu kontrollieren, nicht Gott, kein Vier-Punkte-Programm, kein Buch. Das hat mir sehr geholfen. Seit damals habe ich nie mehr als zwei Glas Wein nacheinander getrunken. Sobald ich die Wirkung des Alkohols spüre, höre ich auf. Nein, ich will nie mehr in diese Situation geraten.«

Interessant ist in diesem Zusammenhang die gewagte Theorie des Psychiaters Borwin Bandelow, der in seinem Buch *Celebrities* anhand vieler Fallbeispiele die Suchtprobleme und das selbstzerstörerische Verhalten prominenter Showkünstler analysiert. Für ihn sind Drogenexzesse, Sexskandale, Beziehungsunfähigkeit oder Depressionen keineswegs die Kehrseite des Erfolgs. Vielmehr sei die Gefährdung in der gestörten Persönlichkeit der Stars selbst angelegt, die wiederum die Voraussetzung für eine Künstlerkarriere sei. »Es scheint so zu sein, dass die Berühmtheit einerseits und das wilde, von Drogen bestimmte Leben mancher Rockstars andererseits auf die gleiche Ursache zurückzuführen sind: auf eine Persönlichkeitsstörung ... Triebkraft der gewaltigen Energie, die notwendig ist, ein Star zu werden, ist das Belohnungs-

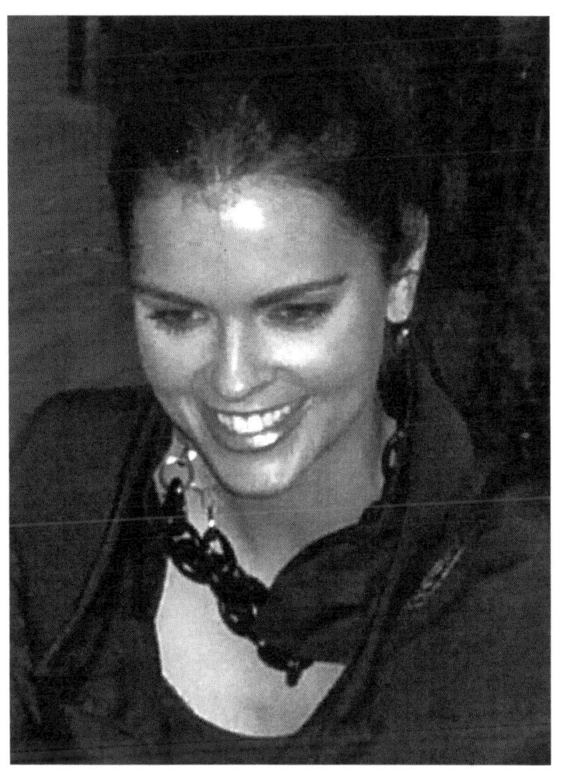

Billy Joels dritte Frau Katie Lee, 2008

system des Gehirns, das bei Menschen mit Borderline-Störungen einen höheren Verbrauch an Glückshormonen hat. Das Superbenzin für dieses anspruchsvolle Wohlfühlsystem ist der Erfolg. Nicht nur das Streben nach der Gunst des Publikums, sondern auch die Drogensucht kann man mit einer mangelnden Befriedigung des Belohnungssystems erklären. Natürlich sind es auch Lust an der Musik oder Spaß am Schauspiel, welche die Künstler motivieren. Aber mehr als durch natürliche Begabungen und Talente, Geld, gute Worte oder Darstellungsfreude werden Künstler von der Angst angetrieben, nicht die Belohnung durch Anerkennung zu bekommen.« (125)

Billy Joel sieht das anders: »Die Menschen brauchen Liebe, Zuneigung, Wertschätzung. Das bekomme ich nicht vom Publikum. Das erwarte ich auch gar nicht vom Publikum, ebenso wenig wie Selbstbestätigung. Ich hoffe, dass ich eine gute Show abliefere, aber Liebe erhoffe ich mir von meiner Familie, von meiner Frau und meiner Tochter, meinem Vater, meinem Bruder, den Großeltern. Jedem geht es doch so.«

Für ihn ist Musik die beste Therapie. Er kann seine schwankenden Stimmungen am besten mit Hilfe seines Klaviers ausdrücken und buchstäblich in Musik versinken. »Manchmal gebe ich ein Konzert nur für mich selbst. Dann lache ich mir ins Fäustchen und denke: Es gibt Leute, die würden Wunder was dafür zahlen, und ich bekomme es umsonst. Das macht mir Spaß. Auch wenn ich traurig bin, spiele ich Klavier, die Musik berührt mich und hilft mir dabei, mit meiner Traurigkeit klarzukommen.«

Himmelhoch jauchzend, zu Tode betrübt – Billy Joel hat auch Songs zu diesem Thema geschrieben: »I Go to Extremes« oder »Summer, Highland Falls« zum Beispiel. »Fast alle Künstler sind manisch-depressiv veranlagt. Wir fühlen Traurigkeit sehr tief, aber auch Glück. Das erlaubt uns, über Extreme und die menschliche Befindlichkeit zu schreiben. Manchmal ist es schwer, mit Gefühlen klarzukommen. Man muss deswegen aber nicht zum Glas greifen, sondern kann das auch mit seiner Arbeit ausdrücken. Das ist eine Form der Therapie. Ich weiß nicht, ob ich im klinischen Sinn manisch-depressiv bin. Das ist nur so eine Theorie von mir.« Die Tatsache, dass er sich mit Musik ausdrücken und seine Gefühle auf der Bühne ausleben kann, empfindet er als großes Glück. Und er vermutet, dass die verhinderte Musikkarriere ein Grund dafür ist, dass sein Vater im Lauf des Lebens so verbittert und zynisch geworden ist. Er konnte sich nie selbst verwirklichen.

Comeback

Das Leben hat tiefe Spuren im Gesicht von Billy Joel hinterlassen, der seinem eigenen Vater im Lauf der Zeit immer ähnlicher wurde: Das Haar lichtete sich und wurde grau, die Statur untersetzt, die Stimme rauer und tiefer. Der Künstler nimmt's mit Humor: »Manchmal stehe ich vor dem Spiegel und denke mir: Du hast ja noch nie wie ein Rockstar ausgesehen, aber jetzt siehst du wie der Großvater eines Rockstars aus.« Der »Angry Young Man« ist ein alter Mann geworden. Weiser, aber nicht leiser.

2005, zwölf Jahre nach seinem letzten Popalbum, war es Zeit für eine musikalische Zwischenbilanz: Die CD-Box »My Lives« dokumentiert das Lebenswerk von Billy Joel aus vier Jahrzehnten, von den frühen Auftritten mit den »Lost Souls« bis zu den Klavierstücken »Fantasies & Delusions«. Das Coverporträt, eine Schwarz-Weiß-Zeichnung, stammt von Alexa Ray Joel.

Die Box ist keine weitere Best-of-Sammlung, sondern ein musikalisches Selbstporträt mit obskuren Aufnahmen, raren Livemitschnitten und unbekannten Coverversionen. Dazu gibt es ein ausführliches Booklet und eine DVD-Konzertaufnahme von der »River of Dreams«-Tour, aufgenommen in der Frankfurter Festhalle.

Auf der dritten CD in der Box findet sich auch eine bis dahin unveröffentlichte Demoaufnahme: der »Motorcycle Song«, der sich später in »All About Soul« verwandelte. Aufschlussreich ist der Song deshalb, weil er etwas über Billy Joels lebenslange Leidenschaft für Motorräder verrät. Wie bei seinen Booten setzt er auch hier auf klassisches Design. Und ähnlich wie bei den Motorbooten blieb Billys Faible für alte Motorräder nicht ohne Folgen: Aus der Sonderanfertigung wurde ein Geschäft, das er mit zwei

Bekannten auf Long Island betreibt. Eine kleine Werkstatt produziert seit einigen Jahren auf Bestellung »20th Century Cycles« für nostalgische Easy-Rider-Fans und verkauft moderne Motorräder im Retro-Look mit viel Chrom. »Mir gefallen die Linien und Kurven. So sollten Motorräder meiner Meinung nach aussehen«, sagt Billy, der unter anderem britische Maschinen aus den 60er-Jahren, eine BMW Baujahr 1974 und eine neue Harley Springer besitzt.

Im Herbst 2005 verdichteten sich die Gerüchte über eine geplante USA-Tournee von Billy Joel, die erste seit vielen Jahren. Tatsächlich wurde die Tour zum Triumphzug für den Rocksänger, den viele schon abgeschrieben hatten und der so lange nichts von sich hatte hören lassen. Ohne großartige Werbung waren die Tickets für die angesetzten Testkonzerte im Madison Square Garden innerhalb kürzester Zeit ausverkauft, immer mehr Termine wurden angehängt. Am Ende sorgte Billy Joel wieder einmal für Rekorde auf seiner sensationellen Comeback-Tournee. Kein anderer Künstler hat den Madison Square Garden (mit immerhin 20 000 Sitzplätzen) zwölfmal nacheinander ausverkaufen können, bis dahin hatte Bruce Springsteen mit zehn Auftritten den Rekord gehalten.

Die New Yorker feierten Billy Joels Heimspiel wie die Rückkehr des verlorenen Sohnes. Die *New York Times* schrieb über das erste Konzert am 23. Januar 2006: »Er zeigt den Fans, dass er alles unter Kontrolle hat.« Ein reifer Entertainer in Bestform stand da auf der Bühne und bewies mit Hilfe seiner explosiven Band, dass er nichts von seinem Charisma verloren hatte. In der Band spielten langjährige und neue

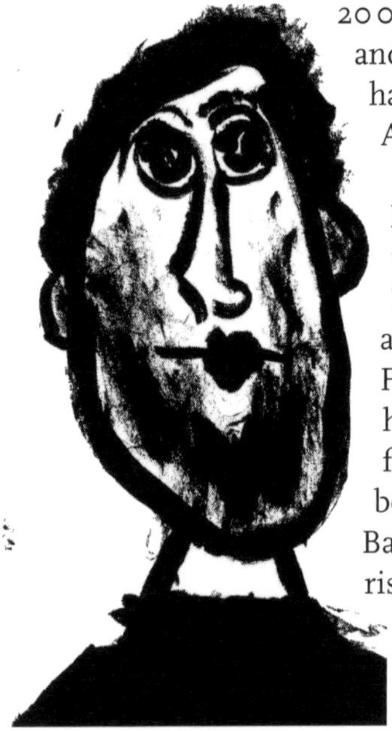

»My Lives«: Coverzeichnung von Alexa Ray Joel

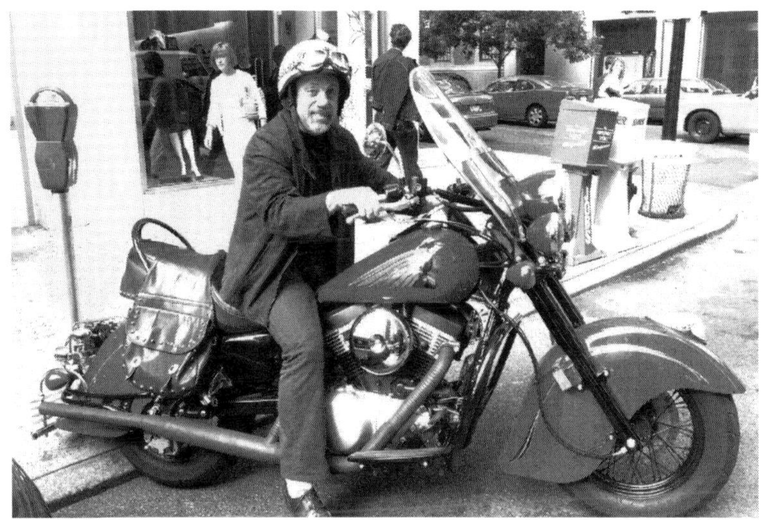

Billy Joel auf einem seiner Motorräder im Retro-Look

Begleiter: Tommy Byrnes (Gitarre), Mark Rivera (Saxofon), Crystal Taliefero (Percussion), David Rosenthal (Tasteninstrumente), Andy Cicon (Bass), Chuck Burgi (Schlagzeug), Richie Cannata (Saxofon) und Carl Fischer (Trompete). Nur der altgediente Schlagzeuger Liberty DeVitto, der sich mit Billy Joel zerstritten hatte, fehlte.

Auf dem Live-Doppel-Album »12 Gardens« ist die ausgelassene Spielfreude und überschäumende Stimmung bei diesen Konzerten festgehalten.

Der New Yorker Konzertserie folgten Auftritte in den USA und eine vielbeachtete Welttournee. Der europäische Teil der Konzertreise wurde am 26. Juni in Wien eröffnet, wo Billy Joel auch seinen Vater und seinen Bruder besuchte. Die *Süddeutsche Zeitung* schrieb über den Auftritt: »Dass ihm dieser Abend nicht zur nostalgischen Rückschau gerät, ist vielleicht die eigentliche Leistung. Mag auch Joels Stimme nicht mehr so beweglich sein wie früher, mag er etwas hüftsteifer um seinen Flügel tänzeln – der Mann ist immer noch auf der Höhe seiner Kunst. Seine Balladen lenkt er elegant ganz knapp am Seelenkitsch vorbei, und für die schnelleren Songs hat er Kraft genug, dass ihm seine energetische, wenn auch irrsinnig konventionell im Eighties-Rock-Modus spielende

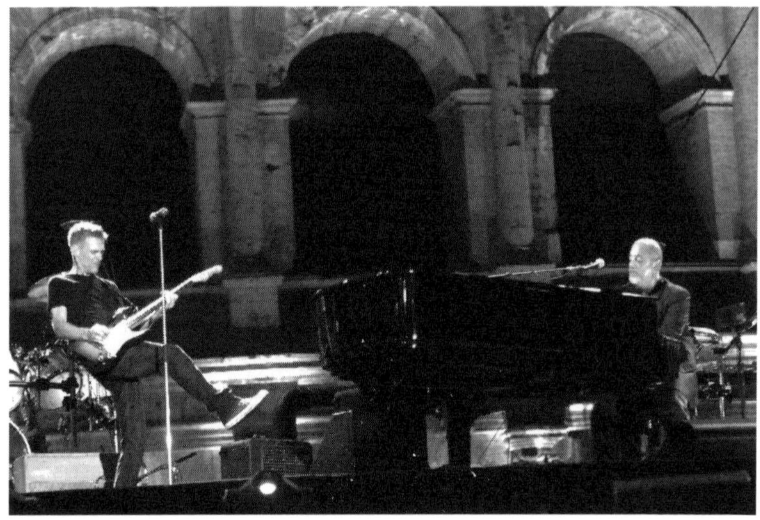

Bryan Adams und Billy Joel beim Konzert vor dem Kolosseum in Rom, Juli 2006

Band nicht enteilt. Wer je Billy Joels vernarbte und verschraubte Hände aus der Nähe gesehen hat, wer gesehen hat, wie er zum Beispiel die ausgeleierte Fingerkuppe des linken Daumens in alle Himmelsrichtungen bewegen kann, der fragt sich: Wie zum Teufel bekommt der das hin, mit der Rechten noch immer wilde Kaskaden in die Tasten zu hauen, ohne dabei vor Schmerzen zu schreien? Der Mann hat offensichtlich Soul. Und ausreichend Fähigkeit zur Selbstironie, um Sentimentalitäten zu vermeiden.«

Ein spektakulärer Höhepunkt wurde der Open-Air-Auftritt am 31. Juli vor dem Kolosseum in Rom: Der Eintritt zu dem Doppelkonzert mit dem kanadischen Rockstar Bryan Adams war gratis, nach offiziellen Schätzungen besuchte ungefähr eine halbe Million Zuhörer das Spektakel. »Rom liegt Onkel Billy zu Füßen«, titelte die Zeitung *Il Messaggero*.

So wie beim legendären König Midas schien sich wieder alles, was Billy Joel anfasste, in Gold zu verwandeln. Nach Berechnungen der US-Fachzeitschrift *Billboard* zählte der Sänger im ersten Halbjahr 2006 zu den Spitzenverdienern an den Konzertkassen: Neben den britischen Alt-Rockern Rolling Stones, der irischen Rockband U2, der US-Rockband Bon Jovi und dem Ex-Beatle Paul

McCartney gehörte Billy Joel zu den Top Ten. Im krisengebeutelten Musikgeschäft sind ja längst nicht mehr die Tonträger, sondern Liveauftritte die Haupteinnahmequelle für viele Musiker.

Laut der Recording Industry Association of America steht Billy Joel auf Platz sechs der erfolgreichsten Popkünstler aller Zeiten – nach den Beatles und Elvis Presley, aber vor Elton John und Barbra Streisand.

Im Zeichen der Fledermaus

Längst hat sich Alexander Joel international einen Namen als Dirigent gemacht. Doch immer noch kann er sich darüber aufregen, wenn er in den Medien »der kleine Bruder von Billy Joel« genannt wird. Sein Stolz und seine künstlerische Selbstachtung verbieten es ihm, Kapital aus seinem Familiennamen zu schlagen. Er hat sich für den langsamen, für den steinigen Weg nach oben entschieden. »Der Name Joel ist für mich fast ein Fluch«, empört sich Alexander, der seinen Bruder sehr bewundert. »Ich habe lange befürchtet, dass man mich als Künstler nicht ernst nimmt. Die Verbindung zur Popmusik gilt in der Klassikbranche als Todsünde.« Deshalb vermeidet er auch ängstlich musikalische Crossover-Projekte und die Zusammenarbeit mit seinem Bruder, obwohl es ständig Anfragen danach gibt. Was ihn dabei am meisten ärgert, ist die Tatsache, dass Billy ihm überhaupt nicht helfen kann, selbst wenn er es wollte. Zu verschieden sind die Anforderungen und Gesetzmäßigkeiten im Popbusiness und in der E-Musik, auch wenn immer mehr klassische Künstler wie Popstars vermarktet werden. Von Lang Lang bis Anna Netrebko.

Hämische Kritik und böswillige Unterstellungen musste sich der Dirigent vor allem in den Wiener Anfangsjahren gefallen lassen. Eine schmerzliche Erfahrung. »Der Musikbetrieb in Wien ist ja für seine Intrigen bekannt. Oft sind Konzertveranstalter, Künstleragenten und Musikkritiker miteinander verbandelt. Aber ich habe bisher alles im Alleingang geschafft und mich immer dem Wettbewerb gestellt«, betont Alexander Joel selbstbewusst. Seine Familiengeschichte hat er, so gut es ging, für sich behalten. »Die verschlafene Presseabteilung in Düsseldorf, die meinen prominenten Bruder völlig ignorierte, war das Beste, was mir passieren konnte. Denn so konnte ich in aller Ruhe arbeiten und mich künstlerisch entwickeln. Meine Verwandtschaft hat dort niemanden interessiert.«

Im Alter von 36 Jahren wurde er als Wunschkandidat des Orchesters Generalmusikdirektor am Staatstheater Braunschweig und konnte auf eine steile Karriere verweisen. »Die Fledermaus« spielt dabei eine wichtige Rolle: Mit dieser Wiener Operette hatte er 1995 in Nürnberg sein offizielles Debüt als Dirigent gegeben. Die »Fledermaus«-Ouvertüre wählte er für das Vordirigat, das ihm 1997 sein erstes Engagement in Baden einbrachte. Auch bei der Bewerbung als Kapellmeister in Düsseldorf dirigierte Alexander Joel »Die Fledermaus« – und überzeugte auf der ganzen Linie: 97 Prozent der Orchestermusiker sprachen sich für Joel aus – ein Rekordergebnis. Und schließlich war es wieder »Die Fledermaus«, mit der er 2004 sein Debüt an der Staatsoper in München gab und die er bei der Silvestervorstellung im selben Jahr dirigierte. »Als ich damals in das Zimmer des Kapellmeisters kam, hatte da noch Carlos Kleiber seinen Spind, einer der besten Dirigenten, die es je gab. Da kommt man schon ins Grübeln und wird demütig.« Anfang 2009 war Joel auch Gastdirigent bei einer Neuproduktion der »Fledermaus« an der National Opera in Tokio.

Kein Wunder (und kein Witz), dass Alexander Joel es als gutes Omen betrachtete, als er beim Amtsantritt in Braunschweig 2007 von einer leibhaftigen Fledermaus begrüßt wurde, die sich in seine neue Wohnung verirrt hatte.

Die Wiener Klassik und die italienische Oper sind die Spezialitäten des leidenschaftlichen Dirigenten, der sein Handwerk von der Pike auf gelernt hat und den man nicht vorschnell als Neokonservativen etikettieren sollte. Beim Publikum kommt der junge Generalmusikdirektor ebenso an wie bei den Musikern und Kritikern. Im ersten Jahr seiner Amtszeit sind die Besucherzahlen für das Musiktheater und die Konzertreihen deutlich nach oben gegangen.

»Lange hat man davon geredet, dass man neues Publikum in die Opernhäuser ziehen muss«, sagt Joel. »Innovative Regie-Konzepte galten dafür als bestes Mittel. Aber darüber hat man etwas

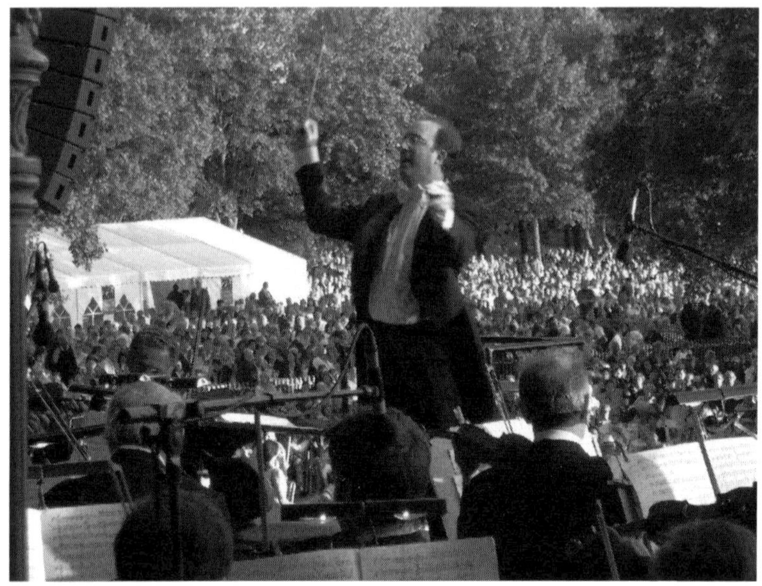

Alexander Joel beim Klassik-Open-Air in Nürnberg, 2007

Entscheidendes vergessen: die Qualität der Sänger. Wenn die Sänger nichts taugen, ist ein spannendes Regiekonzept überhaupt nicht zu realisieren. Ich habe deshalb besonderes Augenmerk auf die Auswahl der Sänger gelegt: Das Publikum kommt hauptsächlich wegen schöner Stimmen in die Oper.« Schönheit und Sinnlichkeit sind für Joel, der das moderne Regietheater mit Skepsis beobachtet, keine Schimpfwörter. »Gesang ist für mich ein Wunder, ich liebe und bewundere Sänger. Stimmen wirken direkt und ohne Umweg auf den Zuhörer. Ein Instrumentalist kann mit dieser Direktheit nur schwer mithalten.«

Daher war es auch kein Zufall, dass sich Alexander Joel für seinen Einstand als Generalmusikdirektor am Staatstheater Braunschweig Puccinis »La Bohème« (Inszenierung: Wolfgang Gropper) aussuchte, die er ganz besonders liebt. »An Puccini fasziniert mich die Verbindung der Melodien, der Musik, mit den Stoffen, die er ausgewählt hat. Seine Frauenfiguren haben alle etwas Besonderes. Ich bewundere seinen Sinn für Dramatik und Effekte, die Farben, die er findet, und die Atmosphäre, die er schaffen kann. Als

Dramatiker war Puccini unschlagbar.« Er verteidigt Puccini vehement gegen den immer noch verbreiteten Vorwurf, seine Musik sei zu süßlich oder gar kitschig. Den klingenden Beweis lieferte der Dirigent mit dem hochmotivierten Staatsorchester Braunschweig und einer eleganten, dabei leidenschaftlichen Interpretation. »Ich glaube fest daran, dass jeder Mensch die Wirkung von Oper verspüren kann. Man muss nur ein bisschen vorbereitet sein.« (126) Obwohl er auch gerne Konzerte dirigiert, gilt die wahre Leidenschaft Alexander Joels der Oper – italienischer zumal.

Mozart ist für ihn der Größte, Wagner eine Herausforderung. Mit »Lohengrin« dirigierte er im Mai 2008 in Braunschweig seine zweite Wagner-Oper – nach dem »Fliegenden Holländer« in Düsseldorf. Das Publikum reagierte begeistert, und ein Kritiker schrieb in der Wiener Opernzeitschrift *Der neue Merker*: »Das Orchester klingt einfach satt und grandios, die schwierigen Horneinsätze geraten bestens, was sicher auch an der charismatischen Leistung des neuen GMDs Alexander Joel liegt. Er dirigiert seinen ersten eigenen Wagner mit einer Verve, wunderbaren Temporückungen und trotzdem einer Durchsichtigkeit und Rücksichtnahme auf die Sänger, dass es eine wahre Freude ist.«

»Mozart verzaubert, Wagner berauscht. Das ist für mich der Unterschied«, bekennt Alexander Joel. »Ich bin kein religiöser Mensch, aber wenn ich Mozart dirigiere, denke ich manchmal, dass es doch einen Gott geben muss. Bei Wagner geht mir die Deutschtümelei schrecklich auf die Nerven. Es gibt bei Wagner – wie Rossini gesagt hat – immer wieder wunderbare Momente und schreckliche Viertelstunden. Vor allem der Sprechgesang muss ganz genau gestaltet werden, um Spannung zu erzeugen.«

Die 5. Symphonie von Gustav Mahler dirigierte der Generalmusikdirektor 2008 beim Saisonauftakt der Symphoniekonzertreihe des Staatsorchesters. Dazu hieß es unter der Überschrift »Elegant zerbricht die Harmonie der Welt« in der Kritik der *Braunschweiger Zeitung*: »Man kann diese Symphonie sicher ruppiger, gefährdeter interpretieren als Joel, doch kaum eleganter. Eindrucksvoll spürt er den Zusammenhängen mehr nach als den Brüchen. Da erhält der Trauermarsch eine phasenweise fast beschwingte Note.«

Martin Weller, Orchesterdirektor in Braunschweig, ist von Joels außerordentlicher Begabung überzeugt: »Er dirigiert aus dem Bauch heraus, erfasst und vermittelt Musik weniger analytisch, sondern auf einer sehr emotionalen Ebene. Bei den Musikern macht ihn das überaus beliebt.«

Weller konnte Joel für ein ungewöhnlich ambitioniertes Musikprojekt zum 70. Jahrestag der Reichspogromnacht begeistern: Am 9. November 2008 veranstaltete das Staatstheater Braunschweig ein Gedenkkonzert unter der Eisenbahnbrücke Helmstedter Straße. Ort und Programm wählte Weller mit Bedacht aus. Zur Aufführung kamen Stücke jüdischer Komponisten, die in verschiedener Hinsicht Opfer antisemitischer Verfolgung geworden waren.

Gustav Mahler (1860–1911) hatte schon 1907 – lange vor der nationalsozialistischen Herrschaft – wegen antisemitischer Umtriebe sein Amt als Direktor der Wiener Staatsoper niederlegen müssen. Die Aufführung seiner Musik war im »Dritten Reich« verboten.

Erich Wolfgang Korngolds (1897–1957) Musik war ebenfalls verfemt, und so musste der Komponist, der mit seiner Familie in die USA auswandern konnte, seinen Lebensunterhalt mit Filmmusik verdienen. Nach dem Ende des »Dritten Reiches« konnte er in Europa nicht mehr an sein früheres Schaffen anknüpfen.

Der tschechische Komponist Erwin Schulhoff (1894–1942) starb im bayerischen Lager Weißenburg an Unterernährung und Entkräftung. Er steht laut Weller beispielhaft für die sinnlose Vernichtung von künstlerischer Schaffenskraft durch den Holocaust.

Der ungemütliche, kalte Spielort sorgte sowohl beim Orchester als auch beim Publikum für Spannung: Über die mächtige Eisenbahnbrücke, Teil der wichtigsten West-Ost-Verbindung, rollten zur Zeit der Nazis die Züge in die Konzentrationslager im Osten. Mit an Sicherheit grenzender Wahrscheinlichkeit wurden im September 1942 auch Leon und Johanna Joel über diese Brücke im Zug von Drancy nach Auschwitz transportiert.

Ihr Großneffe dirigierte an diesem kalten Novembertag Mahlers unvollendete Symphonie Nr. 10, Ausschnitte aus Korngolds Oper »Die tote Stadt« sowie die »Serenade für Orchester« von

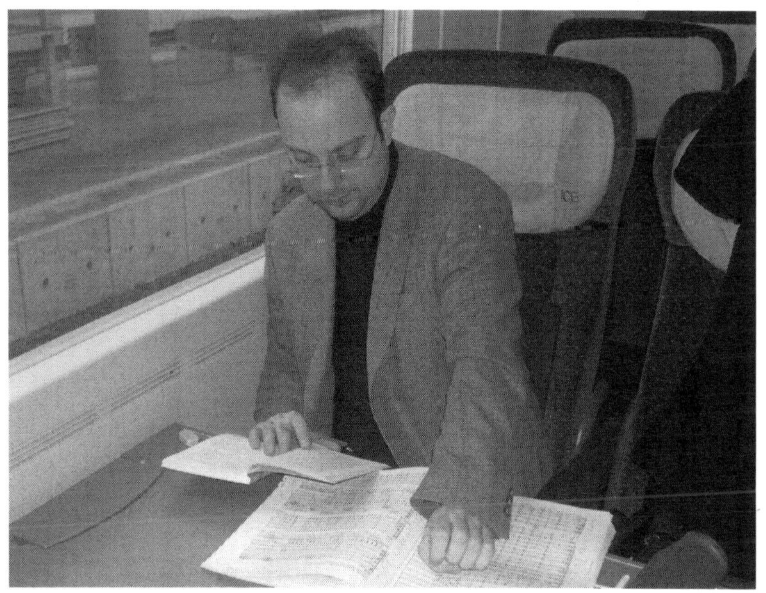

Alesander Joel bei der Arbeit im Zug zwischen Wien und Braunschweig, 2006

Schulhoff. Immer wenn ein Zug über die Brücke ratterte, war von der Musik nichts mehr zu hören – ein beklemmender Verfremdungseffekt. Dass für das Konzert unter der Eisenbahnbrücke die Straße für den Durchgangsverkehr gesperrt werden musste, war außerdem ein durchaus gewollter Störfaktor im öffentlichen Leben der Stadt.

Alexander Joel ist als Dirigent ständig unterwegs zwischen Braunschweig und Wien, Düsseldorf und Paris. Er gastiert regelmäßig an der Deutschen Oper Berlin, Staatsoper Dresden, Hamburgischen Staatsoper, aber auch an großen Häusern in Wien, Helsinki, Paris oder Tokio.

Einen weiteren wichtigen Karriereschritt bedeutete eine Einladung der renommierten Staatsoper Dresden: Joel dirigierte dort im Juni 2010 die Premiere von »Faust«, das Opern-Meisterwerk des französischen Komponisten Charles François Gounod nach dem Goethe-Stoff.

Die vielen beruflichen Verpflichtungen und Reisen machen es dem Ruhelosen schwer, private Kontakte zu pflegen. Außerdem arbeitet der Workaholic seit Jahren am Limit – ohne Rücksicht auf seine Gesundheit. Die Musik füllt sein Leben ganz und gar aus, da bleibt wenig Zeit (und Platz) für anderes. Billy Joel, der seinen kleinen Bruder gern hänselt, spottet über dessen Erfolgsstress: »Am Anfang hat er alle damit genervt, dass er keinen Job als Dirigent kriegt, und jetzt jammert er dauernd, weil er so viel zu tun hat. Er ist ein toller Typ, aber ein typischer Wiener, dem man nichts recht machen kann.«

Alexander Joel, der sich sehr für Politik interessiert, spricht fließend deutsch (mit leichtem Wiener Akzent), englisch und französisch. Er verbindet Wiener Charme mit britischem Witz und deutscher Arbeitsdisziplin. Und obwohl er vorwiegend in Deutschland arbeitet, fühlt er sich am meisten in der österreichischen Musikmetropole zu Hause. Kindheitserinnerungen verbinden ihn ebenso mit der Stadt wie seine Anfangsjahre als Dirigent. Hier leben seine Eltern und seine besten Freunde. In der Wiener Innenstadt hat Alexander unterm Dach eines gepflegten Altbaus ein Appartement – in Sichtweite der elterlichen Terrassenwohnung.

Wenn der Vielbeschäftigte tatsächlich einmal freie Zeit hat, was selten genug vorkommt, kocht er auch leidenschaftlich gerne für seine Freunde, am liebsten italienisch leicht. Die Vorliebe für italienische Küche teilt die ganze Familie jenseits und diesseits des Atlantiks.

Audrey Joel, die Wert auf alte europäische Tugenden wie Bildung und gutes Benehmen legt, ist froh, dass ihr Sohn erfolgreich im seriösen Fach gelandet ist. Und dass er mit beiden Beinen im Leben steht. Ihr Verhältnis zum amerikanisch geprägten Sohn aus der ersten Ehe ihres Mannes war stets kompliziert. Aber sie hat auch nie verstanden, warum Helmut versucht hat, die Familie diesseits und jenseits des Atlantiks auf Distanz zu halten. Schließlich sei es doch *eine* Familie, trotz aller Probleme.

So ist Alexander, der sich blendend mit Billy und Alexa versteht, in eine Art Vermittlerrolle gerutscht. Er versucht auszugleichen, wo es geht, und pflegt mit allen Familienmitgliedern engen Kontakt.

Stellung beziehen

Billy Joel hat in der Vergangenheit immer wieder Songs für Personen geschrieben, die ihm sehr nahestanden: »Vienna« für seinen Vater Helmut, der in Wien lebt. »Rosalind's Eyes« für seine Mutter Rosalind. »Lullabye« für seine Tochter Alexa. Nicht zu vergessen seine Frauen: »Just the Way You Are« war Elizabeth Weber gewidmet, »Uptown Girl« Christie Brinkley, und auch seine dritte Frau hat ihn zu einem Song inspiriert, dem ersten nach jahrelanger Pause: »All My Life«, ein Liebeslied im Stil der 50er-Jahre, ist ein Geschenk für Katie anlässlich ihres zweiten Hochzeitstags. Phil Ramone produzierte den Song, den ursprünglich Tony Bennett singen sollte, mit Billy Joel Ende 2006 im Studio.

Ein Jahr später überraschte Joel die Fangemeinde mit einem neuen, völlig andersartigen Song: »Christmas in Fallujah« über einen US-Soldaten im Irakkrieg. Allerdings sang Joel diesmal nicht selbst, sondern wählte Cass Dillon, einen jungen Sänger, der vom Alter her besser in die Rolle des Soldaten passte. Die menschliche Tragödie interessierte ihn mehr an der Geschichte als der politische Aspekt.

Im Juli 2008 sorgte Billy Joel in New York wieder einmal für Schlagzeilen: Er gab die Abschiedsvorstellungen im berühmten Shea Stadium. In der zum Abriss bestimmten Sportarena im Stadtteil Queens hatten 1965 die Beatles das erste Popkonzert gegeben. Die jeweils 55 000 Karten für die beiden Joel-Konzerte waren beide Male innerhalb von 45 Minuten ausverkauft.

Sowohl das Publikum als auch die Kritik reagierten auf die mitreißende Show in dem Baseballstadion euphorisch. Joels Band war durch Streicher und Bläser verstärkt, Stargäste wie Don Henley oder Tony Bennett traten auf. Und bei der zweiten und letzten

Show wurde als Überraschungsgast im letzten Moment kein Geringerer als Paul McCartney eingeflogen, der dann mit Billy Joel die alten Beatles-Songs »I Saw Her Standing There« und »Let It Be« anstimmte. So schloss sich im Shea Stadium ein Kreis.

Kurz vor den Konzerten im Shea Stadium geriet auch Billy Joels zweite Exfrau wieder in die Schlagzeilen: Die schmutzige Schlammschlacht im Scheidungsprozess von Christie Brinkley und ihrem vierten Ehemann Peter Cook erreichte ihren Höhepunkt. Ein gefundenes Fressen für die amerikanischen Medien, die sich genüsslich auf die prominent besetzte Ehetragödie stürzten. Es ging um viel Geld – und es ging um pikante Bettgeschichten. Peter Cook hatte sich bei einer Affäre mit einer 18-Jährigen erwischen lassen, die in seinem Architekturbüro arbeitete. Am Ende stand er als Verlierer da: Das Supermodel bekam das Sorgerecht für die gemeinsamen Kinder zugesprochen, er nur einen Bruchteil ihres Vermögens.

Im Oktober 2008, als sich die Schreckensmeldungen aus der Wall Street häuften und sich die amerikanische Finanzkrise zur weltweiten Wirtschaftskrise auswuchs, erreichte der Präsidentschaftswahlkampf seinen Höhepunkt. Schon lange war der Stern des unglückseligen Präsidenten George W. Bush ins Bodenlose gesunken, unter dessen Ägide der Irakkrieg begonnen hatte und das Ansehen der USA in aller Welt auf einem Tiefpunkt angelangt war. Amerika stand am Abgrund. Als Hoffnungsträger in diesen schwierigen Zeiten galt der charismatische Kandidat der Demokratischen Partei, Barack Obama, der kurz darauf tatsächlich zum ersten schwarzen Präsidenten der USA gewählt wurde.

Im Wahlkampf hatten Obama viele bekannte Künstler, Schriftsteller, Schauspieler und Popstars unterstützt. Auch Billy Joel, der sich sonst meist aus der Politik heraushielt, gab ein paar Konzerte, um Geld für Obamas Wahlkampf einzuspielen. »Die Ära Bush bedeutet acht verlorene Jahre, in denen viel Mist passiert ist.« Wie alle Amerikaner wusste er, dass es allerhöchste Zeit für einen politischen Wandel war, und wollte sich dafür auch persönlich einsetzen. Am spektakulärsten war ein gemeinsamer Auftritt mit Bruce Springsteen, seinem Rockkollegen aus New Jersey. Der war ebenfalls von Obama begeistert: »Er spricht für jenes Amerika, das ich seit 35 Jahren in meiner Musik vor Augen habe.« Die Karten für das Konzert am 16. Oktober im New Yorker Hammerstein Ballroom kosteten zwischen 500 und 10 000 Dollar. Die beiden Superstars sangen abwechselnd oder zusammen Songs aus ihrem Repertoire, Joel interpretierte »Glory Days« und Springsteen revanchierte sich mit »Allentown«. Und der Präsidentschaftskandidat schwärmte: »Was für ein magischer Abend!«

Bei einem anderen Konzert für Obama tauchte als Überraschungsgast Alexa Ray Joel auf, setzte sich auf den Flügel und stimmte zusammen mit ihrem stolzen Vater die Ballade »Baby Grand« an, ursprünglich ein Duett von Billy Joel und Ray Charles.

Kurz darauf gab Billy Joel ein weiteres Benefizkonzert in exklusivem Rahmen: Am 27. Oktober feierte er mit einem »Evening of Questions, Answers and a Little Music« im New Yorker Hard Rock Café mit Gästen ein Jubiläum. Die von ihm gegründete Stiftung »Charity Begins At Home« wurde 30 Jahre alt. Der größte Teil der 400 Gäste musste die begehrten Eintrittskarten ersteigern, außerdem gab es noch eine kleine Auktion zugunsten der Stiftung.

Aufgabe der Wohltätigkeitsorganisation ist es, Geld für acht kleinere Initiativen in der New Yorker Umgebung (unter anderem für Obdachlose und Waisenkinder) aufzutreiben und zu verteilen. Dank der kurzen Wege und des geringen Verwaltungsaufwands kommt der größte Teil der Spenden direkt bei den Bedürftigen an.

An dem Abend im *Hard Rock Café* erinnerte sich die Geschäftsführerin von »Charity Begins At Home«, die 85-jährige Louise Friedman, an die Anfänge: »1976 steckte das Rehabilitation Institute des Bezirks Nassau, ein Projekt für psychisch Kranke, in Geldnöten. Wir baten 14 Rockstars um finanzielle Unterstützung. Billy Joel war der einzige, der antwortete. Er kam mit seinem Motorrad die Jericho Turnpike runter zu meinem Büro gefahren und fragte: ›Was kann ich für Sie tun?‹ Ich bat ihn, ein Konzert zu geben, um die dringend benötigten Spendengelder zu bekommen – was er auch tat! Durch das Konzert kamen 250 000 Dollar zusammen! Nach diesem Erfolg wollte Billy eine Stiftung gründen, um andere bedürftige Organisationen in der Umgebung zu

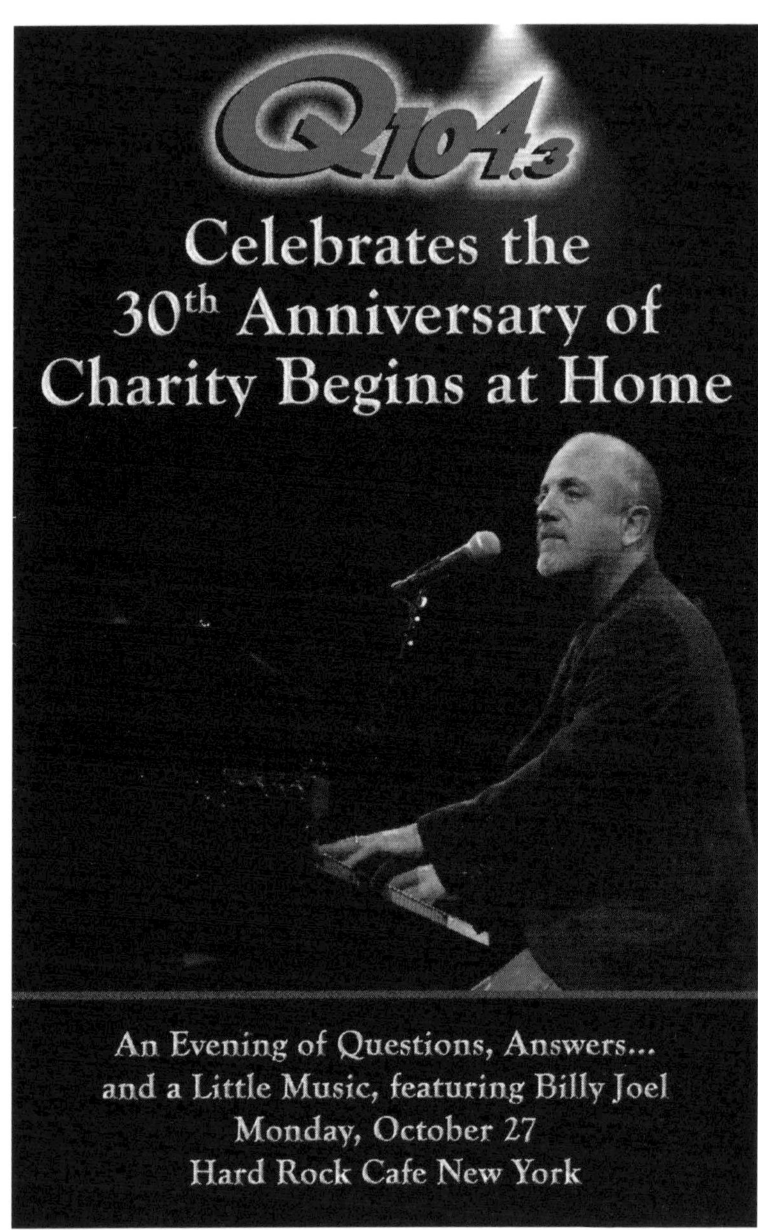

Programm zu Billy Joels Benefizkonzert am 27.10.2008 im New Yorker *Hard Rock Café*

unterstützen. So begann ›Charity Begins At Home‹ vor 30 Jahren.«

Billy Joel fördert eine ganze Reihe von Projekten – etwa zugunsten der notleidenden Fischer auf Long Island, heimkehrender US-Soldaten oder junger Musiker. Außerdem will er eine Stiftung zur Förderung von Musikschulen gründen. »Viele Musiker und Künstler unterstützen Wohltätigkeitsprojekte. Ich weiß nicht, ob es an unserer Hilfsbereitschaft liegt oder an unserem schlechten Gewissen, weil wir ein so komfortables Leben führen. Musiker sind scheinbar immer in der ersten Reihe, wenn es darum geht, Geld für einen guten Zweck zu sammeln. Aber ich will das nicht an die große Glocke hängen. Ich finde es immer ein bisschen peinlich, wenn Künstler über ihre Wohltaten reden. Meine Devise lautet: ›Tue Gutes und halt den Mund.‹«

In Daddys Fußstapfen

Der Name Joel ist für Alexa, noch mehr als für ihren Onkel Alexander, Fluch und Segen zugleich. Alexa ist bei ihrer Mutter Christie Brinkley aufgewachsen, hat aber auch ein inniges Verhältnis zu Billy Joel. Sie will in die Fußstapfen ihres Vaters treten und als Singer/Songwriter ihren eigenen Weg gehen.

»Wenn man so berühmte Eltern hat wie ich, sind die Erwartungen besonders hoch«, sagt die quecksilbrige 23-Jährige. »Ständig werde ich mit ihnen verglichen, das fängt beim Aussehen an und hört bei meiner Musik auf. Entweder erwartet man von mir Wunder oder man rechnet mit dem Schlimmsten, nur nichts dazwischen. Zum Glück haben mich meine Eltern nie unter Druck gesetzt und die Presse war bis jetzt ziemlich nett mit mir.«

Auch Alexa fiel schon als Kleinkind durch ihre musikalische Begabung auf. »Sie hat sich immer selbst in den Schlaf gesungen«, erzählt Billy Joel. »Und als sie drei Jahre alt war, habe ich bemerkt, dass sie ein absolutes Gehör hat. Eines Tages hat sie den Song ›Sunny Day‹ aus der TV-Kinderserie *Sesamstraße* nachgesungen – und zwar in der richtigen Tonart. Das hat mich umgehauen.«

Und wie früher Billy und später Alexander bei ihrem Vater, so saß jetzt Alexa bei Billy auf dem Schoß, probierte die Klaviertasten aus und hörte zu. Und zwar so ziemlich alles, von Beethoven bis zu den Beatles. Später, als sie fünf Jahre alt war, bekam sie dann klassischen Klavierunterricht bei einem Lehrer in East Hampton. Und auch hier war es vor allem die Mutter, die darauf achtete, dass das Kind auch fleißig übte. Die Vorliebe für Chopin und Beethoven, für die Musik des 19. Jahrhunderts, hat sie wohl von ihrem Daddy geerbt. Aber noch mehr Spaß hatte die Kleine am Singen: Auf alten Familienvideos ist Alexa zu Hause in verschiedenen

Verkleidungen als Madonna, Whitney Houston oder Celine Dion zu sehen, wie sie voller Hingabe und verblüffender Stimmgewalt deren Hits zum Besten gibt, manchmal spielt Billy Joel dazu am Klavier.

»Wir haben früh bemerkt, dass Musik in ihrem Leben einmal eine wichtige Rolle spielen würde«, erzählt Billy Joel. »Sie hat schon sehr früh begonnen, ihre eigenen Songs zu schreiben, und ziemlich bald konnte sie besser Klavier spielen als ich.«

Als sich ihre Eltern trennten, war Alexa acht, also ungefähr genauso alt wie Billy, als sein Vater einfach verschwand. Diese traumatische Erfahrung wollte Billy Joel seiner Tochter unbedingt ersparen: Sein größter Wunsch war es stets, der Vater zu sein, den er nie hatte. Bis heute hält er engen Kontakt zu Alexa, besucht sie regelmäßig und telefoniert fast täglich mit ihr. Sie sagt: »Ich hatte eine tolle Kindheit, und meine Eltern sind bis heute meine besten Freunde. Dass sie so berühmt sind, habe ich so mit acht Jahren begriffen. Als Teenager hatte ich Minderwertigkeitskomplexe, wenn man mich mit ihnen verglich.«

Die Vergangenheit holt einen oft dann ein, wenn man am wenigsten damit rechnet. Bei einer seiner letzten Europa-Tourneen wurde Billy von einer unbekannten Frau angesprochen, die ihm alte Fotos zeigte, auf denen Helmut Joel mit ihren Kindern zu sehen war. Er zog einen Schlitten durch den tiefen Schnee. In welcher Beziehung stand sein Vater zu dieser Frau und diesen Kindern? »Das Bild mit den fremden Kindern hat mich seltsam berührt«, sagt Billy Joel, »denn ich kann mich nicht daran erinnern, dass mein Vater jemals mit mir gespielt hat. Aber die Tatsache, dass er offenbar Zeit hatte, mit anderen Kindern zu spielen, hat mir noch nach so vielen Jahren einen Stich versetzt.«

Ihren Großvater Helmut hat Alexa nur zwei Mal in ihrem Leben gesehen, sie hat nur wenig Beziehung zu ihm. »Mein Vater hat nie etwas Schlechtes über ihn erzählt und nimmt ihn immer in Schutz. Aber ich weiß, dass da immer ein großes Loch bleiben wird. Mit meiner Großmutter Rosalind verstehe ich mich großartig. Sie ist eine lebenslustige, warmherzige, redselige Frau, und – so viel ich weiß – so ziemlich das Gegenteil von Helmut.«

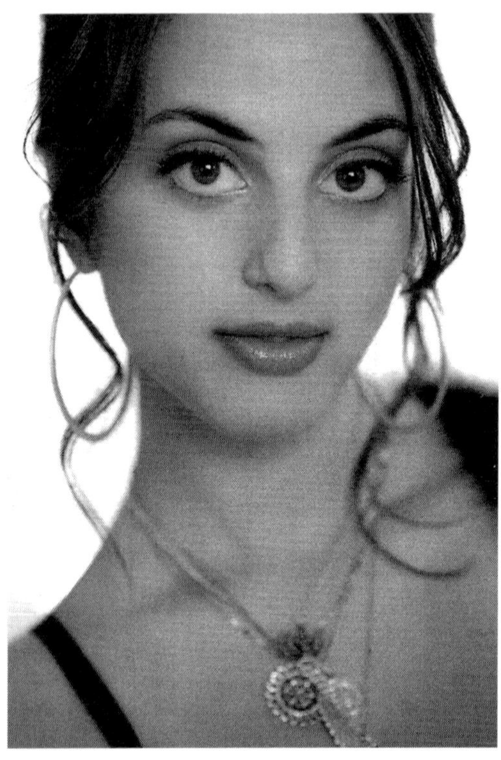

Alexa Ray Joels offizielles Pressefoto

Alexa besuchte auf der Highschool den musischen Zweig, und ihr Vater erinnert sich noch gut an ein Schulkonzert, bei dem seine Tochter das Publikum durch ihre fabelhafte Interpretation der »Mondscheinsonate« von Beethoven beeindruckte. Aber eine Karriere als Konzertpianistin stand nie zur Debatte, Alexa wollte ihre eigene Musik spielen.

Mit 17 ging sie an die New York University, um Musik und Theater zu studieren. Aber nach einem Jahr stieg sie wieder aus, denn sie konnte mit dem straff durchstrukturierten Lehrplan nichts anfangen. »Anfangs haben wir uns deshalb Sorgen gemacht«, meint Billy Joel. »Aber eigentlich wusste ich, dass Alexa nicht zur Collegestudentin geboren ist. Wenn du Profimusiker, Songschreiber und Bühnenkünstler werden willst, dann musst du früh anfangen, am besten als Teenager. Du musst in Clubs und Colleges auftreten und spielen, wo du kannst. Du musst arbeiten und schreiben und spielen und aufnehmen und arbeiten und schreiben und spielen und aufnehmen.«

Und genau das macht Alexa Ray Joel, die stolz darauf ist, dass sie bisher alles ganz allein, ohne Hilfe ihres berühmten Vaters und ohne Unterstützung durch eine Plattenfirma geschafft hat. »Ich bin eine richtige Independent-Künstlerin«, sagt sie. »Ich bestimme alles selbst, von der Songauswahl bis zu den Pressefotos. Ich bin ein echter Kontrollfreak.«

Der Einfluss ihres Vaters ist aber nicht zu überhören: Alexa hat einen für eine junge Frau ungewöhnlich altmodischen Musikgeschmack und orientiert sich am Jazz, Blues, Pop und Soul der 50er- und 60er-Jahre. Damit ist sie aufgewachsen. Mit aktuellen Sounds kann sie nicht viel anfangen. Zu ihren Favoriten zählen schwarze Sängerinnen und Sänger wie Billie Holiday, Aretha Franklin, Ray Charles und Marvin Gaye, nicht zu vergessen die Beatles und – ihr eigener Vater. Und wie er legt sie Wert auf gute Melodien. »Sie weiß, dass sie ein lebender Anachronismus ist«, grinst Billy.

Im Dezember 2005 gab Alexa ihr offizielles Konzertdebüt im New Yorker Night Club *Cutting Room*, und natürlich saßen ihre Eltern im Publikum. Mit 21 hat sie mit der selbst produzierten CD »Sketches« ihre musikalische Visitenkarte abgegeben. Sie enthält sechs selbst geschriebene, bluesgetränkte Songs, darunter auch »Now It's Gone«, den sie ihrer Mutter gewidmet hat. Genauer gesagt ergreift sie darin die Partei von Christie Brinkley, die zu jenem Zeitpunkt noch mit dem Architekten Peter Cook verheiratet war. Alexa konnte ihren Stiefvater nie besonders gut leiden und war über das Ende der Ehe nicht besonders traurig. Nur ihre Mutter tat ihr leid.

Billy Joel freut sich einerseits über die musikalischen Ambitionen seiner Tochter, hat aber andererseits auch Bedenken: »Ich weiß, wie hart das Musikgeschäft ist, ein schmutziges Geschäft voll korrupter Leute. Ich habe ihr gesagt, dass ihr der Name Joel wie ein Klotz am Bein hängen wird. Die Medien werden sich auf sie stürzen und schmerzhafte Dinge über sie verbreiten. Sie ist so ein sensibles Mädchen. Ich fragte sie: Willst du wirklich berühmt werden? Berühmt sein ist toll, solange du es *nicht* bist. Wenn du berühmt bist, hast du kein Privatleben mehr – und das ist ein immenser Verlust. Ich habe ihr alle möglichen negativen Aspekte des Musikerdaseins geschildert, aber das hat sie keineswegs abgeschreckt. Wie die meisten Kinder in diesem Alter hört sie nicht auf ihre Eltern. Sie haben eine Vision und folgen ihr. So war es damals ja auch bei meinem Bruder Alex.«

Mit ihrem »Uncle Alex« versteht sich die junge Sängerin prächtig. Sie sagt, dass Geld und Ruhm ihr gar nicht so wichtig sind, und möchte einfach ihren Lebensunterhalt mit ihrer eigenen Musik verdienen – so wie es sich einst auch ihr Vater erträumte. Anders als dieser hätte sie es allerdings gar nicht nötig zu arbeiten.

»Sie ist ein wohlhabendes Kind, sie hat reiche Eltern«, sagt Billy Joel. »Aber sie hat den Blues. Wie ist das möglich? Die Wahrheit ist: Ganz egal, wer du bist, jeder kann den Blues bekommen. Blues ist eine universell verständliche Musiksprache.« Alexa Ray Joel orientiert sich vor allem an schwarzer Musik. Ihr Lieblingssong ist seit ihrer Kindheit ein Rhythm and Blues: »At last«, gesungen von Etta James. Und manchmal klingt Alexa selbst wie eine alte Bluessängerin.

»Ich mag alles, was alt ist«, lacht Alexa, die mit ihrer kleinen Katze in einer geschmackvoll eingerichteten Altbauwohnung mitten in Greenwich Village wohnt. Sie wirkt sehr natürlich, unkompliziert und offen.

Trotz ihrer Liebe zu alten Dingen schätzt sie die Möglichkeiten des digitalen Zeitalters und nutzt das Internet als Plattform für sich und ihre Musik, aber auch zur Kommunikation mit ihren Fans. MySpace und YouTube sind ihr fast ebenso wichtig wie Liveauftritte mit ihrer Band. Sie hasst es, wenn Kritiker sie – in Anlehnung an den »Piano Man« – als das »Piano Girl« bezeichnen. »Wenn ich auf der Bühne stehe, denke ich nicht an meine Eltern. Dann will ich nur eine gute Show machen. Wahrscheinlich wäre alles noch schwieriger für mich, wenn ich ein Junge wäre, dann würde ich noch viel mehr mit meinem Vater verglichen – so wie es Jakob Dylan oder Julian Lennon geschieht. Aber ich bin nicht perfekt, noch jung und auf der Suche.«

In den letzten Jahren hat Alexa vor allem wegen ihres Privatlebens und ihrer Gesundheit für Schlagzeilen gesorgt. Sie ist regelmäßig in TV-Talkshows zu Gast. Anfang Dezember 2009 wurde sie nach einem angeblichen Selbstmordversuch in ein New Yorker Krankenhaus eingeliefert. Tatsächlich war sie aus Liebeskummer sehr deprimiert und hatte zu viel von dem homöopathischen Mittel Traumeel genommen.

Später erklärte sie, dass der Zusammenbruch durch einen Streit mit ihrem Ex-Freund Jimmy Riot ausgelöst worden war, der in ihrer Band auch Bass spielte. Dem *People Magazine* sagte sie: »Ich wählte den Notruf und sagte: ›Ich möchte sterben.‹ Ob ich das wirklich wollte? Natürlich nicht. Ich habe ein bisschen übertrieben, dazu stehe ich und möchte mich bei allen Beteiligten dafür entschuldigen.« Obwohl Alexa nie ernsthaft in Gefahr war, konnte sie die Verzweiflung, die sie ein Jahr lang verbergen wollte, nicht länger leugnen. »Ich steckte in einem schwarzen Loch«, sagte sie. »Meine Seele war verletzt.« (127)

Aber sechs Monate nach ihrem Zusammenbruch fand Alexa Joel ein neues Glück mit dem Singer/Songwriter Cass Dillon, der schon mit ihrem Vater bekannt war – er veröffentlichte 2007 den Song »Chistmas in Fallujah«, den Billy Joel geschrieben hatte. Obwohl ihr Vater immer ganz offen mit seinen depressiven Phasen und seinem Selbstmordversuch von 1970 umgegangen war, wollte Alexa ihrer Familie ihre Notlage verheimlichen. »Ich habe mich geniert«, sagte sie. »Wenn du dermaßen deprimiert bist, glaubst du, niemand kann dich verstehen.« Christie Brinkley hielt nichts von dem Versuch ihrer Tochter, wieder zu Riot zurückzukehren. »Eltern müssen vorsichtig sein: Man kann sein Missfallen ausdrücken, muss aber die Kommunikation offen halten.« In der dramatischen Nacht überredete Brinkley ihre Tochter, sich zwei Wochen lang in einer Psychiatrischen Klinik behandeln zu lassen.

Alex Ray Joel sagte, dass sie Dank der Therapie ihre seelischen Belastungen besser bewältigen und verstehen könne. Und sie konnte offener mit ihren Eltern reden. »Daddy hat mich immer wieder aufgebaut, der hat mir dabei geholfen, mein Selbstvertrauen wieder zu finden. Meine Mutti und ich sind ein Herz und eine Seele. Ich bin zenmäßig in einer guten Lage.«

Ihr Neustart ging mit einem veränderten Aussehen einher, nach einer Schönheitsoperation fühlte sie sich wohler in ihrer Haut: »Ich hatte nie etwas an meinem Äußeren auszusetzen, aber meine Nase hat mich immer ein bisschen geärgert. Ich habe fünf Jahre lang deswegen gegrübelt. Ich denke, jetzt sehe ich mehr wie ich selbst und weniger wie die Tochter meines Vaters aus.«

Die neue Alexa nahm sich auch eine neue Wohnung und arbeitete an einem neuen Sound: »Man kann sagen, ich habe neue musikalische Einflüsse, eine neue Wohnung, Lebenseinstellung … Alles ist neu.« Vier Jahre später, im April 2014, sorgten Alexas gesundheitliche Probleme erneut für Schlagzeilen. Ausgerechnet zu einem Zeitpunkt, als es mit der Musik gerade gut lief. Alexa Ray Joel hatte zwei Wochen lang eine ausverkaufte Konzertserie im berühmten New Yorker *Café Carlyle*, wo montags regelmäßig Woody Allen mit seiner Jazzband auftritt.

Die Konzerte kamen bei der Kritik gut an wie beim Publikum. Stephen Holden schrieb in der *New York Times* einen Artikel mit der Überschrift »Eine Sängerin folgt selbstbewusst ihrem Herzen«: »Die 28-jährige Tochter von Billy Joel und Christie Brinkley hat die Augen ihres Vaters. Groß, rund, mit schweren Lidern und voller Seele drücken sie eine vertraute, freche und offene Haltung aus, und gleichzeitig erinnern dieses raue Timbre und die mitunter durchdringend hohen Töne an eine Sopran-Antwort auf Stevie Nicks. Ihr Klang ist, obwohl nicht schön, facettenreich und emotional aufgeladen. Sie hat keine Probleme mit der Intonation … Miss Joels 11-Song-Set war ungewöhnlich kurz und es gab keine Zugabe. Aber sie hatte mehr Zeit als genug, um sich selbst als jemand in Szene zu setzen, der seinem Herzen folgt, wo immer auch es hinführen mag – von Rockklassikern (›A Whiter Shade of Pale‹) zu Standards (›On the Sunny Side oft he Street‹), von traditionellem Folk (›Loch Lomond` delivered with a light Scottish brogue‹) zu Stevie Wonders ›I Believe (When I Fall in Love It Will Be Forever)‹. Die Show erreichte ihren Höhepunkt

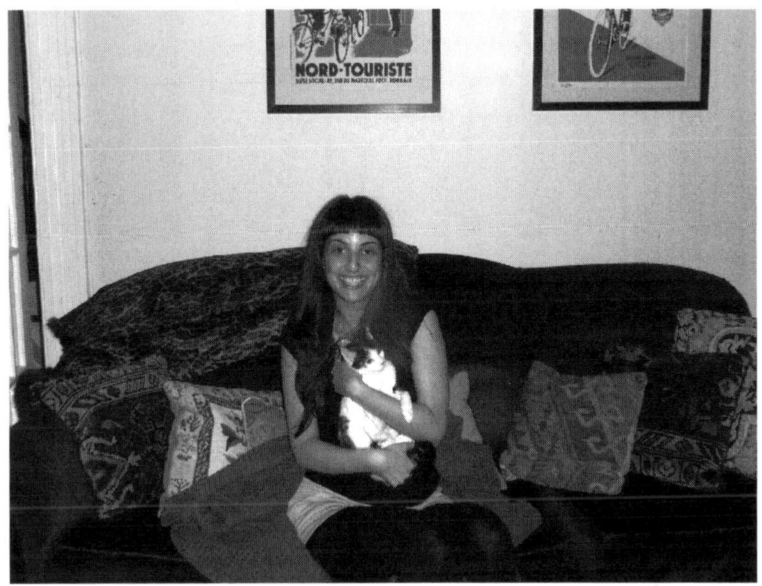

Alexa Ray Joel in ihrer Wohnung in New York, 2008

mit einer inbrünstigen Version von (was auch sonst?) ›Just the Way You Are‹.« (128)

Aber während des letzten Auftritts im *Café Carlyle* brach Alexa Ray Joel ohnmächtig auf der Bühne zusammen. Die Sängerin wurde umgehend in das Presbyterian Hospital eingeliefert, wo die Notärzte eine harmlose Durchblutungsstörung im Gehirn feststellten. Schon am Nachmittag vor dem Auftritt hatte sich Alexa unwohl gefühlt, wollte die Show aber durchziehen. Via *Facebook* gab sie folgende Erklärung ab: »Ich möchte mich bei allen bedanken, die mir geholfen haben. Ich war aufgeregt und wollte unbedingt meinen Auftritt absolvieren und meine Konzertserie mit einem Paukenschlag beenden. Aber ich hatte mir das anders vorgestellt und hoffe, ich kann das bald wieder bei meinem wunderbaren Publikum gut machen. Danke für all das Mitgefühl.«

Aufbruch zu neuen Ufern

2014 markierte einen Wendepunkt für Alexander Joel – im Privatleben ebenso wie in beruflicher Hinsicht. Im April heiratete er die koreanische Opernsängerin Ha Young Lee, mit der er schon seit längerer Zeit liiert war. Kennen- und lieben gelernt hatte sich das Paar in Hamburg, wo die Sopranistin seit 2005/06 als festes Mitglied im Ensemble der Staatsoper tätig ist.

Am 11. Mai 2014 kam ihre gemeinsame Tochter Carla Lee zur Welt. Der Name ist mit Bedacht gewählt und steht in bester Familientradition: Carla erinnert an Karl/Carl Joel, den Großvater von Alexander, der ja selbst Charles als zweiten Vornamen hat. Lee wiederum hat doppelte Bedeutung: Der Familienname von Ha Young ist zugleich ein englischer Vorname.

Am 23. Juni gab Alexander Joel sein allerletztes Konzert als Generalmusikdirektor in Braunschweig – er hatte seinen Vertrag nicht verlängert und wollte als freier Dirigent arbeiten, um seinen internationalen Gastspiel-Verpflichtungen nachkommen zu können. Ein Sprung ins kalte Wasser, aber das Risiko war überschaubar, denn es warteten bereits etliche Engagements auf ihn – an renommierten Häusern wie den Staatsopern Stockholm und Hamburg, am Grand Théatre Genf, der Deutschen Oper Berlin, an der Vlaamse Opera in Belgien und an der Wiener Volksoper und nicht zuletzt drei Produktionen am Royal Opera House in Covent Garden, London. Außerdem waren unter anderem Konzerte mit der Staatskapelle Dresden oder dem Orchestre de la Suisse Romande geplant.

»Alexander Joel, nun Anfang 40, ist ein kommunikativer, begeisterungsfähiger Mann, ein nachdenklicher und gewissenhafter Musiker, der gerne blumige Vergleiche zwischen der Welt der Oper und Fußball zieht (er ist ein Fan von Manchester United)«, schrieb das *Opera Magazine* in der Juni-Ausgabe 2014.

»Das Geheimnis des Erfolges besteht darin, zu wissen, wann man aufhört«, sagt Alexander Joel. »Das gilt für Sportler ebenso wie für Künstler. Sieben Jahre Braunschweig sind genug. Ich habe dort 17 Premieren und mindestens so viele Wiederaufnahmen einstudiert. Inzwischen kann ich aus einem Repertoire von 84 Opern schöpfen, das gibt mir Selbstvertrauen und Sicherheit.«

Auf die Jahre in Braunschweig blickt Joel mit einem lachenden und einem weinenden Auge zurück. »Ich habe hier tolle Momente erlebt, große Opernpremieren und beglückende Konzerte. Es war ein künstlerischer Reifeprozess für mich, keine Frage. Das Wichtigste in Braunschweig war: Ich habe Gustav Mahler entdeckt und lieben gelernt, auch aus persönlichen Gründen. Denn ich machte in dieser Zeit privat einiges durch, was mir Mahler nahe gebracht hat, ich habe viel gelitten. Dazu gehört der Tod meines Vaters 2011, aber auch Liebeskummer. Ich konnte als Mensch sehr gut nachempfinden, was Mahler alles durchgemacht hat. Mahler hat ja etwas sehr Wienerisches, aber auch etwas sehr Jüdisches. Bei ihm spürt man immer einen tiefen Schmerz, und er gestattet uns einen Blick in menschliche Abgründe.«

In Braunschweig hat Joel die meisten der insgesamt zehn Mahler-Symphonien dirigiert, mit Ausnahme von Nr. 7 und 8. Zuletzt stand im Mai 2014 Mahlers 9. Symphonie auf dem Programm, die Kritik reagierte begeistert. Andreas Berger schrieb in der *Braunschweiger Zeitung* unter anderem: »Erst ist es ein Stammeln, zuletzt ein ätherisches Verhauchen. Mahlers 9. Sinfonie umspannt ein ganzes Menschenleben. Die ersten vereinzelten Töne klingen wie Klopfzeichen ins Erdendasein, bevor sich der ganze Orchesterapparat schwerfällig darüberlegt. Am Ende bleiben nur die Geigen, in höchsten Tönen zart und immer leiser verwehend, als schwinge sich die Seele hinüber ins körperlose Reich. Für diese Sinfonie braucht man Weltkenntnis, Ernst und tiefe Emotion. Generalmusikdirektor Alexander Joel am Pult des Staatsorchesters zeigte beeindruckend, zu welch reifer, aufrüttelnd moderner und feinnervig differenzierter Lesart dieses Weltabschiedswerks er gefunden hat. In der Zeichengebung angenehm konzentriert, aber klar sowohl Nachdruck wie extremes Pianissimo einfordernd, sorgte er mit den hochmotivierten Musikern für eine emotionsgeladene Expressivität, die unter die Haut ging.« (129)

Für Martin Weller, der als Orchesterdirektor sieben Jahre lang sehr eng und vertrauensvoll mit Alexander Joel zusammenarbeitete, bedeutet das Mahler-Konzert einen abschließenden Höhepunkt: »Er hat ganz hervorragend dirigiert und eine wirklich stimmige Interpretation geliefert. Vor allem ist ihm auch der schwierige Schluss gelungen, den er in einer unglaublichen Piano-Sphäre unter Beibehaltung großer Spannung ausklingen ließ. Das hat alle noch einmal enorm beeindruckt! Wohl auch, weil das von einem Dirigenten seines Alters in dieser Weise nicht zu erwarten ist. Allein mit dieser Aufführung hätte Joel hier einen bleibenden Eindruck hinterlassen.«

Die Tatsache, dass man in Braunschweig trotz zahlreicher Bewerbungen auf Anhieb keinen geeigneten Nachfolger als Generalmusikdirektor finden konnte, beweist, dass Joel in Braunschweig Maßstäbe gesetzt hat. Den Dirigenten verband geradezu ein Liebesverhältnis mit dem Staatsorchester. Von der Atmosphäre und der Qualität des Orchesters schwärmt Joel auch im Rückblick in den höchsten Tönen – die Chemie zwischen ihm und den Musikern hat von Anfang an gestimmt. Der Umgangston ist ausgesprochen freundlich, der Dirigent ist kein Dompteur und arbeitet lieber mit Charme, Witz und Humor als mit der Peitsche.

»Alexander Joel hat das Orchester auf ein neues Niveau gebracht und ein tolles Sänger-Ensemble zusammengestellt«, bestätigt Jens Neundorff von Enzberg, seit Beginn der Spielzeit 2012/13 Intendant des städtischen Theaters in Regensburg. Er hat zeitgleich mit Joel am Staatstheater angefangen und war dort von 2007 bis 2012 als Operndirektor und Musiktheaterdramaturg tätig.

»Es war keine Liebe auf den ersten Blick, aber wir sind uns schnell näher gekommen«, gibt Jens Neundorff freimütig zu. »Wir waren beide jung und mussten beide lernen, mit Verantwortung umzugehen. Doch der Annäherungsprozess ist gut ausgegangen. Wir haben eine ähnliche Meinung bei der Einschätzung von Stimmen, aber unterschiedliche Auffassungen von Regie-Stilen.«

Joel und Neundorff waren in Braunschweig gemeinsam verantwortlich: Der GMD hatte die musikalische Leitung, der Operndirektor die Gesamtleitung. »Wir haben viel gemeinsam entschieden und gemeinsam das Repertoire entwickelt und den Spielplan erarbeitet«, sagt Neundorff, »das ist zwar wünschenswert, aber durchaus nicht üblich.«

Alexander Joel hat sich künstlerisch enorm weiterentwickelt, das bestätigt sein ehemaliger Operndirektor ebenso wie der Orchesterdirektor und die Fachkritik. Vor allem konnte er sein symphonisches Repertoire erweitern. In den rund 80 Konzertprogrammen, die Joel in Braunschweig dirigierte, fanden sich alle Beethoven-Sinfonien, acht von zehn Mahler-Sinfonien, fünf Bruckner-Sinfonien, Brahms, Schumann, Mendelssohn, Tschaikowsky und Strawinsky, das heißt, der Kern des wichtigen Repertoires.

Außerdem legte er Wert auf die Entwicklung eines eigenen Klangs und eines eigenen Klangkörpers. »In Braunschweig habe ich 50 bis 60 Abende im Jahr dirigiert, das heißt 10 bis 12 Konzertprogramme, dazu fünf bis sechs verschiedene Opern«, erklärt Joel. »Man ist derjenige, der den Klang und die Spielkultur eines Orchesters prägt. Wie man mit dem Orchester umgeht, ist ganz wichtig für den Klang. Ich tendiere zum Entschlacken des Klanges, er soll flüssig, schwebend, spritzig sein, aber nicht zu trocken und hart. Der Klang muss zu den Sängern passen, wie ein gut sitzendes Kleidungsstück.«

In einem Interview mit dem *Opera Magazine* (Juni 2014) erklärte Joel: »Zur Aufgabe des Generalmusikdirektors gehört es, das Orchester zu erziehen ... Du musst Dinge festnageln und den Motor so fein einstellen, dass er so klingt, wie du es willst, und so läuft, wie du es dir vorstellst. Du musst so klar und logisch dirigieren, dass es keine Zweifel daran gibt, was du meinst, und jeder dir folgen kann. Aber das Wichtigste ist, dass du imstande bist, auf organische Weise zu dirigieren – und es gibt keine bessere Art, organisch dirigieren zu lernen, als in einem deutschen Repertoire-Spielbetrieb.« (130)

Martin Weller erklärt: »Joel sucht Musiker, die gerne mit ihm arbeiten. Was er künstlerisch will, drückt er mit seinem Schlag aus, dazu braucht er keine verbalen Ansagen. Er hat ein kommunikatives, versöhnliches Naturell. Im Gegensatz zu anderen Dirigenten verbeißt er sich nicht in Feindschaften.«

Den Aufbau eines erstklassigen Sänger-Ensembles betrachtete Joel als eine seiner Kernaufgaben und große Chance. Ein paar dieser jungen Sänger und Sängerinnen haben ihren Weg gemacht und singen heute an großen Häusern in Wien, München, Berlin oder Dresden.

Nicht zuletzt hat sich der GMD in Braunschweig an große Opern-Brocken gewagt, wie »Parsifal«, »Tristan« und »Lohengrin« von Richard Wagner, »Der Rosenkavalier« und »Salome« von Richard Strauss oder »Lady Macbeth« von Dmitri Schostakowitsch. Die konsequente, solide Aufbauarbeit war ihm immer wichtiger als der schnelle Erfolg. »Es geht mir um Handwerk, um eine musikalische Basis und Qualität«, sagt Joel. »Ich habe den langsamen Weg gewählt, das zahlt sich jetzt aus. Es gibt heute nicht genug Fundamente in der Welt der Kunst, aber viel heiße Luft.«

Zu seinem größten Bedauern können nur die wenigsten Zuhörer und Kritiker die Qualität eines Dirigenten wirklich beurteilen und fallen auf manchen Bluff herein. »Das kundige Opern- und Konzertpublikum wird immer weniger. In den letzten 30 Jahren ist die musische Ausbildung an den Schulen massiv zurückgegangen. Das hat zur Folge, dass sich die heutige Elterngeneration viel weniger für Musik interessiert als früher. Die Theater versuchen alle verzweifelt, diese Defizite aufzufangen – mit speziellen Angeboten für Kinder und junge Hörer. Aber die Theaterleute können keine Musiklehrer ersetzen. Das ist ein gesellschaftliches Problem: Es geht letztlich um die Frage, was uns wirklich etwas wert und wichtig ist.«

In der heutigen Medienwelt zählen oft andere Kriterien als künstlerische Qualität. Doch Effekthascherei und Auffallen um jeden Preis sind Joels Sache nicht. »Alex könnte es viel leichter haben, wenn er ungewöhnlichere beziehungsweise ausgefallenere Werke dirigieren würde«, sagt Jens Neundorff. »Es spricht andererseits für ihn, dass er sich nicht aus Karrieregründen verbiegt. Er glaubt, dass er nur dann gut ist, wenn er Stücke dirigiert, die ihn hundertprozentig begeistern. Deshalb muss man ihn manchmal ein bisschen zu seinem Glück zwingen. Er kann unheimlich stur sein, aber er ist auch überzeugbar und lässt sich dann auf Neues ein.«

Laut Martin Weller hat Joel einen intuitiven Zugang zur Musik und verkauft sich als Dirigent unter Wert: »Er ist kein Selbstdarsteller und glaubt nicht, dass er Dingen Bedeutung verleihen muss, die von sich aus bedeutend sind. Dabei bedeuten ihm die einzelnen Werke freilich sehr viel.«

Es käme für Joel nie infrage, Stücke nur aus taktischen Gründen auszuwählen. Er steht zu seiner Vorliebe für Mozart, Puccini, Strauss, Wagner und Verdi, hat aber auch viele andere Komponisten, darunter Neutöner wie Alban Berg, Webern und Schönberg, schätzen gelernt. »Heute machen viele Dirigenten möglichst früh Wagner und Strauss, weil sie kapiert haben, dass man sich bei der Kritik als Dirigent nur damit profilieren kann«, erläutert Joel. »In der Oper bekommt man nur selten Aufmerksamkeit, wenn man Verdi dirigiert, aber garantiert immer bei Strauss und Wagner. Das ist absurd, aber es ist so.«

Jens Neundorff erklärt: »Alex halte ich für unglaublich begabt: Sein Pech ist, dass er einer Zwischengeneration angehört. Die Alten haben zu lange an ihren Stühlen festgehalten, und jetzt wollen auf einmal alle ganz junge Dirigenten. Das ist ein neuer Trend, dabei werden viele verheizt. Aber Alex wird seinen Weg gehen. Denn es gibt eine große Sehnsucht nach großen Dirigenten.«

Und Martin Weller ergänzt: »Ihn zeichnet eine Unverkrampftheit und Lockerheit der Schlagtechnik aus, die einen sofort an Carlos Kleiber denken lässt. Das ist alles andere als eine Schande. Ich würde Kleiber als Joels Lehrer bezeichnen, aber er imitiert ihn nicht. Gelernt hat er von ihm, dass man nicht auf das Orchester eindreschen darf, wenn man einen guten Klang haben will. Es ist ihm gelungen, in Braunschweig einen eigenen Joel-Sound zu entwickeln.« Dabei schwebt dem Dirigenten ein romantisches Klangideal vor, Härte und Schroffheit sucht man bei ihm vergeblich.

Eine Bestätigung für seine Arbeit sieht Joel in der wachsenden Zahl internationaler Verpflichtungen. Zum Beispiel engagierte ihn die Vlaamse Opera in Antwerpen 2012 für Giuseppe Verdis »La forza del destino«, Regie führte Michael Thalheimer. Dazu schrieb etwa Frieder Reininghaus in der *Neuen Musikzeitung* (10.2.2012): »Die neue Verdi-Produktion der Flämischen Oper entwickelt von Anfang an Drive und Kraft. Alexander Joel hat das Orchester in Antwerpen sicher im Griff und fordert ihm Allegro-Brillanz und ausmusizierte elegisch ›schöne Stellen‹ ab.« (131) In Antwerpen dirigierte Joel auch Mozarts »Don Giovanni« und »Die Frau ohne Schatten« von Richard Strauss, nicht zu vergessen Verdis »Don Carlos« in der hochgelobten Inszenierung von Peter Konwitschny (2010). Die innovativen Theatermacher Thalheimer und Konwitschny zählt Alexander Joel zu seinen Lieblingsregisseuren.

Martin Weller hält Joels Dirigat der »Frau ohne Schatten« in Antwerpen für eine Meisterleistung: »Er hat Richard Strauss dirigiert, wie es Richard Strauss selbst getan hätte. Die Sänger waren hörbar, ohne dass der Klang gedrückt wurde. Diese dynamische Balance gelang ihm ohne Anstrengung.«

In diesem Zusammenhang bildete Joels Debüt im Royal Opera House Covent Garden, das zu den besten Opernhäusern der Welt zählt, ein besonderes Highlight: Im Februar 2013 dirigierte er dort Puccinis »La Bohème« – mit solch durchschlagendem Erfolg, dass er sofort wieder eingeladen wurde. In der Spielzeit 2014/15 leitet er in London eine Serie von Aufführungen (»La Bohème« und »La Traviata«), 2015/2016 »Carmen«, unter anderem mit Star-Tenor Jonas Kaufmann. »Covent Garden ist etwas ganz Besonderes für mich, ein Lebenstraum: Meine Mutter ist Engländerin, ich bin in London geboren, habe da Jura studiert und bin von dort weg, weil ich Musiker werden wollte. Damals habe ich nicht gewusst, ob ich überhaupt die Aufnahmeprüfung in Wien schaffe. Nach meiner ersten Vorstellung im Covent Garden bin ich zu meiner ehemaligen Uni gegangen und habe geheult. Es war unglaublich, wie im Märchen.«

Künftig will Alexander Joel mehr in die symphonische Richtung gehen, obwohl (oder gerade) weil er die Oper über alles liebt: »Als Dirigent bist du von so vielen Sachen abhängig, auf die du kaum Einfluss hast – vom Regisseur über die Sänger bis zum Bühnenbildner.« Joel spricht aus Erfahrung: »Wenn Oper funktioniert, ist sie das Größte, da kann keine andere Kunstgattung mithalten. Aber es funktioniert leider so selten.«

Eine große Herausforderung wartet in Wiesbaden auf Joel: In der Spielzeit 2016/17 wird er am dortigen Staatstheater erstmals Richard Wagners Opernzyklus »Der Ring des Nibelungen« dirigieren, die Regie übernimmt Uwe Laufenberg.

Famous Last Words

»These are the last words I have to say.« Die Prophezeiung im letzten Song des Albums »River of Dreams« (1993) hat sich zum Ärger der Plattenfirma und zur Enttäuschung zahlloser Fans bis heute erfüllt. Billy Joel hat keine Lust und kein Verlangen mehr, Popsongs zu schreiben, auch wenn alle Welt darauf wartet. »Man kann aus einem Stein kein Blut pressen. Und ich kann nicht ein Leben anstelle meiner Fans führen. Ich habe nie für das Publikum geschrieben. Ich habe nie für das Radio geschrieben. Ich habe nie für die Plattenfirma geschrieben. Ich habe nie für die Kritiker geschrieben. Ich habe immer nur für mich geschrieben. Es ging immer darum, was *ich* hören wollte, erschaffen, aufnehmen, schreiben wollte. Was *mir* gefällt. Ich hatte mit Popmusik immer Glück: Was ich schrieb und was mir gefiel, gefiel auch vielen anderen Leuten. Vielleicht weil ich zu ihrer Generation gehörte. Ich wurde sehr von den Beatles beeinflusst, vielleicht hören die Leute das heraus. Keine Ahnung, ich habe das nie analysiert. Ich weiß es bis heute nicht, und man hat mich so oft gefragt, warum ich so erfolgreich bin.«

Es scheint so, dass ein Kapitel für Billy Joel (vorerst) abgeschlossen ist. Neue Pop- und Rocksongs sind von ihm kaum noch zu erwarten, wohl aber neue Musik. Denn er komponiert nach wie vor und probiert vieles aus. Instrumentalmusik in allen möglichen Variationen. Dahinter steckt wohl auch der Traum von sprachloser Kommunikation.

Sprachlos war jedenfalls der Verlag HarperCollins, als Joel 2011 seine offizielle Autobiografie *The Book of Joel* kurz vor der Veröffentlichung zurückzog. Den Millionen-Dollar-Vorschuss zahlte er zurück. Er hatte seine Meinung geändert, wollte seine

Privatsphäre schützen und war zu dem Schluss gekommen, dass seine Songs alles verrieten, was die Fans über ihn wissen müssten. Schließlich änderte er seine Meinung noch einmal und war damit einverstanden, dass im Herbst 2014 eine »definitive Biografie« erschien, die Fred Schruers aus dem bereits vorhandenen Interview-Material zusammenstellte.

Vielleicht war es ein cleverer Schachzug von ihm, sich auf dem Höhepunkt des Erfolgs aus dem Plattengeschäft zu verabschieden. Möglicherweise wird der Künstler insgeheim von der Angst gequält, dass er den Erfolg und die Qualität der alten Songs nicht so einfach wieder erreichen kann.

Solange es ihm Spaß macht und es seine Gesundheit zulässt, will Billy Joel noch auf die Konzertbühne gehen. Auch wenn er heute nicht mehr auf dem Flügel tanzt oder an Lichtkabeln herumklettert wie früher, sind Konzerte für ihn immer noch so etwas wie ein Lebenselixier. »Es grenzt an ein Wunder, dass man mit anderen Musikern solche Klänge erzeugen kann. Es ist eine Form von Zauber, Hexerei oder Magie. Musik ist eine universelle Sprache – die Menschen reagieren darauf, überall auf der Welt. Musiker verfügen über eine große Macht und sie haben einen Heidenspaß. Deswegen trete ich weiter auf. Es ist der beste Job der Welt.«

Nach wie vor hat er die seltene Fähigkeit und Ausstrahlung, ganze Sportarenen zum Toben zu bringen. Auf der Bühne verwandelt sich der kleine Mann auf geheimnisvolle Weise in einen überlebensgroßen Rockhelden. Sein Publikum liebt ihn dafür seit vier Jahrzehnten. Und die Mischung aus Entertainerqualitäten, Bühnencharisma, unwiderstehlichen Melodien und griffigen Texten macht wohl die Besonderheit dieses oft unterschätzten Künstlers aus. Er ist kein Erneuerer der Popmusik, sondern ein Vollender. Ein Meister des Mainstream und einer der wichtigsten Vertreter der amerikanischen Massenkultur des 20. Jahrhunderts. Keine Kultfigur wie Bob Dylan, kein Volkssänger wie Bruce Springsteen, kein Poet wie Paul Simon, kein Intellektueller wie Randy Newman, sondern ein Chamäleon, ein begnadeter Eklektizist, der sich nach Lust und Laune auf dem Markt der musikalischen Möglichkeiten bedient. Ein großer Vorteil, der auch ein großer Nachteil ist: Billy Joel ist äußerst wandlungsfähig und vielseitig, allerdings klingt er oft seinen Vorbildern zum Verwechseln ähnlich. Seine Songs sind fast bekannter als sein Name.

Doch er hat viele Stars kommen und gehen sehen und viele Musikmoden überstanden – New Wave, Punk, Disco, Grunge, Art- und Alternative-Rock, Techno, Ethno-Beat, Rap, Hip-Hop und wie sie alle heißen. Sein massenhafter Erfolg war vielen Kritikern immer suspekt, wie er selbst weiß: »Ich war von Anfang an verdächtig, weil ich so erfolgreich war. Wenn du zu viele Hits hast, wirst du schnell dem Establishment zugerechnet oder zur Musikmaschine erklärt. Man unterstellt dir, dass du nur Musik machst, um Hits zu landen und einen Haufen Geld zu verdienen. Der Verdacht ist weit verbreitet, obwohl ich das nie so gemacht habe.

Außerdem sind im Rock 'n' Roll Klavierspieler von vornherein verdächtig. Wenn du nicht Gitarre spielst, nimmt man dir nicht ab, dass du ein echter Rock 'n' Roller bist. Wenn du Klavierunterricht hattest, musst du ein reiches Kind gewesen sein. Eigentlich verdanke ich den Hiterfolg der Plattenfirma, welche die Singles ausgewählt hat. Ich habe immer komplette Alben geschrieben. Die Plattenfirma hatte also den richtigen Riecher und die Radiostationen haben diese Songs gespielt. Aber wer nur meine Hits kennt, kennt mich nicht richtig.«

Im Lauf der Zeit sind die Kritiker gnädiger geworden, die Ehrungen haben sich gehäuft und Billy Joel wird in den USA mittlerweile fast wie ein Nationalheiliger verehrt. »Ich hätte zu keinem besseren Zeitpunkt zur Welt kommen können. Ich wurde auf dem Höhepunkt des Babybooms geboren, verliebte mich in die populäre Musik, lernte ein Instrument zu spielen und sprach aus verschiedenen Gründen vielen meiner Altersgenossen aus der Seele ... Ich war zur richtigen Zeit an der richtigen Stelle.«

Die allgemeine Wertschätzung freut den zu Selbstzweifeln neigenden Künstler, sie stimmt ihn aber auch misstrauisch: »Das Problem mit Kritiken ist: Wenn du die guten ernst nimmst, dann musst du auch die schlechten ernst nehmen. Am besten man ignoriert Kritiken einfach. Das lernt man mit der Zeit. Künstler sind sensibel. Eine Zeit lang habe ich unter schlechten Kritiken regelrecht gelitten. Dann habe ich mir ein dickeres Fell zugelegt und mir gesagt: Die einzigen Personen, die wirklich beurteilen können, was ich tue, sind außer mir selbst eigentlich nur andere Musiker, die ich respektiere.

Irgendjemand hat mir mal eine Liste von Leuten gegeben, die meine Musik mögen. Es war eine ziemlich beeindruckende Liste: Bob Dylan, Ray Charles, Leonard Bernstein, Tony Bennett, Frank Sinatra, Don Henley – sie alle mögen meine Musik. So völlig falsch kann ich also doch nicht liegen.

Außerdem habe ich festgestellt: Über Geschmack kann man streiten. Man findet wahrscheinlich genauso viele Leute, die meine Musik mögen, wie Leute, die meine Musik hassen. Du kannst noch so ein populärer Rockstar und deine Musik noch so erfolgreich sein, immer wird es Leute geben, die das langweilt. Das hat ja auch sein Gutes, denn es bedeutet, deine Musik hat Wirkung – im positiven oder im negativen Sinn. Es gibt ja auch Musik, die mir nicht gefällt. Das heißt aber noch lange nicht, dass sie schlecht ist.«

Wie ein Boxer hat er sich nach allen Niederlagen und Nackenschlägen immer wieder aufgerappelt. »Wir sind Kämpfernaturen, so wie unser Großvater, wir lassen uns nicht so schnell unterkriegen«, sagt Alexander Joel. Die beiden Brüder stehen sich sehr nahe und sind sich in vielerlei Hinsicht sehr ähnlich. Neben der Musikleidenschaft verbindet sie vor allem der Sinn für Humor. Dabei darf man die Unterschiede nicht vergessen: Der eine ist ohne Vater in den USA aufgewachsen und hat sich ohne Schulabschluss als Selfmademan in der Rockszene nach oben geboxt, der andere hat nach einer behüteten Kindheit und umfassenden Ausbildung in Europa eine klassische Musikerkarriere gemacht. Der eine hat eine große Vergangenheit hinter sich, der andere eine große Zukunft vor sich.

Und noch etwas haben die Männer in der Familie Joel gemeinsam: Sie sind ständig unterwegs, Reisen gehört zu ihren Jobs. Und sie sind große Verdrängungskünstler, was ihre persönlichen Beziehungen und Probleme betrifft. Am offenkundigsten ist das bei Karl und Helmut Joel, die vom Schicksal so gebeutelt wurden und ihre Gefühle meist für sich behielten. Aber auch Billy und Alexander, die so offen, kontaktfreudig und kommunikativ wirken, lassen in Wahrheit kaum jemanden an sich heran. Mag sein, dass dieses Verhaltensmuster eine Art Selbstschutz besonders empfindsamer Menschen ist, der aus der Angst vor seelischen Verletzungen rührt.

Wie in jeder Familie gibt es bei den Joels Empfindlichkeiten und Tabus. »Für mich ist die Familie sehr wichtig«, sagt Billy Joel. »Meine Familie unterscheidet sich von anderen Familien gar nicht so sehr. Nur im Fernsehen sieht alles perfekt aus. Aber so ist es im wirklichen Leben nicht: Familien kämpfen, sie haben alle möglichen Traumata und Schwierigkeiten, sie kommen nicht miteinander aus, eine Seite der Familie mag die andere nicht ... Das ist alles ganz normal. Ich habe die Idee einer Familie nicht aufgegeben: Man muss wissen, wo man hingehört.«

Die Familie und seine alten Freunde geben dem Weltstar, der trotz Reichtum und Ruhm im Grunde immer noch der einfache Junge aus Hicksville geblieben ist, Halt und das nötige Vertrauen. Auch die meisten Mitarbeiter in seinem kleinen Team kennt er seit vielen, vielen Jahren. Er weiß, dass er sich auf sie verlassen kann.

Billy Joels Welterfolg ist für die Familie auch eine schwere Hypothek: An ihm muss sich bewusst oder unbewusst jeder messen lassen. Der Erfolgsdruck ist auch für Billy selbst enorm: Nach all den Hits, Platin-Alben, Ehrungen, Verkaufs- und Publikumsrekorden, was soll da noch kommen? Aber auch in puncto Kreativität hat er selbst früher die Maßstäbe gesetzt, nach denen er heute beurteilt wird. Die Erwartungen sind riesig.

Das gilt auch für Alexa Ray Joel, die sich darum bemüht, ihre eigene (Musiker-)Persönlichkeit zu entwickeln und aus dem übermächtigen Schatten ihres Vaters herauszutreten. Wahrlich kein leichtes Spiel!

Während sich Alexa ausgerechnet auch noch das gleiche Tätigkeitsfeld wie Billy ausgesucht hat, ist Alexander Joel auf einem ganz anderen Musiksektor aktiv. In der Klassikbranche gelten eigene Gesetze. Pop ist dort noch immer das Gegenteil von seriös.

Deshalb kämpft er gegen das Image des »kleinen Bruders« an, das ihm fälschlicherweise immer wieder angehängt wird. Der Dirigent hat es aus eigener Kraft weit geschafft und so mancher Experte sagt ihm noch eine große Karriere voraus. Das erforderliche Talent dazu hätte er. Anders als in der Popbranche spielt das Alter in seinem Beruf kaum eine Rolle. Im Gegenteil, es heißt, Dirigenten würden erst nach der Lebensmitte richtig gut, wenn sie genügend Erfahrung gesammelt haben.

Billy Joel hat sich immer nach der Anerkennung seines Vaters gesehnt, der Popmusik nie ganz ernst genommen hat. Er hätte wer weiß was darum gegeben, wenn der Vater ihn genauso bewundert und unterstützt hätte wie Alexander. »Ich habe gelesen, dass er stolz auf mich ist, aber gesagt hat er mir das nie«, erklärt Billy. »Er hatte immer Schwierigkeiten damit, seine Gefühle auszudrücken. Ich glaube, auch er hatte keine besonders innige Beziehung zu seinem Vater. Wir neigen dazu, so ähnlich wie unsere Väter zu werden, ob wir wollen oder nicht. Ich war mehr beeinflusst vom Vater meiner Mutter, der ein sehr kommunikativer Mensch war, und auch von meiner Mutter, die in gewisser Weise durch ihre überkommunikative Art ausglich, was meinem Vater an Kommunikation fehlte. Es ist seltsam, wie verschieden sie sind: Mein Vater sagt nichts und meine Mutter spricht alles aus.«

Vielleicht erklären die grundverschiedenen Charaktere seiner Eltern zum Teil auch die komplexe Persönlichkeit von Billy Joel. »Ich glaube, ich habe von beiden etwas mitbekommen. Ich kann zynisch und sarkastisch sein wie mein Vater und neige zu einer gewissen Bitterkeit. Manchmal habe ich dunkle Stimmungen, auch das kommt von meinem Vater. Deshalb verdanke ich meiner Mutter sehr viel. Sie hat diese bewundernswerte Haltung: Das Leben kann so wunderbar sein, unser Planet ist so wundervoll. Sie sieht Schönheit im Garten, in den Bäumen, in Naturwundern, sie sieht Schönheit in der Musik, in Freunden, ja sogar in mir. Ich glaube, diese positive Seite habe ich auch: Ich gebe die Hoffnung nicht auf.«

Rosalind Joel, die nie wieder heiratete, lebte bis ins hohe Alter auf Long Island, ganz in der Nähe ihres berühmten Sohnes. Auch ihre Adoptivtochter Judith Anne hat dort ein Haus. Billy besitzt neben dem Luxusanwesen auf der Insel noch ein Stadthaus in Manhattan und eine (Winter-)Ferienresidenz in Florida. »Früher schaute ich mir immer sehnsüchtig die prächtigen Anwesen auf Long Island an und dachte: Was für ein Bastard mag da wohl wohnen? Jetzt bin ich selbst einer von ihnen. Es ist schon verrückt: Mein Großvater war ein sehr wohlhabender Mann und hat dann fast alles verloren. Mein Vater hatte fast immer Pech. Und ich bin jetzt reicher, als mein Großvater jemals war. Das gefällt mir an Amerika: Das so etwas möglich ist.«

Billy Joel muss sich und anderen nichts mehr beweisen. Er hat fast alles erreicht und ist mit sich und seinem Leben im Reinen. Nach drei gescheiterten Ehen lebt er seit 2010 in einer festen Beziehung mit der 32 Jahre jüngeren Finanzmaklerin Alexis Roderick. Wieder einmal gibt es Schlagzeilen in der Boulevardpresse, als bekannt wird, dass Billy im Sommer 2015 noch einmal Vater wird. Am 4. Juli geben Billy und Alexis bei einer Party überraschend ihre Vermählung bekannt, am 12. August kommt schon das Baby zur Welt, Della Rose, ein Mädchen.

»Ich kann nicht sagen, dass ich mit allem glücklich bin«, sagt Billy. »Es gibt Dinge, die ich bedaure. Manches hätte ich gerne anders gemacht, vor allem in meinen persönlichen Beziehungen. Ich habe blödes Zeug gemacht, was Männer eben so machen, Dinge, die andere verletzen. Und ich wünschte mir, dass sie nie geschehen wären. Aber ich bin insgesamt zufrieden mit dem, was ich aus meinem Leben gemacht habe. Ich habe getan, was ich tun sollte. Ich bin meiner Bestimmung gefolgt, ich habe sehr hart dafür gearbeitet und mein ganzes Herzblut hineingesteckt. Ich glaube nicht, dass mir alles immer optimal gelungen ist. Natürlich habe ich auch Frustrationen erlebt. Ich wollte immer besser sein. Manchmal war ich frustriert, weil meine Arbeit nicht so gut wurde, wie ich es mir vorgestellt hatte. Das ist das Merkmal eines Künstlers: Man will immer besser werden. Und das hat auch Frust zur Folge. Aber ich habe alles so gut gemacht, wie ich konnte. Ich kann also nicht sagen, dass ich glücklich bin, aber zufrieden.«

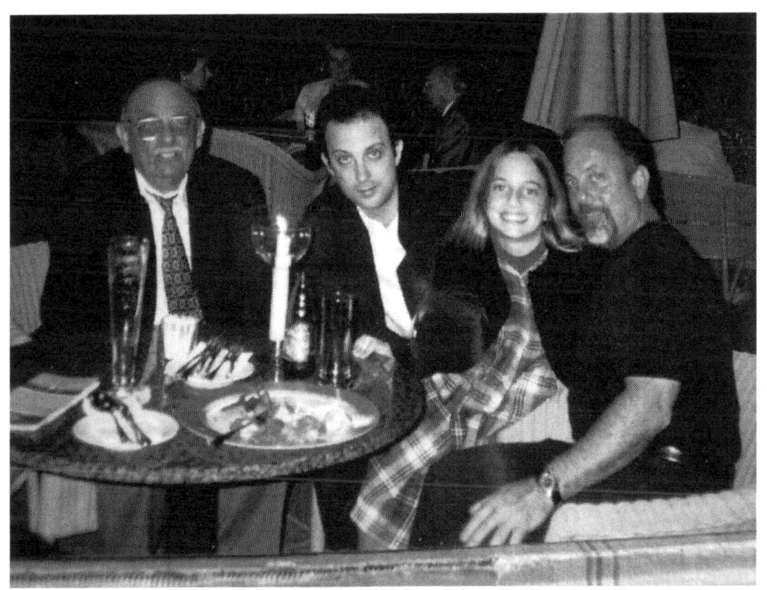

Helmut, Alexander, Alexa Ray und Billy Joel 1995 in Wien

Mit dem Glück ist das so eine Sache. Tolstois Roman *Anna Karenina* beginnt mit dem berühmten Satz: »Alle glücklichen Familien sind einander ähnlich, jede unglückliche Familie aber ist auf ihre Art unglücklich.« Darf man sich die Joels als glückliche Familie vorstellen? Billy Joel meint: »Ich glaube, eine vollkommen glückliche Familie gibt es nicht. Das ist eine Hollywood-Erfindung. Jede Familie hat Höhen und Tiefen. Alle Menschen streben nach Glück. Doch das ist ein Extrem. Wie Unglück. In östlichen Kulturen spielt Zufriedenheit eine größere Rolle. Das hat bei vielen einen schlechten Ruf und klingt so, als solle man sich mit dem Schicksal abfinden. Aber das Glück kommt nur von Zeit zu Zeit, wie auch das Unglück. Niemand ist immer glücklich – Verrückte ausgenommen. Die Vorstellung einer glücklichen Familie ist wundervoll, aber ich glaube nicht daran. Alle, die ich kenne, bestätigen mir das.«

Das größte Unglück für Billy Joel war das Verschwinden seines Vaters, der größte Stolz sind seine beiden Töchter. Helmut Joel sagte: »Das Scheitern meiner ersten Ehe war das größte Unglück in meinem Leben, das größte Glück bedeuten mir meine beiden Söhne.« Dass sie beide Musiker geworden sind, ist eine Genugtuung für ihn. Denn das war ja auch einmal sein Traumberuf. Adolf Hitler und die Nazis haben ihm einen Strich durch die Rechnung gemacht. Wer weiß, wie die Geschichte sonst ausgegangen wäre.

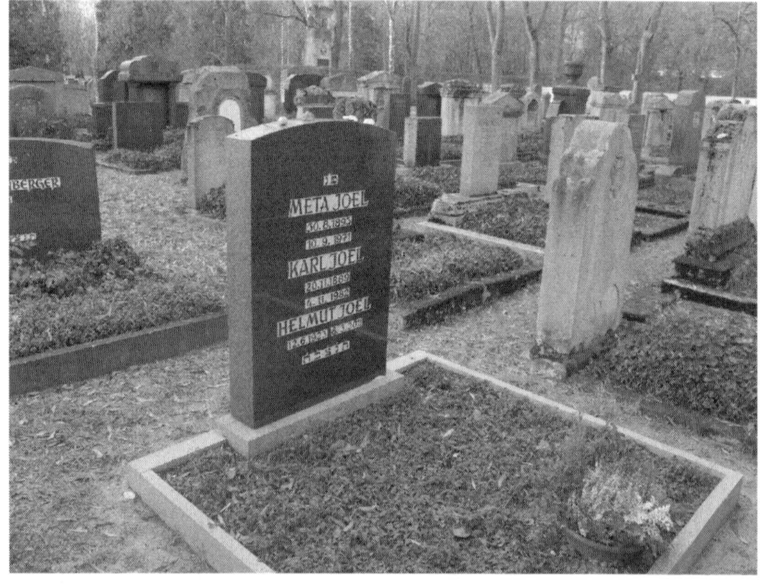

Grab der Familie Joel auf dem jüdischen Friedhof in Nürnberg

Nachwort

Diese Geschichte spielt in Nürnberg und New York, in Berlin und Auschwitz, in Havanna und Wien. Sie handelt von einem amerikanischen Musiker – und sie handelt von deutscher Geschichte. Krieg und Frieden. Sturm und Drang. Rock 'n' Roll. Es geht um Erfolg und Misserfolg, um Geschäftsmänner und Geschäftemacher, um Glück und Unglück, um Politik, Terror und Musik.

Im Schicksal der jüdischen Familie Joel spiegelt sich die Geschichte des 20. Jahrhunderts auf ganz besondere Weise. Und im Gegensatz zu vielen ähnlichen Geschichten hat diese hier sogar ein Happy End.

Auf das Thema stieß ich durch einen Zufall: Im Sommer 1994 hörte ich im Soldatensender AFN, dass der amerikanische Weltstar Billy Joel ein Open-Air-Konzert auf dem ehemaligen Reichsparteitagsgelände in Nürnberg geben würde. Allerdings nur für amerikanische Armeeangehörige, also unter Ausschluss der deutschen Öffentlichkeit. Eine seltsame Konzertsituation mit ähnlichem Symbolwert wie der legendäre erste Auftritt von Bob Dylan in Deutschland, ebenfalls auf dem ehemaligen Aufmarschgelände der Nazis (1978).

Die Sache begann mich zu interessieren, denn Billy Joel war vorher noch nie in Nürnberg aufgetreten, und außerdem hielten sich hartnäckige Gerüchte, dass die Joel-Familie ursprünglich aus Franken stammte.

Offiziell wusste das damals kaum jemand. In amerikanischen Zeitungsartikeln und Nachschlagewerken wurden zwar Joels deutsche Wurzeln bestätigt, doch immer war in diesem Zusammenhang von deutschstämmigen Juden aus dem Elsass die Rede. Als ursprüngliche Heimat der Joels wurde meist Colmar angegeben. Jedoch hatte man in den USA die elsässische Stadt offenbar mit der kleinen fränkischen Gemeinde Colmberg bei Ansbach verwechselt. Denn von dort stammt die jüdische Familie in Wahrheit, wie ich später erfuhr. Karl Amson Joel baute dann in Nürnberg ein äußerst erfolgreiches Unternehmen auf und musste 1938 mit seiner Frau und seinem Sohn Helmut aus Nazideutschland fliehen. Die drei hatten Glück im Unglück: Sie überlebten die Hitler-Diktatur und den Zweiten Weltkrieg. Viele ihrer Verwandten dagegen fanden in Konzentrationslagern den Tod.

Zufällig hatte meine Frau eine Deutsche kennengelernt, die in den USA mit einem GI verheiratet und auf Heimaturlaub in Nürnberg war. Diese Bekannte schmuggelte mich mit Hilfe der ID-Card ihres Mannes auf das hermetisch abgeriegelte und streng kontrollierte Konzertgelände. Draußen auf den Stufen der Zeppelintribüne hatten sich an diesem Sommertag nur ganz wenige deutsche Zaungäste versammelt.

Jedenfalls hörte ich bei diesem ungewöhnlichen Konzert zum ersten Mal aus Billy Joels eigenem Mund, dass sein Vater in Nürnberg aufgewachsen war und die Stadt wegen der Nazis genau 60 Jahre zuvor fluchtartig hatte verlassen müssen. Den Song »Vienna« widmete er seinem Vater, der nun in Wien lebte. »I hope, this Nazi-Shit will never happen again«, rief der energiegeladene Entertainer den überraschten Zuhörern zu.

Matthias Oberth, damals ein junger Mitarbeiter im Presseamt der Stadt Nürnberg, kam danach – angeregt durch einen Zeitungsartikel von mir – auf die Idee, den amerikanischen Weltstar erstmals zu einem öffentlichen Auftritt in die Geburtsstadt seines Vaters zu holen. Weitere Recherchen ergaben, dass sein Vater, Helmut Joel, als Rentner in Wien lebte. Sein ehemaliger Schulfreund, der Nürnberger Stadtrat Arno Hamburger, stellte den Kontakt zu ihm her. Schließlich lud die Stadt Nürnberg Billy Joel zusammen mit seinem Vater und seinem Halbbruder Alexander im Gedenkjahr 1995, also 50 Jahre nach dem Ende des Zweiten Weltkriegs, zu zwei denkwürdigen Gesprächskonzerten ein. Billy Joel stiftete – als Geste der Versöhnung – seine Gage für den erstmals verliehenen Nürnberger Menschenrechtspreis.

Damals lernte ich die Joels persönlich kennen, die ich seitdem des Öfteren wiedergesehen habe (in Nürnberg, Wien und Braunschweig), und produzierte für den *Bayerischen Rundfunk* das Feature *Wäschehändler, Weltbürger und ein Weltstar.*

Dann wurde es jahrelang ziemlich ruhig um Billy Joel, der sich aus dem Musikgeschäft weitgehend zurückgezogen hatte. Er – mit über 100 Millionen verkaufter Schallplatten einer der erfolgreichsten Solokünstler der internationalen Popmusikszene – hatte vom Rockbusiness die Nase voll und komponierte Klaviermusik. Erst 2006 gelang ihm ein sensationelles Comeback mit umjubelten Konzerten in den USA, anschließend in Europa und im Rest der Welt.

Sein jüngerer Halbbruder machte währenddessen eine internationale Karriere als Dirigent. Im Juli 2007 gab Alexander Joel im Nürnberger Luitpoldhain, der zum ehemaligen Reichsparteitagsgelände gehört, ein spektakuläres Konzert – symbolische Bedeutung, Woodstock-Feeling und Wiener Walzer inklusive: Er dirigierte beim Klassik Open Air die Nürnberger Philharmoniker, und über 60 000 Menschen hörten zu.

Und inzwischen hat auch Billys Tochter Alexa Ray ihre ersten Erfahrungen als Singer/Songwriter hinter sich. Man sieht: Musik zieht sich wie ein roter Faden durch diese dramatische Familiengeschichte.

Noch ein methodischer Hinweis: Neben Archivmaterial und einschlägiger Literatur habe ich vor allem Interviews von Billy Joel aus amerikanischen Musikzeitschriften ausgewertet und entsprechend gekennzeichnet. Alle wörtlichen Zitate ohne Quellenhinweise stammen aus vielen persönlichen Gesprächen, die ich in den vergangenen Jahren mit Familienmitgliedern, Bekannten und Zeitzeugen führte. Billy Joel traf ich zum ersten Mal 1995 in Nürnberg. Im Oktober 2008 führte ich – dank Vermittlung seines Bruders – mehrere stundenlange Telefoninterviews mit ihm. Und Ende Oktober 2008 besuchte ich ihn und seine Tochter Alexa in New York, im Mai 2013 traf ich ihn nochmals in New Orleans beim Jazz Heritage Festival.

An dieser Stelle möchte ich ganz herzlich allen danken, die mit Rat und Tat zum Gelingen dieses Buches beigetragen haben: an erster Stelle natürlich der Familie Joel für ihre Geduld und ihr Vertrauen, aber auch allen anderen Interviewpartnern, insbesondere Arno Hamburger und Rudi Weber. Nicht zu vergessen Keri Aylward, Anne Borel, Thommie Bayer, Günter Distler, Hendrik Bebber, Andrea Kunstmann, Dr. Horst Lauinger, Dr. Georg Leipold, Axel Linstädt und Norbert Treuheit. Mein Dank für wertvolle Hilfe gilt nicht zuletzt meinen Geschwistern (ganz besonders Dr. Dominik Radlmaier) sowie meiner Frau Josée.

Steffen Radlmaier
Nürnberg, Juli 2015

Anhang

Anmerkungen

Die Übersetzungen der Interviews und Texte aus dem amerikanischen Original stammen von Steffen Radlmaier.

1 Baldwin, in: *Here's the Thing,* Juni 2012
2 Waddell, in: *Billboard,* Januar 2014
3 ebd.
4 Baldwin, in: *Here's the Thing,* Juni 2012
5 Goldman, in: *The New York Times,* Mai 2013
6 Klemperer, S. 15
7 Shirer, *Berliner Tagebuch, 1934–1941,* S. 22 f.
8 Beauvoir, S. 167
9 Greve, S. 62 f.
10 Shirer, *Aufstieg und Fall,* S. 228
11 Shirer, *Berliner Tagebuch, 1934–1941,* S. 68
12 Neckermann, S. 95
13 ebd., S. 96
14 ebd., S. 100
15 ebd., S. 97
16 ebd., S. 97
17 ebd., S. 97 f.
18 Sahl, S. 294
19 Reinfelder, S. 218
20 Schröder, S. 27 f.
21 ebd., S. 31
22 Mann, S. 413
23 Sahl, S. 386
24 Mann, S. 632
25 Gellhorn, zit. nach Stern, S. 399 f.

26 White, 3. Dezember 1994
27 ebd.
28 ebd.
29 Schwartz, 11. Dezember 1978
30 White, 3. Dezember 1994
31 Neckermann, S. 178
32 ebd., S. 179
33 ebd., S. 193
34 ebd., S. 196
35 ebd., S. 197
36 ebd., S. 204
37 ebd., S. 243
38 Veszelits, S. 284
39 Kesten, S. 23
40 Ahrens, 23. April 1998
41 White, in: *Rolling Stone*, September 1980
42 Robins, in: *Newsday*, 2. August 1989
43 zit. nach Smith, S. 36
44 An Evening of Questions and Answers, BR, 1995
45 Sheff, in: *Playboy*, Mai 1982
46 Marsh, in: *Rolling Stone*, 28. October 1978
47 Smith, S. 49
48 Bordowitz, S. 13
49 Connelly, in: *Rolling Stone*, 28. October 1982
50 Sheff, in: *Playboy*, Mai 1982
51 Keeps, in: *US Weekly*, 28. Mai 2001
52 zit. nach Bego, S. 37
53 ebd., S. 38
54 Bordowitz, S. 17
55 Marsh, in: *Rolling Stone*, Oktober 1978
56 In: Blender, 2000, zit. nach Bego, S. 49
57 DeCurtis, in: *Rolling Stone*, 6. November 1986
58 Bego, S. 50
59 Childs, Juli 1975
60 ebd.
61 Paramount Presse-Info, zit. nach Bego, S. 57

62 Nooteboom, S. 52
63 Sheff, in: *Playboy*, Mai 1982
64 ebd.
65 zit. nach Bego, S. 70 (es gibt auch ein ähnliches Zitat zu »Just the Way You Are«)
66 Stephen Holden, in: *Rolling Stone*, 5. Dezember 1974
67 Millmann, in: *Spin*, Juni 1985
68 Smith, S. 131
69 Sheff, in: *Playboy*, Mai 1982
70 ebd.
71 Sheff, in: Playboy, Mai 1982
72 ebd.
73 Joel, in: *Rolling Stone*, April 2013
74 DeMain, in: *The Performing Songwriter*, Januar/Februar 1996
75 Cocks, in: *Time*, 13. Februar 1978
76 Sheff, in: *Playboy*, Mai 1982
77 White, in: *Rolling Stone*, 4. September 1980
78 Sheff, in: *Playboy*, Mai 1982
79 Stephen Holden, in: *Rolling Stone*, 14. Dezember 1978
80 John Rockwell, in: *The New York Times*, 10. Dezember 1978
81 Sheff, in: *Playboy*, Mai 1982
82 White, in: *Rolling Stone*, 4. September 1980
83 Paul Nelson, in: *Rolling Stone*, 1. Mai 1980
84 Palmer, in: *The New York Times*, 25. Juni 1980
85 White, in: *Rolling Stone*, 15. Oktober 1992
86 Sheff, in: *Playboy*, Mai 1982
87 ebd.
88 Holden, in: *The New York Times*, 29. Dezember 1982
89 Connelly, in: *Rolling Stone*, 28. Oktober 1982
90 Lynn van Matre, in: *Chicago Tribune*, 21. Oktober 1982
91 Connelly, in: *Rolling Stone*, 28. Oktober 1982
92 DeMain, in: *The Performing Songwriter*, November 2001
93 DeCurtis, in: *Rolling Stone*, 6. November 1986
94 ebd.
95 ebd.

96 ebd.
97 DeMain, 1996
98 DeCurtis, in: *Rolling Stone*, 6. November 1986
99 ebd.
100 ebd.
101 Holden, in: *The New York Times*, 3. August 1986
102 DeCurtis, in: *Rolling Stone*, 6. November 1986
103 DeMain, in: *The Performing Songwriter*, November 2001
104 Holden, in: *The New York Times*, 6. November 1986
105 White, in: *Rolling Stone*, 25. Januar 1990
106 DeCurtis, in: *Rolling Stone*, 6. November 1986
107 Robins, in: *Newsday*, 29. Oktober 1989
108 ebd.
109 White, in: *Rolling Stone*, 25. Januar 1990
110 ebd.
111 ebd.
112 DeMain, in: *Performing Songwriter*, Januar/Februar 1996
113 zit. nach Bego, S. 269
114 Gardner, in: *Rolling Stone*, 10. Juni 1994
115 ebd.
116 White, in: *Billboard*, 3. Dezember 1994
117 White, in: *Rolling Stone*, 25. Januar 1990
118 John, in: *Rolling Stone*, Februar 2011
119 Light, in: *American Songwriter Magazine*, Mai/Juni 2014
120 DeCurtis, in: *Rolling Stone*, Oktober 1997
121 ders. in: *My Lives*, S. 34
122 ders. in: *Rolling Stone*, Oktober 1997
123 Louisa Rudden, in: *Motorboating & Sailing*, Dezember 1996
124 DeMain, in: *Performing Songwriter*, November 2001
125 Bandelow, S. 132
126 Engelbert, in: *Programmheft zu »La Bohème«*, S. 10 f.
127 Hamm, in: *People*, 17. Mai 2010
128 Holden, in: *The New York Times*, 3. April 2014
129 Berger, in: *Braunschweiger Zeitung*, 18. Mai 2014
130 Shapiro, in: *Opera Magazine*, 1. Juni 2014
131 Reininghaus, in: *Neue Musikzeitung*, 10. Februar 2012

Quellenverzeichnis

Bibliografie

Bandelow, Borwin: *Celebrities. Vom schwierigen Glück, berühmt zu sein.* Reinbek, 2006.
Beauvoir, Simone de: *In den besten Jahren.* Reinbek, 1961.
Bego, Mark: Billy Joel. *The Biography.* New York, 2007.
Benz, Graml, Weiss (Hrsg.): *Enzyklopädie des Nationalsozialismus.* München, 2007.
Bielen, Ken: *The Words and Music of Billy Joel,* Westport, 2011.
Bordowitz, Hank: *Billy Joel. The Life & Times of an Angry Young Man.* New York, 2005.
Broszat, Martin / Frei, Norbert (Hrsg.): *Das Dritte Reich im Überblick. Chronik, Ereignisse, Zusammenhänge.* München, 2007.
Centrum Industriekultur (Hrsg.): *Unterm Hakenkreuz. Alltag in Nürnberg 1933–1945.* München, 1993.
Diefenbacher, Michael / Endres, Rudolf (Hrsg.): *Stadtlexikon Nürnberg.* Nürnberg, 1999.
Evans, Mike: *Rock 'n' Roll. 1945–1963 – Die Chronik einer Revolution.* München, 2007.
Friedländer, Saul: *Das Dritte Reich und die Juden.* München, 2007.
Fritzsch, Robert: *Nürnberg unterm Hakenkreuz. Im Dritten Reich 1933–1939.* Düsseldorf, 1993.
Gambaccini, Peter: *Billy Joel – Der Poet aus New York.* München, 1980.
Geller, Debbie / Hibbert, Tom: *Billy Joel. An Illustrated Biography.* London, 1985.
Greve, Ludwig: *Wo gehörte ich hin? Die Geschichte einer Jugend.* Frankfurt, 1994.

Häsler, Alfred A.: *Das Boot ist voll. Die Schweiz und die Flüchtlinge 1933–1945*. Zurich, 1967.
Hemingway, Hilary / Brennen, Carlene: *Hemingway in Cuba*. New York, 2005.
Herlin, Hans: *Die Tragödie der »St. Louis«. 13. Mai bis 17. Juni 1939*. München, 1979.
Heufelder, Jeanette Erazo: *Havanna Feelings. Die Magie des alten Kuba*. München, 2001.
Jochem, Gerhard / Kettner, Ulrike: *Gedenkbuch für die Nürnberger Opfer der Shoa*. Nürnberg, 1998.
Kesten, Hermann: *Zwanzig Jahre danach*. In: Friedrich Hagen / Hermann Kesten, »*Zwei Reden*«. Nürnberg, 1965.
Klarsfeld, Serge und Beate: *Mémorial de la déportation des Juifs en France*. Paris, 1978.
Klemperer, Victor: *Ich will Zeugnis ablegen bis zum Letzten. Tagebücher*. Berlin, 1995.
Klosterman, Chuck: *The Billy Joel Essays: Essays from Sex, Drugs, and Cocoa Puffs*. New York, 2006/2007.
Knopp, Guido: *History. Geheimnisse des 20. Jahrhunderts*. München, 2002.
Lang, Michel R.: *Die Treppen zur Hölle. Im Konzentrationslager Drancy – letzte Station vor der Vernichtung*. München, 1991.
Large, David Clay: *Einwanderung abgelehnt. Wie eine deutsche Familie versuchte, den Nazis zu entkommen*. München, 2004.
Levine, Robert M.: *Tropical Diaspora. The Jewish Experience in Cuba*. Gainesville/Florida, 1993.
Mann, Klaus: *Der Wendepunkt. Ein Lebensbericht*. Reinbek, 2006.
MacKenzie, Michael: *Billy Joel*. New York, 1985.
Mautner Markhof, Georg J. E.: *Das »St. Louis«-Drama. Hintergrund und Rätsel einer mysteriösen Aktion des Dritten Reiches*. Graz, 2001.
Mönninghoff, Wolfgang: *Enteignung der Juden. Wunder der Wirtschaft, Erbe der Deutschen*. Hamburg/Wien, 2001.
Mommsen, Hans: *Auschwitz, 17. Juli 1942. Der Weg zur europäischen »Endlösung der Judenfrage«*. München, 2002.
Müller, Arnd: *Die Geschichte der Juden in Nürnberg 1146–1945*. Nürnberg, 1968.

Neckermann, Josef: *Erinnerungen*. Berlin, 1992.
Newsday (ed.): *Home Town Long Island*. Foreword by Billy Joel. New York, 1999.
Nooteboom, Cees: *Paris, Mai 1968*. Frankfurt, 2003.
Radlmaier, Steffen / Zelnhefer, Siegfried: *Tatort Nürnberg. Auf den Spuren des Nationalsozialismus*. Cadolzburg, 2002 (NA 2014).
ders.: *Der Wäschejude Joel. In: Entrechtet. Entwürdigt. Beraubt. Die Arisierung in Nürnberg und Fürth*. Herausgegeben von den Museen der Stadt Nürnberg, 2012.
Reinfelder, Georg: *MS »St.Louis«*. Teetz, 2002.
Rolling Stone: *1000 Cover. Die Geschichte der einflussreichsten Zeitschrift der Popkultur*. Berlin, 2006.
Schruers, Fred: *Billy Joel. The definitive Biography*. New York, 2014.
Scott, Richard: *Billy Joel: All About Soul*. New York, 2000.
Sahl, Hans: *Memoiren eines Moralisten / Das Exil im Exil*. München, 2008.
Seibold, Jürgen: *Billy Joel*. Wien, 1993.
Shirer, William L.: *Berliner Tagebuch*. Berlin, 1999.
ders.: *Aufstieg und Fall des Dritten Reiches*. Köln, 1961.
Smith, Bill: *I Go to Extremes. The Billy Joel Story*. London, 2007.
Soocher, Stan: *They Fought the Law. Rock Music Goes to Court*.
Therein: Billy Joel, »Honesty Is Such A Lonely Word«, S. 21–42. New York, 1998.
Stadt Nürnberg (Hrsg.): *Schicksal Nürnberger Mitbürger in Nürnberg 1850–1945. Ausstellungskatalog mit Dokumentation*. Nürnberg, 1965.
Stern, James: *Die unsichtbaren Trümmer. Eine Reise im besetzten Deutschland 1945*. Berlin, 2004.
Jüdisches Museum Berlin / Haus der Geschichte der Bundesrepublik Deutschland (Hrsg.): *Heimat und Exil. Emigration der deutschen Juden nach 1933*. Frankfurt, 2006.
Täubrich, Hans-Christian (Hrsg.): *Bilderlast. Franken im Nationalsozialismus*. Nürnberg, 2008.
Tamarkin, Jeff: *Billy Joel: From Hicksville to Hitsville*. New York, 1984
Veszelits, Thomas: *Die Neckermanns*. Frankfurt, 2005.
Wiede, Patricia: *Josef Neckermann*. München, 2000.

Interviews/Artikel

Acocella, Joan: »Crazy Eddie's. Twyla Tharp's ›Movin' Out‹.« In: *The New Yorker*, 4. November 2002.

Appelo, Tim: »Billy Joel Will Finally Publish Bio He Killed in 2011«. In: *The Hollywood Reporter*, 12. September 2013.

Ahrens, Frank: »Billy Joel, Bard of the 'Burbs«. In: *Washington Post*, 23. April 1998.

Anders, Marcel: »Abschied von Minirock und Netzstrümpfen«. In: *Financial Times Deutschland*, 4. Januar 2002.

Arnold, Florian: »Abschied im Bruckner-Rausch«. In: *Braunschweiger Zeitung*, 22. Juni 2014.

Barnsdorf, Sebastian: »Alexander Joel im Porträt: Die Schicksalsspielzeit«. In: *Das Opernglas*, 22. Mai 2014.

Barry, Dan: »Just the Way He Is«. In: *The New York Times*, 13. Juli 2008.

Berger, Andreas: »Weltabschiedswerk. Alexander Joel brillierte mit Mahlers 9.« In: *Braunschweiger Zeitung*, 18. Mai 2014.

Bernstein, Jaclyn: »The Piano Man Ages Like Fine Wine«. In: *The Heights*, 23. Januar 2006.

Beviglia, Jim: Billy Joel: »I've loved these days«. In: *American Songwriter*, 16. Dezember 2012.

Brantley, Ben: »A Transfusion of Energy to the Music of Billy Joel«. In: *The New York Times*, 20. Februar 2004.

Brown, Helen: »U.S. singer-songwriter Billy Joel pulled out the 40 years of big hits in a knockout performance at Hammersmith Apollo, London«. Concert review. In: *The Telegraph*, 6. November 2013.

Childs, Andy: »Billy Joel: Piano Man«. In: *ZigZag*, Juli 1975.

Cocks, Jay: »The Brash Ballad of Billy Joel«. In: *Time*, 13. Februar 1978.

Connelly, Christopher: »Billy Joel – Not As Bad As You Think«. In: *Rolling Stone*, 28. Oktober 1982.

DeCurtis, Anthony: »Billy Joel – The Good Life with Christie Brinkley, a New Baby and a Hit Album«. In: *Rolling Stone*, 6. November 1986.

ders.: »Interview with Billy Joel«. In: *Rolling Stone*, Oktober 1997.
ders.: Essay in the CD box booklet »*Billy Joel – My Lives*«, 2005.
DeMain, Bill: »Billy Joel – Scenes From A Musical Life«. In: *The Performing Songwriter*, Jan./Feb. 1996.
ders.: »In a New Romantic State of Mind«. In: *The Performing Songwriter*, November 2001.
Dunn, Jancee: »Billy Joel«. In: *Rolling Stone* Dez./Jan. 1993/94.
Engelbert, Cordula: »Interview mit Alexander Joel«. In: »*Programmheft zu La Bohème*«, Staatstheater Braunschweig, Oktober 2007.
Gamboa, Glenn: »Billy Joel talks about his top Long Island songs.« In: *Newsday*, 3. August 2012.
Gardner, Elysa: »After the Storm / Billy Joel Turns to Beethoven from ›Dreams‹«. In: *Rolling Stone*, 10. June 1994.
Glück, Alexander: »Die Beseelung des Orchesters. Der Dirigent Charles Alexander Joel geht seinen Weg«. In: *Wiener Zeitung*, 14. Juli 2000.
Goldman, Andrew: »Billy Joel on Not Working and Not Giving up Drinking«. Interview. In: *The New York Times*, 24. Mai 2013.
Goldman, Julia: »Stranger No More«. In: *The Jewish Week*, 17. Januar 2003.
Hamm, Liza: »Alexa Ray Joel – ›I Hit Rock Bottom‹«. In: *People* magazine, 17. Mai 2010.
Heidkamp, Konrad: »Wie es da schon riecht!«. In: *Die Zeit* Nr. 23, 2.Juni 1995.
Hiatt, Brian: »Das kleine Piano«. In: *Rolling Stone* (Deutsche Ausgabe), Februar 2007.
Hohmann, Arnold: »Riss um Riss. ›Die Akte Joel‹ – eine deutsche Geschichte.« In: *Süddeutsche Zeitung*, 19. Dezember 2001.
Holden, Stephen: Plattenbesprechung »52nd Street« in: *Rolling Stone*, 14. Dezember 1978.
ders.: »Billy Joel on the Dark Side«. In: *The New York Times*, 29. Dezember 1982.
ders.: »Billy Joel Reaches Out to Embrace Pop«. In: *The New York Times*, 3. August 1986.
ders.: »Billy Joel, a Pundit of Suburbia«. In: *The New York Times*, 8. August 1993.

ders.: »A Drift From Pop. Billy Joel Takes a Classical Turn«. In: *The New York Times,* 14. September 1997.

ders.: »The Last Play at the Shea. Brenda, Eddie, Billy and Friends Bury a Ballpark«. In: *The New York Times,* 28. Oktober 2010.

ders.: »A Singer Confidently Following Her Heart«. In: *The New York Times,* 2. April 2014.

Joel, Billy: »Billy Joel Pays Tribute to Phil Ramone: ›He was the King‹«. In: *Rolling Stone,* April 2013.

John, Elton: »Elton John Remembers«. Interview in: *Rolling Stone,* Februar 2011.

Keeps, David A.: »Keeping the Faith«. In: *US Weekly,* 28. Mai 2001.

Klosterman, Chuck: »The Stranger. Interview with Billy Joel«. In: *The New York Times Magazine,* 15. September 2002.

Konigsberg, Eric: »Piano Man, Part Two«. In: *The New Yorker,* 3. Dezember 2001.

Lehnartz, Sascha: »Der ewige Piano-Mann«. In: *Frankfurter Allgemeine Sonntagszeitung,* 21. Mai 2006.

Light, Alan: »Billy Joel Restarts The Fire«. In: *American Songwriter Magazine,* Mai/Juni 2014.

Manzoor, Sarfraz: »Billy Joel: ›I opened up my soul, what else do you want?‹«. In: *The Telegraph,* 24. Oktober 2013.

Marsh, Dave: »Billy Joel: The Miracle of 52nd Street«. In: *Rolling Stone,* Dezember 1978.

Millman, Barry: »Billy Joel Talks Back«. In: *Spin,* Juni 1985.

Murphy, Dallas: »Billy Joel's Latest Hit«. In: *Offshore Magazine,* Juli 1998.

Nadboy, Arie: »I am the Edu-tainer«. In: *The Island Ear,* März 1996.

Noone, Sean: »Billy Joel at the 02«. Concert review. In: *Live Reviews,* 3. November 2013.

Nürnberger Nachrichten: »Jahr des Erinnerns. Sonderausgabe zum Gedenken an die historischen Ereignisse vom 15. September 1935, 2. Januar, 20. April und 20. November 1945«. *Nürnberger Nachrichten,* 27. Dezember 2004.

Obst, Andreas: »›So war ich und so werde ich.‹ Perfektion des Unvollendeten: Der Popmusiker Billy Joel triumphiert in

Hamburg«. In: *Frankfurter Allgemeine Zeitung*, 1. Juli 2006.

Palmer, Robert: »Pop: Five Nights for Billy Joel at the Garden«. In: *The New York Times*, 25. Juni 1980.

Pareles, Jon: »For Billy Joel, A Reversion to the Cares of his Roots.« In: *The New York Times*, 31. Januar 1998.

ders.: »Billy Joel Gives Shea Its Own Last Waltz«. In: *The New York Times*, 17. Juli 2008.

Paumharten, Nick: »Thirty-Three-Hit-Wonder. Billy Joel still lives on Long Island, still rules the Garden«. In: *The New Yorker*, 27.10.2014

Peitz, Dirk: »Wetterleuchten, irgendwo in der Ferne. Der Pianomann als beschwingter Herr: Billy Joel hat in Wien seine erste Europatournee seit acht Jahren gestartet«. In: *Süddeutsche Zeitung*, 28. Juni 2006.

ders.: »Kämpfen. Interview mit Billy Joel«. In: *Süddeutsche Zeitung*, 1./2. Juli 2006.

Radlmaier, Steffen: »Sturm & Drang & Rock 'n' Roll«. Das umjubelte Konzert von Billy Joel in Frankfurt. In: *Nürnberger Nachrichten*, 10. Mai 1990.

ders.: »Knüller zum Gedenkjahr«. In: *Nürnberger Nachrichten*, 2. Februar 1995, S. 3.

ders.: »Ein Weltstar erinnert sich seiner Nürnberger Wurzeln«. In: *Nürnberger Nachrichten*, 6. Juni 1995, S. 3.

ders.: »Ein Amerikaner in Nürnberg«. In: *Allgemeine Jüdische Wochenzeitung*, 15. Juni 1995.

ders.: »Wäschehändler, Weltbürger und ein Weltstar. Die Geschichte der Familie Joel«. In: *Nürnberg heute*, Nr. 58, Juli 1995, S. 38–41.

ders.: »Deutschstunde. Die Chronik der Familie Joel«. In: *Rolling Stone* (Deutsche Ausgabe), März 1996, S. 62–67.

ders.: »Treffen der Enkel in Wien. TV-Dokumentation rollt Familiengeschichte der Joels und der Neckermanns auf«. In: *Nürnberger Nachrichten*, 15./16. Dezember 2001.

ders.: »Zum Dirigieren ins Colosseum«. Alexander Joel bewirbt sich als Chef der Nürnberger Symphoniker. In: *Nürnberger Nachrichten*, 7. Oktober 2002.

ders.: »Das umjubelte Comeback nach der Krise. Musikalische Bilanz eines Rock-Klassikers: Der Start von Billy Joels Europa-Tournee in Wien«. In: *Nürnberger Nachrichten*, 28. Juni 2006.
ders.: »Musik ist wie Therapie für mich«. Interview mit Billy Joel. In: *Frankfurter Rundschau*, 8. Mai 2009
ders.: »Neckermann und der Wäschejude. Wie Karl Joel um sein Lebenswerk gebracht wurde«. In: *Entrechtet. Entwürdigt. Beraubt. Die Arisierung in Nürnberg und Fürth*. Herausgegeben von den Museen der Stadt Nürnberg, 2012.
Rammoser, Karl Günther / Schallert, Katharina: »Einfach ein Pianist. Interview mit Billy Joel«. In: *JAM/Jeans and Music*, Frühling 1994.
Rebmann, Christiane: »Bye-bye Billy. Interview with Billy Joel«. In: *AUDIO live*, Nr. 1/1998.
Reininghaus, Frieder: »Bedingungsloser Grundgehalt. Michael Thalheimer inszeniert Verdis ›La forza del destino‹ in Antwerpen«. In: *Neue Musikzeitung*, 10. Februar 2012.
Robins, Wayne: »Just The Way He Is«. In: *Newsday*, 2. August 1989.
ders.: »Billy Joel Charting a New Course«. In: *Newsday*, 29. Oktober 1989.
Rockwell, John: »Billy Joel Sings the Praises of New York«. In: *The New York Times*, 10. Dezember 1978.
Rolling Stone: »Billy Joel Takes Chances«. Oktober 1982.
ebd.: »Billy Joel Interview«. Dezember 1993 (Deutsche Ausgabe).
ebd.: »Billy Joel«. Oktober 1997.
ebd: »Billy Joel Interview«. März 1998 (Deutsche Ausgabe)
Rudeen, Louisa: »Movin' Out«. In: *Motorboating & Sailing*, Dezember 1996.
Schaefer, Jürgen: »Piano, ohne Worte. Interview mit Billy Joel«. In: *Stern*, Nr. 25, 1998.
Scheck, Frank: »Billy Joel Doles Out the Hits for Monthly Madison Square Garden Residency«. Concert review. In: *The Hollywood Reporter*, 4. Februar 2014.
Schwartz, Tony: »Billy the Kid«. In: *Newsweek*, 11. Dezember 1978.
Seal, Mark: »Celebrated Weekend – Billy Joel's Big Apple«. In:

American Way Magazine, 15. November 2001.
Shapiro, Yehuda: »Interview with Alexander Joel«. In: *Opera Magazine*, 1. Juni 2014.
ders.: Review of »Frau ohne Schatten« in Antwerp. In: *Opera Now*, 1. August 2011.
Sheff, David and Victoria: »Interview with Billy Joel«. In: *Playboy*, Mai 1982, S. 71–96.
Sinagra, Laura: »Showing the Fans That He's in Control«. In: *The New York Times*, 25. Januar 2006.
Sinclair, Tom: »The Many Lives of Billy Joel«. In: *Entertainment Weekly*, 25. November 2005.
Sisario, Ben: »Paul McCartney Joins Billy Joel at Shea Stadium«. In: *The New York Times*, 19. Juli 2008.
Strauss, Neil: »Elton John and Billy Joel – So Alike, So Different«. In: *The New York Times*, 25. Juli 1994.
Sullivan, Caroline: »Billy Joel at Hammersmith Apollo, London«. Concert review. In: *The Guardian*, 6. November 2013.
Tallmer, Jerry: »Billy Joel Grapples With the Past«. In: *The Villager*, Volume 73, Juli 2003.
Trost, Franziska: »Nie in Pension! Interview mit Billy Joel«. In: *KronenZeitung*, 4. Juni 2006.
van Matre, Lynn: »Billy Joel Fights His ›Obnoxious‹ Image«. In: *Chigago Tribune*, 21. Oktober 1982.
Waddell, Ray: »Backstage with Billy Joel«. The *Billboard* cover story interview. In: *Billboard* magazine, 31. Januar 2014.
ders.: »A not-so-angry, not-so-young Piano Man«. In: *Billboard* magazine, 7. Mai 2009.
White, Timothy: »Billy Joel is Angry«. In: *Rolling Stone*, September 1980.
ders.: »On Fire Again. Billy Joel – The Rolling Stone Interview«. In: *Rolling Stone*, 25. Januar 1990.
ders.: »Billy Joel«. In: *Billboard*, 3. Dezember 1994.
Wick, Steve: »A Grandson's Search For Answers«. In: *Newsday*, 18. April 2000.
Winter, Heiko: »Neckermann und der Rockstar. TV-Doku über die Enteignung der Familie Billy Joels während des Dritten Rei-

ches«. In: *Die Welt*, 19. Dezember 2001.
Zips, Martin: »Väter und Söhne«. In: *Süddeutsche Zeitung*, 25./26. August 2001.
Ders.: »Billy Joel – Der ewige Gärtner«. In: *Süddeutsche Zeitung*, 10. Dezember 2013.

Radio

Baldwin, Alec: Interview with Billy Joel on »Here's The Thing«, 30. Juli 2012 auf WNYC Radio.
»Billy Joel. Themenabend zum 50. Geburtstag am 9. Mai 1999« auf Bayern2Radio.
»Billy Joel: An Evening of Questions and Answers«. Live-Mitschnitt vom 4. Juni 1995 in der Nürnberger Meistersingerhalle. Bayerischer Rundfunk, Studio Franken. Erstsendung: 31. Juli 1995 auf Bayern2Radio.
Radlmaier, Steffen: »Wäschehändler, Weltbürger und ein Weltstar. Die Familiengeschichte von Billy Joel«. Erstsendung: 22. Oktober 1995 auf Bayern2Radio.
Rose, Charlie: Interview with Billy Joel, 23. Dezember 2013 für CBS Interactive Inc.

Television

»Billy Joel – An Evening of Questions and Answers«. Mitschnitt des Auftritts vom 4. Juni 1995 in der Nürnberger Meistersingerhalle. Erstsendung: 11. November 1995, BR/ARD.
Thalberg, Beate: »Die Akte Joel«. Erstsendung: 19. Dezember 2001, Arte/ZDF.
»Billy Joel – Behind the Music«. Dokumentation. Januar 1999, VH-1.

Internet

www.piano-man.de
www.billyjoel.com
www.alexanderjoel.com

Billy Joel Diskografie

Cold Spring Harbor (1971)
Piano Man (1973)
Streetlife Serenades (1974)
Turnstiles (1976)
The Stranger (1977)
52nd Street (1978)
Glass Houses (1980)
Songs in the Attic, live album (1981)
The Nylon Curtain (1982)
An Innocent Man (1983)
Greatest Hits, Volume I & Volume II (1985)
The Bridge (1986)
Kohuept, Live in Leningrad (1987)
Stormfront (1989)
River of Dreams (1993)
Live from The River of Dreams (1994)
Greatest Hits, Volume III (1997)
2000 Years: Millennium Concert, Live in New York (2000)
Fantasies & Delusions, performed by Richard Joo (2001)
The Essential Billy Joel (2001)
The Ultimate Collection (2001)
The Complete Hits Collection, 4 CD box set (2001)
Movin' Out (Original Cast Recording) (2002)
Piano Man. The Very Best of Billy Joel (2004)
My Lives, 5 CD/DVD box set (2005)
12 Gardens, Live in New York (2006)
All My Life (single, 2007)

The Stranger. 30th Anniversary Edition, including a live recording from Carnegie Hall, NY, recorded on June 3, 1977 (2008)
She's Always a Woman: Love Songs (2011)
Live at Shea Stadium. The Concert (2011)
A Matter of Trust: The Bridge to Russia (2014)

Billy Joel DVDs

Live At Yankee Stadium 1990 (2000)
The Ultimate Collection (2001)
Greatest Hits, Volume III (2002)
The Essential Video Collection (2002)
Elton John & Billy Joel: Face to Face. Live in Japan 1998 (2008)
Live from Long Island (2008)
Live at Shea Stadium (2011)

Lebensdaten

Julius Joel (*22.10.1850 in Colmberg, †22.10.1916 in Ansbach) verheiratet mit Sara Joel, geb. Schwab (*4.8.1857 in Uehlfeld, †10.8.1939 in Nürnberg)

Flora Schwab (*15.1.1873 in Uehlfeld, 1942 nach Theresienstadt deportiert und verschollen)

Karl Amson Joel (*20.11.1889 in Colmberg, †4.11.1982 in London) verheiratet mit Meta Joel, geb. Fleischmann (*30.8.1893 in Oberlangenstadt, †10.9.1971 in Nürnberg)

Helmut Julius »Howard« Joel (*12.6.1923 in Nürnberg, †7.3.2011 in Wien, beerdigt in Nürnberg)

Leon Joel (*28.1.1888 in Colmberg, am 4.9.1942 von Drancy ins KZ Auschwitz deportiert und verschollen) verheiratet mit Johanna Joel, geb. Samuel (*25.10.1893 in Königshofen, am 4.9.1942 von Drancy ins KZ Auschwitz deportiert und verschollen)

Günther »Henry« Joel (*3.2.1929 in Ansbach, †2009 in Long Island/USA)

Gertha Samson, geb. Fleischmann (*12.2.1892 in Oberlangenstadt, am 24.3.1942 von Nürnberg nach Izbica deportiert, am 8.5.1945 für tot erklärt)

Hilde Samson (*1.10.1925 in Bamberg, am 24.3.1942 von Nürnberg nach Izbica deportiert, am 8.5.1945 für tot erklärt)

Lotte Samson (*8.6.1922 in Bamberg, am 24.3.1942 von Nürnberg nach Izbica deportiert, am 8.5.1945 für tot erklärt)

Anne Judith Joel (*14.10.1947 in New York, lebt in Long Island)
William Martin »Billy« Joel (*9.5.1949 in New York, lebt in Long Island und New York)

Charles Alexander Joel (*5.8.1971 in London, lebt in Wien und Hamburg)
Hayoung Lee (*1.6.1975 in Seoul, lebt in Wien und Hamburg)
Carla Lee Joel (*11.5.2014 in Hamburg)

Alexa Ray Joel (*29.12.1985 in New York, lebt in Long Island und New York)

Della Rose Joel (*12.8.2015 in New York)

Rosalind Joel, geb. Nyman (*1922 in New York, †13.7.2014 in Long Island)
Audrey Joel, geb. Garrick (*27.2.1938 in Blackheath, lebt in Wien)

Elizabeth Ann Weber (*1947)
Christie Brinkley (*2.2.1954 in Monroe/Michigan, lebt in New York)
Katie Lee Joel, geb. Lee (*14.9.1981 in Huntington/West Virginia, lebt in Long Island und New York)
Alexis Roderick Joel (*1982, lebt in Long Island und New York)

Bildnachweis

Associated Press: 206 (Ed Betz), 226 (Kathy Willens)
Bildarchiv Preußischer Kulturbesitz: 33
Distler, Günter: 9, 210 (3), 201 (3)
Getty Images: 120 (Ron Gallela/WireImage), 168 (Time & Life Pictures), 239 (Arnaldo Magnani), 240 (K. Zazur/WireImage)
Ölschlegel, Helmut: 10, 187
picture-alliance/dpa: 224
privat: 256
Privatsammlung Audrey und Helmut Joel: 22, 23, 28
Quast, Jochen: 217
Radlmaier, Steffen: 17, 24 (2), 25, 27 (2), 30, 70, 195, 235, 244, 247, 252, 261
Sammlung Radlmaier: 20, 38 (3), 39 (3), 40, 46, 49, 192, 277
Stadtarchiv Nürnberg: 19 (2), 72 (2)
SZ-Photo/Scherl: 60